Gundolf S. Freyermuth

Reise in die Verlorengegangenheit

Auf den Spuren
deutscher Emigranten
(1933–1940)

Mit Fotos von Michael Montfort

Rasch und Röhring Verlag

Inhalt

ERSTES KAPITEL

BERLINER KATAKOMBEN

1

ACHTUNDSIEBZIG UMZUGSKISTEN Tief atmend und hartrhythmig dröhnt Deutsch-Rock in der Luft, die sich zwischen den hohen Wänden des berlinisch verwahrlosten Fabrikkomplexes gefangen hat. Woher die Musik kommt, aus welchem der dunklen Schächte, die ins Innere der Lager und Büros führen, läßt sich nicht ausmachen.

»Hier entlang!« sagt der dünne Mann, dessen Empfehlungen mir in New York und Los Angeles die Türen geöffnet haben und der mich nun – Charon, dem Fährmann ins Totenreich, gleich – in die provisorischen Katakomben des deutschen Exils geleiten will. Während Gero Gandert mit der rechten Hand unkonzentriert in seiner Aktentasche nach den Schlüsseln wühlt, weist mir seine linke mit ebenso unruhigen Bewegungen den Weg.

»Am Anfang hat man das alles nicht so ernst genommen.«

Der Komplex des ehemaligen Luftfahrtgerätewerkes, das zum Siemens-Konzern gehörte, liegt an der Spandauer Streitstraße. »Fast schon in Hamburg« hieß es, bis die Mauer fiel und sich das wüste Niemandsland links und rechts der Transitstrecke über Nacht in wertvolle Immobilien verwandelte.

Zwischen den Gebäudeflügeln, die den Fabrikhof begrenzen, und den kleinen Flachbauten, die in seiner weiten Mitte den Eindruck von Leere und Nutzlosigkeit bekämpfen, parken dicht an dicht Wagen der unteren Mittelklasse. Ganz weit vorne, im linken Inneneck, dort, wohin die Sonne nur als Schatten dringt, hieven vier schwergewichtige Arbeiter, schwitzend und stöhnend, noch schwergewichtigere Lasten auf einen blauen Transporter. Außer ihnen und uns ist an diesem Frühlingsmorgen auf dem weiten Gelände kein menschliches Wesen. Von dem, was zur Stunde in »Berlin«

geschieht, wie die Spandauer seit alters her die nahe City nennen, läßt die Abgeschiedenheit in dem stillen, von der Einmauerung gelassenen Winkel nichts spüren.

Über den hohen alten Bäumen scheint der Himmel nur freundlich. Zehn Kilometer weiter, rund um die Gedächtniskirche und über dem Brandenburger Tor, strahlt er lauter sonnige Versprechungen ins Blaue, die die Jahreszeit auf Dauer gar nicht halten kann. Hektische Aufbruchsstimmung herrscht dort im Jahre eins nach der Wende. Gründerzeiten allüberall.

In der Etappe des Vereinigungszuges ist Umverteilung im vollen Gange. Claims werden abgesteckt, zögerliche Mitspieler abgeschüttelt und Konkurrenten ausgestochen. Das Geschäftsinteresse stürmt voran, die Gedanken stolpern hinterher. Wer zuletzt kommt, zahlt am meisten. In verschwiegenen Nebenräumen feilschen vorausschauende Museumsdirektoren und besorgte Institutsleiter um Archivbestände, Zusammenlegungen, Pfründe. Verlagsscouts und Rockpromoter, Kunst- und Antiquitätenexperten, Musik- und Filmproduzenten, alle handeln und rasen im Rausch kommender Abschlüsse um die Wette. Zukünftige Gewinne werden gefeiert, wie sie gerade einfallen, auf Kater komm raus.

Entlegene Nischen haben es da für ein paar historische Stunden besser. Die vier Arbeiter lassen die Lasten, wo sie sind, und machen erst mal Pause. Sind die Tage im Schutze der Mauer auch gezählt, noch ruht die Fabrikidylle im subventionierten Abseits, noch existiert das jahrzehntealte Halbstadt-Gemisch, wie es öffentlich-dienstlich werkelt und döst. Als einzige Laute klingen wieder aus der Ferne der Hallen Deutsch-Rock-Rhythmen, die allerdings sehr laut.

»Fünfzehn Zentner Papier!« sagt Gero Gandert, und seine Stimme vibriert vor Begeisterung. »Wochenlang habe ich in dem Keller unterm Sunset Boulevard gehockt und sortiert... Alles erste Sahne! Ein Schatz!«

Auf den schmutziggrauen Fabrikfassaden laufen Überputzleitungen und enden kopfhoch in klobigen Schaltern; Unkraut überwuchert die Steine des Gehwegs, dicke Teerflecken kleben den Fahrstreifen zusammen. Im hintersten Eck des Innenhofs, wo sich leere Holzkisten und Pappstücke rund um einen halboffenen, überquellenden Abfallcontainer stapeln, bleibt zwischen einem Maschendrahtzaun und dem Müll ein schmaler Weg zur Eingangstür.

»Einen Wassereinbruch hat es gegeben«, erzählt Gandert, während er wieder nach dem Schlüssel wühlt, »und wir mußten das Material direkt von Los Angeles zur *Deutschen Gesellschaft für Schädlingsbekämpfung* in Frankfurt schicken lassen. Dort ist es, ich zögere, wenn ich das Wort in diesem Zusammenhang ausspreche, ›begast‹ worden. Um die Schimmelsporen abzutöten.«

Unser Aufstieg endet im ersten Stock vor einer verdreckten Metalltür mit Milchglasscheiben. Neben dem weißen Klingelknopf steckt eine Visitenkarte, auf ihr prangt das schwarze Scherenschnitt-Logo einer altertümlichen Kamera: *Stiftung Deutsche Kinemathek*.

Die Stahltür öffnet sich auf eine mehrere hundert Quadratmeter große Lagerhalle. Ihre riesigen Glasscheiben hat man, um die Exponate vor Tageslicht zu schützen, mit Folie verklebt. Ein Gewirr von Metallregalen verstellt die halbdunkle Fläche. Auf ihnen stapeln sich bis kurz unter die hohe Decke wuchtige Projektoren und Kamerakräne, Kostüme und Requisiten, Bücher und Schneidevorrichtungen, Tausende von Filmbüchsen und Dutzende von Kameras aus den Anfängen der Kinematographie. Zur Hälfte verschwinden ihre Konturen im Dunkel der Halle, zur anderen Hälfte vergolden einzelne Sonnenstrahlen, die durch Lücken in den Fensterabdeckungen dringen, die seltsamen Preziosen.

»Ich gehe mal vorneweg«, sagt mein Cicerone, als hätte er, seit ich ihn kenne, je etwas anderes getan.

Gleich links droht ein Plakat zu Fritz Langs »M«: »Dein Mörder sieht Dich an«, weiter hinten lockt hoch oben in einem Regal ein Karton mit der Auszeichnung: »Leuchtschrift: Arbeit macht frei«. Im Zwielicht stoße ich gegen eine Kiste, bei deren Inhalt es sich um »Ballkleider und SS-Mäntel« handelt. Gewalt und Schrecken der Vergangenheit sind in der muffigen Halle allgegenwärtig.

»Wir sammeln und konservieren alles«, sagt Gandert, »worin sich die Geschichte des Films materialisiert: Positiv- und Negativkopien, Werkfotos, Standfotos, Zensurkarten, Drehbücher, Drehpläne, Dialoglisten, Plakate, Kostüme, Architekturmodelle...«

Doch filmhistorisches Fachinteresse hat mich nicht hierhergeführt. Mein Ziel ist eine Regalfront im hinteren Teil der Halle. Von den unzähligen anderen Umzugs- und Mineralwasserkisten, aus denen das Magazin zu einem Großteil besteht – »Wir haben kein Geld. Um alte Fotos und Filmprogramme zu verstauen, mußten wir uns von einer Firma Hunderte von Apollinaris-Kartons erbetteln...« –, unterscheiden sich die dreiundzwanzig Regalmeter Pappcontainer, die dort lagern, sofort durch die amerikanische Aufschrift »Racket Storage System«, Copyright Illinois.

»Fünfzehn Zentner! Briefe, Telegramme, Verträge ...« Kaum daß er die achtundsiebzig amerikanischen Umzugskisten erblickt hat, bricht der sonst so solide Gero Gandert, im bürgerlichen Beruf Abteilungsleiter der (West-)Berliner *Kinemathek*, in die exaltierten Gesten eines leidenschaftlichen Großwildjägers aus, der die Trophäen seines Lebens herzeigt.

Ganderts Stolz allerdings ist gerechtfertigt. Die Kartons bergen Blatt an Blatt alte Freunde und Feinde, Berühmte und Vergessene – eine imaginäre Versammlung des deutschen Exils. Ohne Aufsehen sind, vertreten gewissermaßen durch Werke und persönliche Dokumente, die Verbannten nach ihrem Tod in die Stadt zurückgekehrt, aus der sie einst vertrieben wurden und in der man sie nie wieder einbürgerte – unerlöste Schatten, für die wir einen endgültigen Platz in der deutschen Geschichte noch nicht gefunden haben.

12

Alle, die du hier siehst, sind unbestattet und hilflos. / Dort, der
Ferge, ist Charon. Begraben sind jene, die fahren. / Keinen fährt
er, bevor an ihrem Ort die Gebeine / Ruhen, vom schaudernden
Ufer auf dumpfen Fluten hinüber. / Hundert Jahre irren und
schweifen sie hier am Gestade. / Dann erst ist ihnen vergönnt, die
ersehnten Gewässer zu schauen.

»Drehbücher, unveröffentlichte Manuskripte, Hilferufe
und Dankschreiben«, schwärmt Gandert: »Von Feuchtwanger und Werfel, von Heinrich, Klaus und Thomas Mann, von
Günther Anders und Max Reinhardt, von Lubitsch, Lorre,
Kortner und Lang, von Remarque, Wilder, Eisler oder Zuckmayer. Sagen Sie einen Namen, er ist dabei: die Elite der
Weimarer Kultur, die Besten, die sich vor den Nazis retten
konnten. Die größte zusammenhängende Sammlung des
deutschen Filmexils, soweit ich weiß...«

Was im vorläufigen Archiv seiner Auswertung harrt, offenbart jedoch mehr als filmhistorische Details. Der Schatz
vom Sunset Boulevard birgt Aufklärung über sämtliche Bereiche der von den Nazis ausgetriebenen Kultur, das gesamte Spektrum dessen, was in der Weimarer Republik
»modern« war. Denn als erst in Deutschland, dann in Europa
kein Überleben mehr war, bot Hollywood ein schützendes
Dach, unter das sich, wenn auch oft sehr widerwillig, Künstler und Intellektuelle verschiedenster Provenienz flüchteten.
Der Film, für den die älteren Bereiche der Kulturproduktion
gewissermaßen zuliefern, zog Theaterschauspieler und Regisseure ebenso an wie Musiker und Maler, Fotografen und
Philosophen, Journalisten und Lyriker, Modedesigner und
Romanciers. In der ökonomischen Not des Exils wurde das
Hollywood-Kino zur goldstrahlenden Sonne, um die alle
anderen Künste planetengleich kreisten.

Nach der verspäteten Heimkehr landeten die Lebens-
zeugnisse zwar vorerst an einem düsteren Ort; aber an keinem ganz unpassenden, bedenkt man die Schicksale, von
denen die Dokumente zeugen. Gandert zerrt zwei der Kisten

aus dem Regal, und wir schleppen sie gemeinsam ans Licht des einzigen nicht verdunkelten Fensters. »*European Relief Fund*, Vermischtes« steht auf einem Deckel. »Also«, sagt Gandert, »ich greife jetzt mal blind hinein.« Beide Hände graben tief in das vergilbte Papier. »Hier finden Sie«, verspricht er, von lautem Geraschel begleitet, »eine lebendige, bewegende Chronik des Exils mit vielen in der Forschung unbekannten Einzelheiten: Berichte über die Stationen der Flucht, die bürokratischen Probleme, die Versuche, in den verschiedenen Ländern Fuß zu fassen, Bewerbungsschreiben, Honorarabrechnungen, Lebensläufe, Werklisten . . . Allein die Autographen sind von unschätzbarem Wert!« Ganderts Hände tauchen mit einem Stapel Briefe wieder auf. Seine Augen fliegen über die krakelige Tintenschrift. »Glück gehabt«, strahlt er, »wir sind sofort auf etwas Besonderes gestoßen.«

Triumphierend hält er mir einen Luftpostumschlag hin. Adressiert ist er, wie die meisten Schriftstücke in dem Karton, an »Mr. Paul Kohner . . .«.

2

9169 SUNSET BOULEVARD Ein schwarzer Cadillac fährt vor. Sein kalifornisches Kennzeichen besteht aus den Buchstaben »PAUKO« und sonst gar nichts. Aus dem Fond steigt ein alter Herr. Er trägt ein gestärktes weißes Hemd, einen blauen Blazer, graue Hosen mit scharfen Falten und, vollends ungewöhnlich in diesem Teil der Welt, eine dunkle Krawatte. Mit leicht steifen und doch federnden Schritten eilt er den Betonpfad zu dem runden Eingangsportal hinauf, vorbei an den beiden getrimmten Bäumchen und dem Gärtner, der sie gerade wässert. Die Blöcke der Klimaanlagen unter den Fenstern des weißen Holzhauses summen dumpf. Die Sonne wirft kaum einen Schatten. Es ist Vormittag in Hollywood, unweit der Stadtgrenze zu Beverly Hills. Über der Glastür, hinter der die große, hagere Gestalt verschwunden ist, steht in dünnen schwarzen Metallbuchstaben:»Paul Kohner, Inc.«.

Der Gründer der legendären Künstleragentur ist, als ich ihn an diesem Spätsommertag treffe, dreiundachtzig Jahre alt und noch voll im Geschäft. Zu seinen Klienten zählen John Huston und Klaus Kinski, Charles Bronson und Volker Schlöndorff, Valerie Kaprisky, Reiner Schöne und Klaus Maria Brandauer. Bessere Auskunft über Kohners Leben als die Liste der gegenwärtigen Klienten gibt jedoch sein Büro. Es gleicht einem kleinen Filmmuseum mit dem Schwerpunkt dreißiger und vierziger Jahre.

»Die Rolle ist natürlich die eines Nazis«, spricht Paul Kohner gerade in den Telefonhörer, als die Sekretärin mich hereinführt.»Aber sie wollen dich unbedingt.«

Der Agent sitzt vor einem Berg von Papieren, Büchern und Aktenmappen, unter dem sich vermutlich sein Schreibtisch befindet. Als Briefbeschwerer dient ein Aschenbecher, auf dessen Rand ein Modell des Brandenburger Tors klebt. Hinter dem Sessel, das Terrassenfenster halb verdeckend, lehnt das Plakat zu»SOS Eisberg«, dem letzten Film, den Paul Kohner, damals noch Produzent, beenden konnte, bevor er Deutschland verlassen mußte.

Während er seinem fernen Gesprächspartner lauscht, winkt mir Kohner mit einer beiläufigen, aber bestimmten Geste, mich ruhig umzuschauen.

In dem Bücherregal neben dem Schreibtisch stehen alte Ausgaben von Karl Mays Reiseerzählungen, auch»Winnetou«, daneben Werke von Traven,»another Paul Kohner client«, sowie viel Weimarer Avantgarde in englischer Übersetzung. Die Wand hinter dem rotgepolsterten Sofa, das den Mittelpunkt der Besucherecke bildet, bedecken bis auf den letzten Zentimeter Erinnerungsbilder, die Kohner mit seinen zum Großteil verblichenen Klienten und Freunden zeigen. Heinrich Mann erkenne ich und Ernest Hemingway, Lubitsch und Dieterle, Remarque, Sirk und ein ewig junges

15

PAUL KOHNER, INC.

9169

Froschgesicht, dessen Badewannen-Porträt signiert ist:»To Paul Kohner with love – in the afternoon – in the morning – at night – forever. Billy Wilder, Paris '56«.

»Okay, Max«, beendet Kohner das Telefonat,»ich werde sehen, was sich machen läßt.« Er steht auf und kommt mir entgegen.»Entschuldigen Sie«, sagt er,»aber den Sydow mußte ich sprechen, es wird sonst zu spät, ist ja bald Schlafenszeit in Europa.«

Den alten Kontinent hat Paul Kohner 1920 zum erstenmal verlassen. Damals war der Sohn eines erfolgreichen Kinobesitzers aus Teplitz-Schönau achtzehn Jahre alt, im Gefolge des Ersten Weltkriegs gerade vom geborenen k.u.k. Untertanen zum Tschechen geworden und auf dem besten Wege, sein Berufsleben als Journalist zu beginnen.

Im böhmischen Karlsbad, unweit von Teplitz-Schönau, lernte er bei einem Interview den kurenden Carl Laemmle kennen, den deutschstämmigen Gründer der *Universal Pictures*. Ein paar Monate später fing Paul Kohner in der New Yorker Filiale an – als Packer in der Versandabteilung. Das allerdings blieb er nicht lange.

Erich von Stroheim, dem er bei einem Ostküsten-Besuch als »Maître des cérémonies« dienen sollte, überredete Laemmle, den alerten jungen Mann nach Hollywood zu holen. Kohners Karriere in der Hierarchie der *Universal*, einer der sieben oligopolistischen Produktionsfirmen, die sich das große Geschäft untereinander aufteilten, war steil. Bald führte er Regie, dann rückte er zum Produzenten auf.

Im Jahre 1930 schickte ihn »Onkel Carl«, wie der Studiochef bei seinen Angestellten hieß und wie Kohner Laemmle heute noch nennt, nach Deutschland, um die dortige Zweigstelle der *Universal* zu leiten.

»Ich war begeistert von Berlin!« schwärmt Kohner von der Stadt, in der über hundert Zeitungen und mehr als vierzig Wochen- und Monatsmagazine erschienen, in der drei Dutzend Theater spielten und in der es dreihundertsechzig große, kleine und kleinste Filmstudios gab.»Ich liebte Berlin

17

auf Anhieb. Jeden Abend stürzte ich mich in das Nachtleben. Unglaublich! Alles hat mir wunderbar gefallen.«

Vom ersten Augenblick an begleitete ihn jedoch der Schatten von Gewalt und Zensur, der über der ersten deutschen Demokratie lag.

Kurz vor seiner Abfahrt aus Hollywood hatte er Albert Einstein kennengelernt, der sich vor antisemitischen Angriffen, mit denen ihn die Berliner SA verfolgte, für ein paar Monate an das kalifornische *Institute of Technology* zurückgezogen hatte. Bei einer Galavorführung betrachtete Einstein zusammen mit Carl Laemmle und Paul Kohner das jüngste Prestige-Produkt der *Universal*: Lewis Milestones »Im Westen nichts Neues«. Daß die Verfilmung von

Auf »Universal«-Tour: Paul Kohner stellt Albert Einstein, Gastprofessor in Kalifornien, den Studiochef Carl Laemmle vor (1930)

18

Erich Maria Remarques pazifistischem Bestseller bei der deutschen Rechten auf Widerstand stoßen würde, darüber war man sich einig. Niemand jedoch rechnete damit, welche Dimensionen der Konflikt annehmen sollte. »Nach meiner Ankunft in Berlin hatte ich die Aufgabe«, sagt Kohner, »den Film in die deutschen Kinos zu bringen.«

3

DIE LOGIK DES DICKERN KNÜPPELS Große Leuchtreklamen flackern über den Nollendorfplatz. Auf den Bürgersteigen drängen sich auch nach Einbruch der Dunkelheit noch die Menschen. Viele der kleinen Läden bleiben bis spät in den Abend geöffnet, das halbe Dutzend Cafés und Lokale ist gut gefüllt. Der »Nolli« ist einer der belebtesten Plätze des »alten Westens«, über ihn führt eine Hauptverkehrsader zur grauen Kaiser-Wilhelm-Gedächtniskirche auf dem Auguste-Viktoria-Platz, dem von Restaurants, Hotels und Luxusläden, von Kinos und Nachtlokalen umstellten Brennpunkt des Berliner Vergnügungslebens.

Aber auch der »Nolli« selbst mit seinen zahllosen Unterhaltungsetablissements – der *Ufa-Pavillon* und das *Theater am Nollendorfplatz* sind nur die größten – lockt am Abend Besucher aus allen Stadtteilen an. Unablässig rollt dichter Verkehr in alle Richtungen, zum Wittenbergplatz und zur Potsdamer Straße, von dort weiter nach Norden zum Alexanderplatz oder nach Süden zum Sportpalast oder in Richtung Osten über den Bülowplatz, wo sich das Karl-Liebknecht-Haus befindet, die kommunistische Parteizentrale. Der Lärm des nicht abreißenden Stroms von Bussen, Lastern und Personenwagen erfüllt die Luft, wird aber in Minutenabständen vom metallischen Rattern der U-Bahn übertönt, die hier überirdisch auf eisernen Stelzen in Richtung Gleisdreieck rast.

An diesem Freitagabend, es ist der 5. Dezember 1930,

versammeln sich kurz nach sechs Uhr an verschiedenen Ecken des Nollendorfplatzes kleine Gruppen von Menschen. Fast alle sind Männer, die meisten von ihnen jung, kaum über achtzehn. Sie tragen das übliche, leicht ärmliche Berliner Winterzivil, dicke Wollmäntel, Schals und den obligatorischen Hut, doch geht von ihnen der Eindruck einer militärischen Formation aus. Kommandogewohnte Anführer verteilen an die Neuankömmlinge Eintrittskarten. Sie gelten für die Sieben-Uhr-Vorstellung im *Mozartsaal*, einem unabhängigen, zu keiner der großen Ketten gehörenden Kino. Das Plakat an seinem Eingang kündigt in großen Fraktur-Lettern an:»Im Westen nichts Neues – Von Erich Maria Remarque – Ein Tonfilm in deutscher Sprache«.

Seine Uraufführung fand hier gestern abend vor geladenem Publikum statt und hinterließ»einen tiefen Eindruck«, wie der sozialdemokratische *Vorwärts* in der Morgenausgabe berichtet hat:»Nie ist der Krieg, nie sind die Erlebnisse einer Schulklasse und einer Kompagnie so ergreifend und erschütternd geschildert worden.«

Zu Beginn weckte die technische Perfektion bei den Zuschauern Szenenapplaus, als nach zwei Stunden und zehn Minuten der Vorhang fiel, herrschte jedoch erschüttertes Schweigen: Allzu erschreckend lieferten die neuen Mittel des Tonfilms zu den bewegten Bildern des Grauens auch die Geräusche; das Heulen der Granaten, das Grollen der fernen Einschläge, das Krachen der nahen; lange, verzweifelte Angst- und Todesschreie. Nur ein Gedanke bleibe von der realistischen Inszenierung der Schrecken einer modernen Materialschlacht zurück, heißt es in der ausführlicheren Kritik der gerade erschienenen Abendausgabe:»Nie wieder Krieg!«

Diese Botschaft mißfällt vielen Deutschen. Seit Monaten schwelt in der öffentlichen Diskussion der Streit um die zwölf Jahre zurückliegende Niederlage. Die Fragen der Kriegsschuld, der angebliche»Dolchstoß« aus der Etappe und republikanische»Novemberverbrechen« dienen als ideologische Krücken, mit denen die von der Weltwirtschaftskrise gelähmten Parteien und ihre verunsicherten Anhänger aufeinander eindreschen.

Die Rechten, voran die Nazis, hetzen immer offener zu einem Angriffskrieg, der dem »Vaterland« seine »alte Größe« wiedergeben soll. Und derlei Parolen finden in den Monaten nach dem »Schwarzen Freitag« an der New Yorker Börse mehr Anklang denn je. Die Industrieproduktion ist drastisch gesunken. Millionen Frauen und Männer sind arbeitslos. Am Horizont ziehen Gewalt, Brutalität, Massenmord herauf. Vor zwei Monaten, im September 1930, haben die Deutschen die NSDAP zur zweitstärksten Reichstagsfraktion gewählt. Als erster Nationalsozialist ist in Thüringen Wilhelm Frick, den die Alliierten 1946 als Kriegsverbrecher hinrichten werden, zum Minister ernannt und auf eine Verfassung vereidigt worden, deren Abschaffung er betreibt. Im Ausland wächst die Beunruhigung. Schon damals, drei Jahre vor Hitlers Machtübernahme, baut Frankreich die Maginotlinie aus, weil es einen deutschen Überfall befürchten muß.

Aber es ist auch eine Zeit, in der die Gegenkräfte noch einmal Anlauf nehmen, die Geschichte zu wenden. Künstler, Wissenschaftler und Filmemacher beginnen, sich für den Frieden zu engagieren. Die Mehrheit der Deutschen will keinen neuen Krieg. Erich Maria Remarque trifft daher mit seinem Roman »Im Westen nichts Neues« die Stimmung eines großen Publikums. Das pazifistische Werk, 1929 erschienen, wird binnen weniger Monate zu einem der größten Bucherfolge der Weimarer Republik und darüber hinaus ein internationaler Bestseller. Die Auseinandersetzung um seine Verfilmung demonstriert mit aller Deutlichkeit, welches Schicksal der Kultur unter Hitlers Herrschaft zugedacht ist – und wie wenig die Gegner der Nazis deren Macht- und Zerstörungswillen entgegenzusetzen haben.

Seit Tagen bereits wettert die Presse des rechtsnationalen Medienzaren Hugenberg, Herr zugleich über die Ufa, gegen den »würdelosen Hetzfilm«. Das Auswärtige Amt hat zwar erklärt, daß Milestones Werk »Mut, Tapferkeit und Standhaftigkeit des deutschen Heeres im Weltkriege zeige«, das Reichswehrministerium hingegen verlangt ultimativ das Verbot des Hollywood-Streifens, da er angeblich das Ansehen desselben Heeres verunglimpfe. Das geltende Zensurgesetz allerdings ermöglicht eine solche Indizierung nicht.

Kurz vor sieben Uhr, als sich über dreihundert junge Männer am Eingang des *Mozartsaals* versammelt haben, fahren mehrere Reichstagsabgeordnete der Nationalsozialistischen Deutschen Arbeiterpartei vor, unter ihnen auch der oberste Propagandachef und Berliner Gauleiter, Dr. Joseph Goebbels. Den Medien als Instrumente politischer Einflußnahme gehört seine besondere Aufmerksamkeit. Für die Nazis ist das Kino, wie später der »Hauptstellenleiter der Reichspropagandaleitung der NSDAP« schreibt, die »volkstümlichste Kunstform des zwanzigsten Jahrhunderts, die gerade wegen ihrer flüssigen und leichten Ausdrucksweise, durch das Zusammenwirken von Optik und Akustik die Menschen bannt und ihre Herzen durch das gemeinsame Erleben höher schlagen läßt«.

Während seine Getreuen das Kino füllen, spaziert Goebbels noch eine Weile vor den großen Portalen und marmorverzierten Aufgängen der grauen Gründerzeitgebäude auf und ab, deren vergangener Glanz unter Rußschichten versunken ist. »Ein Horst von Betonadlern mit Balkonen wie Brüsten« – so hat Stephen Spender, zu Besuch in Berlin, erschreckt den trostlosen Anblick beschrieben, den die heruntergekommenen Fassaden des Nollendorfplatzes damals bieten. Erst nachdem das Licht im Kino endgültig gelöscht ist und der Hauptfilm begonnen hat, nimmt Goebbels, der zukünftige »Eroberer Berlins«, den Platz in seiner Loge ein.

Den Film kann schwerlich einer der organisierten Besucher bereits kennen, doch sehen wollen sie ihn nicht. Schon nach wenigen Minuten setzen die ersten Störungen ein. Die jungen Männer, die sich jetzt lautstark als SA-Leute zu erkennen geben, brüllen »Juden, raus!« und: »Hitler vor den Toren!« – eine Parole, die peinlich die klassische Halbbildung des Propagandachefs verrät. Hannibal, der einst *ad portas* drohte, war es bekanntlich nicht vergönnt, über die römische Hauptstadt zu herrschen; und das ist es ja wohl nicht, was die Randalierer für Hitler und Berlin prognostizieren wollen.

Auf der Leinwand tobt derweil furchterregend der Erste Weltkrieg: Die Angehörigen der Schulklasse, die sich nach einer nationalistischen Brandrede ihres Lehrers geschlossen »freiwillig« meldeten, verlieren beim ersten Einsatz im Menschen wie Material verschlingenden Grabenkampf der Westfront teils ihr Leben, teils ihre Illusionen. Ausgerechnet den Heißhunger, den die geschockten Halbwüchsigen daraufhin in der Etappe entwickeln, nimmt Goebbels zum Anlaß, den Skandal zu erklären.

»So benimmt sich kein deutscher Soldat!« schreit er aufspringend – und gibt seinen Getreuen damit das Signal. Vom Rang werden Tanzmäuse und weiße Ratten ins Parkett geworfen. Tumult bricht aus, das Licht geht an, die Vorstellung muß unterbrochen werden. NS-Führer steigen abwechselnd auf die Sitze und brüllen Ansprachen.

Vor der vereinten Belästigung durch Viecher und Parolen ergreift eine Mehrheit des Publikums die Flucht. Drei, vier Stinkbomben fliegen, die Fliehenden werden von den SA-Leuten brutal attackiert. Schließlich erscheint ein Zug Schutzpolizei und schafft die Randalierer unter Knüppeleinsatz aus dem Saal – wobei ein übermäßiges Arsenal weiterer Stinkbomben sichergestellt wird, die man, wohl aus Gründen der Selbstschonung, nicht geworfen hat.

Auf dem inzwischen abgeriegelten Nollendorfplatz setzen die Nazis ihre Aktion fort. Vor seinen Anhängern hält Goebbels, unter reichlicher Verwendung antisemitischer Parolen, eine geifernde Rede gegen Buch und Film. Die Zuhörer jubeln, schwenken die Hüte und leisten den Tschako-geschützten Polizeitruppen so hartnäckig Widerstand, daß die Neun-Uhr-Vorstellung abgesagt werden muß. Das Chaos ist perfekt. Menschenmassen verstopfen die Straßen, die Breschen, die die Gummiknüppel der Überfallkommandos schlagen, schließen sich Sekunden später wieder, der Verkehr staut sich in alle Himmelsrichtungen.

»Kein Mensch wußte, worum es ging«, schreibt Arnolt Bronnen, einst ein enger Freund Brechts, damals NS-Kampfgenosse und nach dem Krieg wieder Kommunist: »Es gab Radau, weil diesen Menschen, welche Goebbels kommandierte, Radau als etwas Schönes erschien und weil Goebbels in geschickter Weise die Instinkte der Masse gegen die Snobs und Pelzmantel-Dämchen vom Kurfürstendamm einzusetzen verstand.«

Zwischen einzelnen SA-Leuten und verhinderten Kinobesuchern kommt es zu erregten Debatten. Ein Augenzeuge muß empört, aber hilflos erleben, wie die »15- bis 18jährigen Burschen, die zur Zeit, als wir im Dreck und Schlamm die Grenzen der Heimat wieder und wieder schützten, noch in den Windeln lagen«, die realistische Darstellung des Krieges und der Leiden seiner Opfer verspotten.

An diesem Dezemberabend beginnt eine Kraftprobe um Demokratie und Rechtsstaatlichkeit, in deren Verlauf die Republik auf einem sehr symbolischen Schauplatz eine Niederlage erleiden wird; eine kleine Niederlage zwar, aber in ihr zeichnen sich modellhaft bereits die Konturen der großen ab.

Die nächsten Tage wird der Anti-Kriegsfilm unter Polizeischutz laufen, während draußen auf dem Nollendorfplatz Straßenschlachten toben; mit dem voraussehbaren Erfolg, daß die Vorstellungen dank der Krawalle ausverkauft sind. Doch eine Lösung im freien Spiel der Kräfte ist es nicht, die Goebbels anstrebt. Er läßt seine Sturmabteilungen auf das obrigkeitsstaatliche Verbot des pazifistischen Werks hin randalieren.

Am Sonntagabend dauern die Gewalttätigkeiten der »fanatischen Pöbelgarde unter der Führung eines klumpfüßigen Psychopathen«, wie Carl von Ossietzky in der *Welt-bühne* schreibt, bis nach Mitternacht an, so daß die »Deutschland, erwache!«-Rufe für den einen oder anderen Anwohner durchaus praktische Konsequenzen haben.

»Jeder, der diesen Film ansieht, ist ein Verräter an der deutschen Sache«, schimpft ein NS-Agitator vor dem Licht-spieltheater – und gibt im gleichen Atemzug freimütig zu, daß er das Werk, das er so brutal bekämpft, nicht kennt und nicht kennen will.

»Kopfschüttelnd geht man weiter«, schreibt im Stil eines distanzierten Flaneurs der Berichterstatter des *Berliner Tage-blatt*: »Leben wir im Jahre 1930 und hat sich nichts geändert? Alle, die noch bei Verstand geblieben sind, wenden sich von dieser Kulturschande betroffen ab.«

Unglücklicherweise ist das, knapp zwei Jahre, viele Tote und ein paar Übergangsregierungen vor der nationalsozialistischen Machtübernahme, nicht mehr die absolute Mehrheit. Die sächsischen und thüringischen Landesregierungen sowie Braunschweig stellen Verbotsanträge gegen »Im Westen nichts Neues«. Gleichzeitig wird bekannt, daß die Reichsregierung unter Kanzler Brüning, falls notwendig, eine Gesetzesnovelle einbringen will, um eine Indizierung des Films zu ermöglichen. Entsetzt vermerkt ein liberaler Leitartikler, »daß es ›bürgerliche‹ Parteien gibt, die im Schatten der nationalsozialistischen Phraseologie sich selber nicht mehr ›national‹ genug vorkommen und eine Art Wettlauf mit dem Rechtsradikalismus beginnen ... Anscheinend glaubt man, aller Erfahrung zum Trotz, in diesen Kreisen immer noch, daß schlaue Nachgiebigkeit und Taktik weiter führt als entschlossener Widerstand.«

Bereits der folgende Abend beweist den zweifelhaften Erfolg solchen Taktierens: Die Masse der Bürgerkrieger hat sich auf sechstausend Mann erhöht, die Unruhen eskalieren, Passanten werden im Dutzend krankenhausreif geschlagen. Die Schutzpolizisten geben mehrfach Warnschüsse ab, um der Lage Herr zu bleiben, lassen dem Straßenterror jedoch weitgehend seinen Lauf – die Beamten der zuständigen Sportpalast-Einheit sind seit sieben Tagen ununterbrochen gegen NS- und KP-Krawalle im Einsatz, sie sind übermüdet und, wie sich bei manch anderer Gelegenheit zeigt, wohl auch grundsätzlich nicht übermäßig motiviert. Der keineswegs wilde, sondern wohlorganisierte Mob zieht, Fensterscheiben einwerfend und Geschäfte plündernd, vom Nollendorfplatz über den Wittenbergplatz zum Fehrbelliner Platz, wo Gauleiter Goebbels sich bei einem weiteren seiner Haß- und Hetzauftritte austobt.

Montagmorgen verkündet der Polizeipräsident von Berlin ein Demonstrationsverbot, das ab vierzehn Uhr gilt. Bis nächsten Donnerstag, den 12. Dezember, will die Film-Oberprüfstelle, auf die von der Regierung Brüning heftiger Druck ausgeübt wird, Vertreter des Auswärtigen Amtes und des Reichswehrministeriums anhören und dann über die Verbotsanträge entscheiden. Es wird bekannt, daß Hugenberg in einem persönlichen Telegramm an den Reichspräsidenten Hindenburg um Unterstützung im Krieg gegen den friedensfördernden Film gebeten hat. Das gesamte Kabinett läßt sich »Im Westen nichts Neues« vorführen.

Trotz deutlicher Warnungen aus dem Ausland mehren sich die Zeichen für ein bevorstehendes Verbot. Der Kommentator des *Berliner Tageblatt*, der ausführlich darlegt, daß nach der bestehenden Rechtslage die Zensur nicht eingreifen dürfte, befürchtet:»Wenn die Mannen und Jungens des Herrn Dr. Goebbels in diesem einen Fall ihre destruktiven Ziele erreichen, werden sie bald einen zweiten, dritten und zehnten Fall konstruieren...«

Angesichts des NS-Terrors entwickelt sich die Entscheidung über den Anti-Kriegsfilm zu einer prinzipiellen Frage, zu einem Exempel. Die weitreichenden Folgen der möglichen Indizierung des kritischen Unterhaltungswerks, das unter anderen politischen Umständen nur ein gutes oder schlechtes Geschäft gewesen wäre, erkennen die Zeitgenossen durchaus. Theodor Wolff, einflußreicher Chefredakteur des *Berliner Tageblatt* und Emigrant in spe, wird die Verschwörung des Staates gegen seine eigenen Gesetze und Grundsätze, die sich im Dezember 1930 vor aller Augen abspielt, an ihrem Ende mit der Dreyfus-Affäre vergleichen: Beide Fälle waren, schreibt er bereits am Sonntag nach der Entscheidung, ein »Prüfstein für die moralischen und geistigen Zustände in einem Staat, für die Kraft oder die Schwäche des Rechtsempfindens und des Wahrheitssinnes und für den Charakter der Regierenden«.

Wie er denken damals nicht viele. »Die Unterschätzung der Gefahr, die da mit täglich wachsender Gewalt heraufkam, in allen Kreisen des Bürgertums, die Juden nicht ausgenommen, war erschreckend und deprimierte mich tief«, erinnert sich der Verleger Gottfried Bermann Fischer. »Das liberale Bürgertum hatte nichts Positives mehr vorzubringen und zeigte sich hilflos gegenüber der mächtigen, mit Fanfaren und Standarten vorwärtsstürmenden Propaganda der Gegenseite, die den Massen das Blaue vom Himmel versprach.« Carl Zuckmayer, der sich bis dahin allen politischen Organisationen ferngehalten hatte, entschließt sich nun zum Engagement: »Zu wenig und zu spät, so scheint es mir, war auch das, was wir, die deutschen Intellektuellen dieser Zeit, versucht haben.« Sein erster Schritt: Er spricht »in einer großen Versammlung im ›Preußischen Herrenhaus‹ gegen die politische Zwangszensur«.

Am Donnerstag erobert dann die Entscheidung der Oberprüfstelle die Titelseiten der Berliner Tageszeitungen. »Filmverbot – Terrorsieg!« lautet die Schlagzeile des *Vorwärts*. Und der Leitartikler des *Berliner Tageblatt* resümiert resignierend: »Das Verbot des Films ›Im Westen nichts Neues‹ ist nicht auf Grund des Gesetzes erfolgt. Es ist auf Kommando der Straße ergangen ... Auch diese Affäre, die längst aus dem Kinobereich in das Gebiet der großen, inneren Politik hinübergegriffen hat, zeigt wieder mit erschreckender Deutlichkeit, daß die einzige Gefahr, die Deutschland bedroht, nicht das nationalsozialistische Wachstum

und Maulheldentum ist, sondern die Schlappheit, Nachgiebigkeit und Bedenklichkeit des sogenannten ›Bürgertums‹.«
Um die Niederlage der Republik aufzuhalten, die sich im Triumph der NS-Gewalt abzeichnet, fordert der Pazifist Carl von Ossietzky jetzt aktiven Widerstand: »Die liberale Feigheit, die sich selbst für Vernunft halten möchte, hat ausgelitten. Der Fascismus ist nur auf der Straße zu schlagen. Gegen die nationalsozialistische Gesindelpartei gibt es nur die Logik des dickern Knüppels, zu ihrer Zähmung nur eine Pädagogik: A une corsaire – corsaire et demi!«

Doch der Kampf geht nicht auf der Straße weiter, er schleppt sich ein Vierteljahr im Parlament dahin und wird dort verloren.

»Der Kinoabend war toll«, sagt Kohner.»Aber genauso unglaublich waren die Verhandlungen im Reichstag. Ich konnte es kaum mit ansehen.«

Dreharbeiten : Produzent Paul Kohner, Erich Maria Remarque und Douglas Sirk (1957)

Den Antrag auf Freigabe des Films, den die KPD schließlich in ungewohnter Allianz mit Hollywood einbringt, stimmen die »demokratischen« Parteien, SPD eingeschlossen, im März 1931 nieder. »Im Westen nichts Neues« bleibt sinnigerweise im Inland verboten, weil er »das deutsche Ansehen im Ausland gefährde«.

Dort jedoch läuft das pazifistische Meisterwerk, für das Paul Kohner auch insofern die Verantwortung trägt, als er Erich Maria Remarque bei Carl Laemmle in Hollywood einführte und die Verfilmung anregte, seit sechs Monaten unbeanstandet und spielt Millionen ein. Seine ästhetischen Qualitäten, die mancher deutsche Kritiker geringschätzt, werden überraschend einhellig gepriesen, selbst Eisenstein hält Milestones Werk für »eine gute Doktorarbeit«, und die *Academy of Motion Picture Arts* verleiht ihm den »Oscar« als bestem Film des Jahres.

Wie weit die symbolische Bedeutung des nationalsozialistischen Triumphes reichen wird, hat geradezu prophetisch ein Kommentator des *Vorwärts* bereits am Tag des Verbots beschworen: Er erkennt darin den Beginn eines »Entscheidungskampfs«, »dessen Ausgang das Schicksal des deutschen Volkes für lange Zeit, vielleicht für Jahrzehnte bestimmen wird«.

In den folgenden Wochen nimmt der Straßenterror der Nazis dramatisch zu. Christopher Isherwood, der Anfang Dezember 1930 in die Nollendorfstraße gezogen ist, beobachtet, daß zu den Opfern der Gewalt nicht nur politische Gegner gehören, die unter den Augen der Polizei malträtiert werden, sondern beliebige Passanten, die von Geburt an mit einer zu großen Nase und zu dunklen Haaren bedacht sind. Auch der gezielte Terror gegen prominente Künstler und Intellektuelle beginnt, ohne daß der Staat Schutz bieten würde.

»Hör zu, du jüdisches Schwein, morgen nacht werden wir kommen und dich und deine Brut abschlachten!«

Anrufe wie dieser gehen nicht nur bei George Grosz regelmäßig ein. Eine Freundin erinnert sich an seine Reaktion: »Ja, kommt nur«, brüllt Grosz in den Hörer. »Ich habe zwei Pistolen, meine Frau hat auch zwei, und mein Freund Uli hat einen Spazierstock mit einem Bajonett! Wir werden euch schon zeigen, was ein Haken ist.« Ungeachtet dieser Antwort, ist sich der Künstler bewußt, daß er auf verlorenem Posten kämpft. »Ich war natürlich kein unschuldiges Kindlein und wußte, wie es um Deutschland bestellt war«, schreibt er in seinen Memoiren. »Es war deutlich, wie der Fußboden Risse bekam, wie diese und jene Wand zu wackeln begann... Es war wie vor der Premiere eines großen Dramas oder wie vor dem Beginn einer Schlacht. Man räusperte sich überall und sah immer wieder nervös nach der Uhr, denn in der Zeitung stand täglich, es sei nun ganz kurz vor zwölf.«

Wie Erich Maria Remarque und Albert Einstein, wie Max Ernst, Oskar Kokoschka und andere politisch besonders exponierte Personen zieht George Grosz es verständlicherweise vor, die fünfundzwanzig Monate, die der Republik noch bleiben, zu einem Großteil im Ausland zu verbringen. Das Exil vor dem Exil beginnt.

4

HITLER IM SEEHUNDFELL »Eines Morgens, eine ganze Weile vor der Machtübernahme«, erzählt Paul Kohner, während die Klimaanlage in seinem Büro summt und über die Hitze des kalifornischen Mittags einen kühlen Luftzug legt, »kam mein Berliner Produktionsleiter zu mir, am Revers so ein Abzeichen. Sag' ich: ›Hoffmann, Sie sind Mitglied der Partei?‹ Sagt er: ›Heil Hitler!‹ Sag' ich: ›Herr Hoffmann, jetzt marschieren Sie mal aus meinem Zimmer heraus und gleich weiter aus diesem Büro. Sie sind entlassen.‹«

Kohner lehnt sich in den Polstern der Besucherecke zurück und winkt mit einer resignierten Geste ab, die sagen will: Machen mußte ich's, aber geholfen hat's eh nichts. Mit jedem Monat, den Paul Kohner in Berlin arbeitete, mehrten sich die Anzeichen des heraufziehenden Unheils. Die Serie wichtiger Urnengänge im Frühjahr und Sommer 1932 – die Wahl des Reichspräsidenten, die preußische Landtagswahl, zwei Reichstagswahlen – heizten das Klima an.

»Die Hauptschlachtfelder waren Bierstuben, die verräucherten kleinen Kneipen der Arbeiterviertel«, erinnert sich Arthur Koestler. »Das falsche Lokal betreten hieß, in die feindlichen Linien vordringen. Von Zeit zu Zeit zerschossen die Nazis in der klassischen Gangstertradition Chicagos eines unserer Verkehrslokale. Eine Bande von SA-Leuten pflegte dort zu langsam an der Kneipe vorbeizufahren und durch die Fensterscheiben zu schießen. Dann rasten sie mit halsbrecherischer Geschwindigkeit davon.«

Doch fast unbeeinflußt von dem politischen

Das Team der »SOS Eisberg«: Regisseur Arnold Fanck, die Hauptdarsteller Ernst Udet und Leni Riefenstahl, Produzent Paul Kohner (1932)

Terror ging das Leben weiter, verdrängten der Alltag und der Wille zur Normalität die tägliche Ausnahmesituation, den drohenden Bürgerkrieg.

In seiner Heimatstadt Teplitz-Schönau feierte Kohner in diesem Sommer Hochzeit mit Lupita Tovar, einer populären mexikanischen Filmschauspielerin. Zur selben Zeit produzierte er den Arnold-Fanck-Film »SOS Eisberg«. Die weibliche Hauptrolle in dem Mensch-gegen-Natur-Spektakel spielte Leni Riefenstahl, bekannt für ihre Adolf-Idolatrie. »Sie verdrehte immer, wenn von Hitler die Rede war, in Verzückung die Augen«, spottete Marta Feuchtwanger. Teile der Dreharbeiten fanden damals in Grönland statt. Als die Crew zurückkam, wurden dem Produzenten die eigentümlichen Extravaganzen der Hauptdarstellerin berichtet: »Die hatte ein großes Foto von Hitler mitgenommen, und für das hat sie sich von einem Eskimo einen Rahmen aus Seehundfell machen lassen.«

Der distinguierte alte Herr tippt sich an die Stirn: »Der Hitler im Seehundfell, was soll man dazu sagen?«

»Haben Sie noch andere Erinnerungen an Frau Riefenstahl?«

»Nur die schlechtesten, das ist eine aufdringliche, widerliche Person. Bei der Erstaufführung des Films erschien sie plötzlich auf der Bühne, begleitet von einer uniformierten Schutzstaffel, einem SS-Trupp, und dann machten sie alle den Hitler-Salut. Von dem Augenblick an habe ich jeden Kontakt mit ihr verweigert.«

Auf den Plakaten, stellte Kohner empört fest, fehlte entgegen den Verträgen der »jüdische« Name des Produzenten. »Ich habe die Ufa verklagt, das war damals noch möglich.« Der alte Mann mir gegenüber strahlt in der Erinnerung: »Sie mußten alles überkleben, mit einem Querstreifen: ›Eine Paul-Kohner-Produktion‹.«

»Hatten Sie keine Angst bei Ihren persönlichen Konfrontationen mit den Nazis?«

»Ach, ich war eigentlich sehr frech. Denn ich war ja inzwischen Amerikaner. Wenn die Nazis ankamen mit ihren Sammelbüchsen und all diesem Quatsch, zückte ich immer den Paß, da haben sie den Schwanz eingezogen und sind abgehauen. Außerdem, am Anfang hat man das alles nicht so ernst genommen.«

Doch die Zeit, zu der noch Amüsement über die Dummheit und Borniertheit des Gegners möglich war, ging schnell vorbei. Mochten die Nazis nicht besonders helle sein, für Brutalitäten und Mord reichte es allemal. Der Schrecken, den sie verbreiteten, eskalierte von Woche zu Woche – und zeigte Wirkungen über den Straßenterror hinaus. Kleine wie große Firmen begannen vorsichtig, ihren »nicht-arischen« Personalbestand abzubauen, viele jüdische Deutsche mußten erleben, daß gute Bekannte und Freunde sie nicht mehr kennen wollten. Die endgültige Wende brachte dann der 30. Januar 1933.

»Nach der Machtübernahme haben wir fürchterliche Sachen gesehen, so viel Gewalt. Einmal sind meine Frau und ich abends mit der U-Bahn nach Hause gefahren, da haben draußen auf einem Bahnsteig Nazis in Uniform auf zwei orthodoxe Juden eingeschlagen. Es war entsetzlich. Jeder hat so etwas mit anschauen müssen.«

»Wie lange blieben Sie in Berlin?«

»Am 1. April 1933 bin ich abgereist, an dem antijüdischen Aktionstag. Man ist durch Scherbenhaufen gegangen, und wo die Fensterscheiben noch heil waren, da stand ›Juda verrecke‹, ›Kauft nicht bei Juden‹. Überall Uniformen, und überall haben sie Leute zusammengeschlagen.«

»Können Sie...«

»Ich will darüber nicht weiter sprechen«, sagt Kohner. Einen Augenblick sitzen wir schweigend da.

Bereits am frühen Morgen des Freitag sah man die SA mit ihren Transparenten durch die Stadt ziehen. »Die Juden sind unser Unglück«, »Gegen jüdische Greuelpropaganda im Auslande«. In den Vormittagsstunden begannen sich die Posten der Nazis vor die jüdischen Geschäfte und Betriebe zu stellen, und jeder Käufer wurde darauf aufmerksam gemacht, nicht bei Juden zu kaufen. Auch vor unserem Lokal postierten sich zwei junge Nazis und hinderten Kunden am Eintritt. Mir erschien das Ganze unbegreiflich. Es konnte mir nicht einleuchten, daß so etwas im 20. Jahrhundert überhaupt möglich sein konnte, denn solche Dinge hatten sich doch höchstens im Mittelalter ereignet . . . Und für dieses Volk hatten wir jungen Juden einst im Schützengraben in Kälte und Regen gestanden und haben unser Blut vergossen, um das Land vor dem Feind zu schützen. Gab es keinen Kameraden mehr aus dieser Zeit, den dieses Treiben anekelte? Da sah man sie auf der Straße vorübergehen, darunter gar viele, denen man Gutes erwiesen hatte. Sie hatten ein Lächeln auf dem Gesicht, das ihre heimtückische Freude verriet.

»Wer sollte da noch bleiben?« Kohner macht eine abwehrende Geste, die sich gegen die Vergangenheit zu richten scheint. »Ich habe dann von Paris aus gearbeitet, Filme produziert in London, Budapest, Wien. Aber immer mal wieder mußte ich zurück. Als Ausländer war ich der einzige, der die Geschäfte der Firma abwickeln konnte. Dabei habe ich versucht, möglichst viel von dem Besitz unserer Angestellten, von denen die meisten weggingen, mit rauszuschmuggeln; Geld und Juwelen. Leider gab es einige, die einfach nicht glauben wollten, was passieren würde. Manchmal ging es mir selbst so. Als ich 1935 zurück nach Amerika sollte, bekam ich eine wunderbare Offerte von der Ufa . . .«

»Als Jude . . .?« unterbreche ich ihn erstaunt.

»Ach, die haben gemeint, das regeln wir schon alles, ich bräuchte keine Angst zu haben . . . Die wollten halt jemanden, der sich auskannte. Jedenfalls, in einer schwachen Stunde habe ich überlegt, ob ich nicht vielleicht . . . Berlin war so großartig . . . Doch da hat meine Frau gesagt: ›Ohne mich.‹« Kohner schüttelt den Kopf, und seine Augen scheinen durch mich hindurchzusehen: »Gott sei Dank hat meine Frau sich damals geweigert!«

Abrupt schlägt er beide Hände ineinander. Ich zucke erschrocken zusammen, so sehr hatten Kohners Erzählungen die Gegenwart verdrängt und die Vergangenheit heraufbeschworen.

»Entschuldigen Sie«, sagt er, »aber jetzt brauchen wir etwas zu trinken und ein Sandwich. Anders lassen sich diese Geschichten nicht mehr aushalten.«

5

EINE KULTUR WANDERT AUS Hunderttausende mußten Deutschland verlassen, als die Nazis 1933 ihre blutige Jagd begannen. Auch die Elite der deutschen Kultur rettete sich ins Exil. Ein in der deutschen Geschichte einmaliger Exodus an Talent und Wissen, an Erfahrungen und an handwerklichem Können setzte ein. Kaum ein Schriftsteller von Rang mochte den Nazis dienen; die künstlerische Avantgarde floh den Zensurterror, die Bauhäusler ebenso wie die Neutöner; die Teams ganzer Filmproduktionen fanden sich fast vollständig in Hollywood ein, komplette Forschungsinstitute siedelten in die USA um, über die Hälfte aller Ordinarien emigrierte, unter den dreitausend Spitzenwissenschaftlern, die Deutschland den Rücken kehrten, waren allein vierundzwanzig Nobelpreisträger.

> »Soviel Humanität, soviel Menschlichkeit, wie man bei den emigrierten deutschen Juden antrifft, kann man in Deutschland mit der Laterne suchen...«

Die Namenliste derer, die das Exil der Unterwerfung unter das NS-Regime vorzogen oder die von den Nazis verjagt wurden, liest sich wie ein »Who was who?« der deutschsprachigen Intelligenz. Nur in Gestalt eines Lexikons ließe sich diese unfreiwillige »Bewegung« adäquat erfassen. Bemerkenswert an einem solchen Kompendium wäre, daß es mit gleichem Recht zwei gänzlich verschiedene Titel tragen könnte. Etwa: »Die Anti-Nazi-Emigration 1930–50« oder »Kulturfahrplan 1930–50«.

Denn mag die Liste der gebildeten Emigranten, die aus

In ein Lexikon der Exilanten aus dem deutschsprachigen Kulturraum, die während der dreißiger und vierziger Jahre in den USA lebten, wären – neben vielen anderen – aufzunehmen die ● *Schriftsteller / Drehbuchautoren / Verleger:* Raoul Auernheimer, Vicki Baum, Richard Beer-Hofmann, Franz Blei, Bert Brecht, Hermann Broch, Alfred Döblin, Albert Ehrenstein, Lion Feuchtwanger, Gottfried Bermann Fischer, Bruno Frank, Leonhard Frank, George Froeschel, Curt Goetz, Claire Goll, Ivan Goll, Oskar Maria Graf, Martin Gumpert, Hans Habe, Wieland Herzfelde, Stefan Heym, Felix Jackson (i.e. Joachimson), Alfred Kantorowicz, Hermann Kesten, Frederick Kohner, Annette Kolb, Fritz H. Landshoff, Leo Lania, Stefan Lorant, Emil Ludwig, Erika Mann, Heinrich Mann, Klaus Mann, Thomas Mann, Hans Marchwitza, Ludwig Marcuse, Walter Mehring, Franz Molnár, Alfred Neumann, Hertha Pauli, Alfred Polgar, Walter Reisch, Erich Maria Remarque, Curt Riess, Roda Roda, Hans Sahl, Curt Siodmak, Robert Thoeren, Ernst Toller, Friedrich Torberg, Franz Ullstein, Hermann Ullstein, Fritz von Unruh, Berthold Viertel, Salka Viertel, Karl Vollmoeller, Franz Carl Weiskopf, Franz Werfel, Kurt Wolff, Carl Zuckmayer; ● *Bildende Künstler / Fotografen / Architekten:* Josef Albers, Max Beckmann, Erwin Blumenfeldt, Alfred Eisenstaedt, Max Ernst, Lyonel Feininger, Walter Gropius, George Grosz, André Kertesz, Ludwig Mies van der Rohe, László Moholy-Nagy, Martin Munkacsi; ● *Komponisten / Dirigenten / Virtuosen:* Béla Bartók, Paul Dessau, Hanns Eisler, Paul Hindemith, Friedrich Hollaender, Vladimir Horowitz, Emmerich Kálmán, Erich Kleiber, Otto Klemperer, Erich Wolfgang Korngold, Ernst Křenek, Artur Schnabel, Arnold Schönberg, Rudolf Serkin, Max Steiner, Robert Stolz, Ernst Toch, Bruno Walter, Franz Waxman (i. e. Wachsmann),

Kurt Weill; • *Theater- und Filmregisseure / Produzenten:* Curtis (i. e. Kurt) Bernhardt, Eric Charell, Michael Curtiz (i. e. Kertész), Paul Czinner, Paul Falkenberg, Leopold Jessner, Paul Kohner, Fritz Kortner, Henry Koster (i. e. Hermann Kosterlitz), Fritz Lang, Anatole Litvak, Ernst Lubitsch, Max Ophüls, Gerd Oswald, Richard Oswald, Erwin Piscator, Erich Pommer, John Pommer, Otto Preminger, Arnold Pressburger, Gottfried Reinhardt, Max Reinhardt, Wolfgang Reinhardt, Robert Siodmak, Douglas Sirk (i. e. Detlef Sierck), Samuel P. Spiegel, Erich von Stroheim, William Thiele, Billy Wilder, William Wyler, Fred Zinnemann; • *Sänger / Schauspieler:* Gitta Alpar, Betty Amann, Siegfried Arno, Alfred Bassermann, Elisabeth Bergner, Curt Bois, Felix Bressart, Ernst Deutsch, Marlene Dietrich, Martha Eggert, Carl Esmond (i.e. Willy Eichberger), Valeska Gert, Alexander Granach, Dolly Haas, Ludwig Hardt, Lilian Harvey, Paul Henreid (i.e. von Hernried), Oskar Homolka, Jan Kiepura, Martin Kosleck, Hedy Lamarr (i. e. Hedwig Kiesler), Francis Lederer, Lotte Lenya, Peter Lorre, Fritzi Massary, Grete Mosheim, Lotte Palfi, Luise Rainer, Ludwig Stoessel, Szöke Szakall, Helene Thimig, Hans Heinrich von Twardowski, Conrad Veidt, Helene Weigel, Wolfgang Zilzer; • *Geistes- und Naturwissenschaftler:* Theodor W. Adorno, Richard Alewyn, Günther Anders, Hannah Arendt, Hans Bethe, Bruno Bettelheim, Ernst Bloch, Ernst Cassirer, Albert Einstein, Erik Erikson, Walther Friedlaender, Erich Fromm, Peter Gay, Hans Gerth, Kurt Goedel, Max Horkheimer, Siegfried Kracauer, Paul Lazarsfeld, Leo Löwenthal, Golo Mann, Herbert Marcuse, Franz Neumann, Johann von Neumann, Henry Pachter, Erwin Panofsky, Kurt Pinthus, Wilhelm Reich, Hans Reichenbach, Leo Szilard, Edward Teller, Paul Tillich, Max Wertheimer, Karl August Wittfogel.

politischen Gründen das Land verlassen mußten, auch zu keiner Zeit kurz gewesen sein, für die kürzesten tausend Jahre, die Deutschland bislang erlebte, ist sie gewiß am längsten. Anders als in früheren Zeiten politischer Repression emigrierten vor dem deutschen Faschismus nicht nur einzelne Intellektuelle und Künstler – eine ganze Kultur wanderte aus.

Über die weitreichenden Folgen der Vertreibung aus Deutschland und Europa urteilte Thomas Mann bereits 1941 ebenso selbstbewußt wie klarsichtig: Dieser Kultur-Exodus sei »eine neuartige Form des Exils, wesentlich verschieden von früheren dem Sinne nach; es hat direkt zu tun mit der Auflösung der Nationen und der Vereinheitlichung der Welt. Ich bin einfach ›bedeutender‹ als die in Deutschland sitzengebliebenen Esel, die mich für eine verlorene Existenz halten.«

Nicht anders beschrieb Theodor W. Adorno, ebenfalls aus der klaren Perspektive des Emigranten, kurz nach dem Ende des deutschen Faschismus dessen Hinterlassenschaft: »Dem Dritten Reich ist kein Kunstwerk, kein gedankliches Gebilde gelungen, das auch nur der armseligen liberalistischen Forderung nach ›Niveau‹ hätte Genüge tun können. Der Abbau der Humanität und die Konservierung der Geistesgüter waren sowenig vereinbar wie Luftschutzkeller und Storchennest, und die kämpferisch erneuerte Kultur sah schon am ersten Tag aus wie die Städte an ihrem letzten, ein Schutthaufen.«

Aber nicht allein die künstlerische und intellektuelle Elite ging der deutschen Kultur verloren. Vernichtet wurde ebenfalls das Publikum, das in Berlin den sozialen Nährboden der Weimarer Avantgarde gebildet hatte. Ohne den finanziellen wie ideologischen Rückhalt in dieser großstädtischen Schicht eines »geistigen Mittelstandes«, in der jüdische Deutsche einen überproportional hohen Anteil stellten, hätte es zur vielgerühmten kulturellen Blüte, zu der breiten Entfaltung des Literatur- und Theater-, Film- und Musiklebens nicht kommen können. Der Exodus der »unbekannten Emigranten« war daher von nicht minder verheerender Wirkung. In welch hohem Maße das soziale Umfeld Quantität wie Qualität der kulturellen Produktivität mitbestimmte, wurde spätestens durch seinen Verlust deutlich: in den Mangelerscheinungen des Exils ebenso wie später, nach dem Ende des Faschismus, in der Vielzahl vergeblicher Versuche, den Bann des herbeigemordeten Provinzialismus zu brechen.

Was für die Zeitgenossen hunderttausendfaches Scheitern von Lebensplänen bedeutete, Verfolgung, Leiden, Lebensgefahr und nur zu oft Tod, stellt sich unter der Perspektive einer vergleichsweise unbeteiligten Nachwelt – auch – als Teil eines breiten »Kulturaustauschs« dar, der den deutschen Verlust in anderen Teilen der Welt als Gewinn erscheinen läßt.

Die meisten Flüchtlinge blieben zunächst im europäischen Ausland, in Paris und Wien, Prag und London. Überraschend wenige zogen auf Anhieb die USA in Betracht. Man wollte nicht allzuweit von Deutschland fort. Denn daß der »braune Spuk« lange andauern könnte, mochte kaum einer glauben.

»Wenn ich die Hoffnung aufgegeben hätte, wär ich schon in Amerika«, diese Ansicht äußerte Heinrich Mann noch 1938; ohne lebensbedrohende Not Abschied von Europa zu nehmen, kam ihm nicht in den Sinn.

Doch der Vormarsch faschistischer Diktaturen machte keinen Halt – autoritäre Regimes herrschten Mitte der dreißiger Jahre außer in Deutschland und Italien bereits in Portugal, Griechenland, Polen, Jugoslawien, Bulgarien und Österreich. 1939, nach der Niederlage des republikanischen Spanien, waren elf europäische Staaten unter der Kontrolle faschistischer oder halbfaschistischer Regierungen. Kurz darauf begannen Hitlers Armeen, in deren Etappe die Gestapo reiste, die heimatlosen Flüchtlinge weiter vor sich herzutreiben, sie aus den wenigen noch freien Ländern der

Alten Welt zu verjagen, aus der Tschechoslowakei und Dänemark, aus Holland und schließlich aus Frankreich – bis die Neue Welt, als hätten die faschistischen Jäger den konservativen Mythos von der Westwanderung der Kultur parodieren wollen, zur fast letzten Zuflucht wurde.

Auch Heinrich Mann mußte 1940, bald siebzigjährig, zu Fuß die Pyrenäen überqueren und sich nach Lissabon durchschlagen, weil Amerika zur einzigen Hoffnung geworden war, die er noch hegen konnte, als vom Nordkap bis Sizilien, von Amsterdam bis zum Ural die Totenkopf-Truppen wüteten.

Zehntausende gelangten in die Vereinigten Staaten, bis 1941 die Falle Europa endgültig zuschnappte. Es war eine einzigartige Invasion von Geistesarbeitern.

»Seit nach dem Fall von Konstantinopel im Jahr 1453 Gelehrte in großer Zahl nach Westeuropa geströmt waren«, schreibt der Literaturwissenschaftler James K. Lyon, »hatte die Welt keine so umfängliche, plötzliche Bereicherung einer Kultur auf Kosten einer anderen erlebt.«

Ein einziges Mal wurde, für die zwölf Jahre des »Tausendjährigen Reiches«, der Einfluß der deutschen Kultur auf die USA größer als umgekehrt. Der Zugewinn an geistigem Potential half, Rückständigkeit und puritanische Enge im amerikanischen Kulturleben zu überwinden, die noch in den zwanziger Jahren Schriftsteller wie Ernest Hemingway, F. Scott Fitzgerald oder Henry Miller ins Pariser »Exil« geführt hatten.

Die Aufnahme, die man der europäischen Elite in Amerika bereitete, schildert Tom Wolfe in seiner Tirade gegen das Bauhaus ironisch als triumphalen Einzug »weißer Götter«; ihrer Überlegenheit ergab sich die heimische Intelligenz, geplagt vom Kolonialkomplex, wehr- und willenlos: die Architektur wie die Malerei, die »ernste« Musik wie die Wissenschaften in toto, deren Prägung durch das Exil in einzelnen Disziplinen bis heute zu spüren ist.

Nicht minder groß wurde der Einfluß der Flüchtlinge auf

die populäre US-Kultur, wobei hier jedoch nicht die Betonung des ganz anderen, sondern eine Assimilation den Erfolg ausmachte, die es manchem der Ankömmlinge erlaubte, wohl ausgestattet mit europäischen Erfahrungen,»amerikanischer« zu produzieren, als *born citizens* selbst es vermochten. Zur Dominanz Hollywoods trugen Emigranten ebenso bei wie dazu, daß der amerikanische Journalismus dem deutschen und französischen den Rang ablief; ein Beispiel ist der kometenhafte Aufstieg der 1936 gegründeten Illustrierten *Life*, nach dem Vorbild der *Münchner* und der *Berliner Illustrierten* konzipiert.

Das Ende der kulturellen Vorherrschaft Europas war nur ein Teil seines Niedergangs als politisches und wirtschaftliches Zentrum.»Hitler sei der beste Handlanger des Triumphes der amerikanischen Kultur«, spottete Claire Goll, die den Faschismus in New York überlebte. Und prophetisch klagte Thomas Mann in seinem kalifornischen Exil, nach dem Krieg würden die Europäer nurmehr»Graeculi« sein, machtlos wie einst die gebildeten Griechen im römischen Weltreich.

Mitte der vierziger Jahre holte die Wirklichkeit diese Befürchtung ein: New York rückte unangefochten zur Finanzmetropole der westlichen Welt auf und auch zum Zentrum des Kunsthandels; Hollywood regierte unbestritten als kosmopolitische Filmhauptstadt; die US-Universitäten hatten sich in Kapitalen der Forschung verwandelt. In den USA und nicht länger in Europa lag von nun an das Zentrum des intellektuellen und künstlerischen Fortschritts – nicht nur, aber vor allem dank der Emigranten.

Verloren haben durch den Naziterror im historischen Saldo daher nicht allein die Flüchtlinge ihre Heimat. Daß die Einbuße für die Nachfolgestaaten des Dritten Reiches zu einem großen Teil irreversibel blieb, zeigte sich mit jedem Nachkriegsjahr deutlicher. Gegangen war»eine Minorität, von deren Verlust wir uns nie erholt haben«, wie Hans Magnus Enzensberger noch in den achtziger Jahren feststellte. Seit ihrem Bestehen ist die Bundesrepublik, auch darin Rechtsnachfolger des Deutschen Reiches, für die Barbarei der nationalsozialistischen Diktatur mit Enge und Rückständigkeit gestraft. Eine Tradition war zerstört, die sich nicht so umstandslos wieder instand setzen ließ wie die zerbombten Innenstädte. Anders als nach dem Zusammenbruch des Kaiserreichs fehlten nach der Befreiung vom Naziregime zu viele Köpfe für einen auch intellektuellen Wiederaufbau.

»Ein Ende fand«, schreibt der Historiker Horst Möller, »die zu kulturellen Leistungen von Rang führende deutschjüdische Symbiose, die in ihrer Größe und Eigenart unwiederbringlich ist. Verzögert wurde in nicht wenigen künstlerischen und wissenschaftlichen Disziplinen die Rezeption neuer Methoden, Ergebnisse und Stilformen – manchmal für nahezu zwanzig weitere Jahre –, und das konnte nicht ohne Wirkung auf die Entwicklung von Literatur, Kunst und Wissenschaft bleiben.«

Das Zerstörungswerk beschränkte sich zudem nicht auf den deutschen Sprachraum. So europäisch der Faschismus herrschte, so umfassend war auch der Schaden, den er hinterließ. Die Diktaturen von Franco und Salazar, die ihre Macht unmittelbar Mussolini und Hitler dankten, überlebten deren Untergang um ein Vierteljahrhundert. Eine weitere direkte Folge von Faschismus und Krieg war schließlich die Kasernierung des Ostens, die diesen Teil Europas für noch längere Zeit sowohl vom ökonomischen Fortschritt als auch von der Freiheit des kulturellen Lebens abschnitt. Gerade aus den Zerfallsgebieten der k.u.k. Monarchie aber waren im ersten Drittel des Jahrhunderts entscheidende Impulse für das intellektuelle Leben in den mitteleuropäischen Metropolen gekommen.

»Europa, womit ich den kulturellen Mittelpunkt der westlichen Moderne meine, wo auch immer ihre Künstler geographisch tatsächlich angesiedelt sein mögen, wurde in der Epoche nach dem Zweiten Weltkrieg zu einem Museum«, resümiert der Kulturwissenschaftler Ferenc Fehér in einem Abgesang auf den alten Kontinent:»›Europäische Kultur‹ ist weiterhin ein Teil von uns, sie strahlt mit dem Glanz vergangener Hochkulturen, aber sie ist ein Ausstellungsgegenstand, der vorgeführt wird, und repräsentiert keine kulturell vorwärtstreibende Kraft mehr. Die europäische Kultur hat zahlreiche Besucher, aber keine Nachfolger...«

Denen, die es bei einem anderen Verlauf der Geschichte hätten werden sollen, blieben nach dem großen Exodus, in die Welt verstreut, nur Werke, die sich überlebten, und Überlebende, die dahinstarben.

6

DER LANDVERMESSER »Dear Paul, I hope you received my letter«, liest Gero Gandert:»Please Paul, I hope you will help me ... If you can't send me 20 Dollars, please, send me 15...«

Gandert, ein dünner Mann Anfang Sechzig mit schütterem Haar, schüttelt den Kopf, während er den Brief zusammenfaltet und zurück in den Umschlag schiebt:»Dieser Hilferuf stammt von Lien Deyers, einer wunderbaren Ufa-Schauspielerin. Sie war eine so schöne Frau. Im Exil ist sie dem Alkohol verfallen und zugrunde gegangen.«

Den Umschlag legt Gandert sorgfältig zurück in die gelbliche Briefmappe, und die Mappe verstaut er mit ruckigen Bewegungen in dem ungeordneten Papierwust des Umzugskartons.

»Zuletzt hat man von ihr gehört, daß sie am Strand von Malibu Würmer an die Angler verkaufte... Kein Mensch weiß, wie sie geendet hat, wo sie begraben liegt...«

Gandert wühlt suchend weiter in der Kiste und zieht eine andere Mappe heraus.»Oh, oh!« ruft er aus:»Dieser Brief stammt von einem Produktionsleiter der *Universal*. Sehen Sie mal...«

Er hält mir das angegilbte Stück Papier hin. Ich erkenne die Jahreszahl 1933. »Mit deutschem Gruß!« liest Gandert, mein Fährmann ins Totenreich. Seine Stimme klingt angewidert.

Schwarz entströmte das Blut: und aus dem Erebos kamen / Viele Seelen herauf der abgeschiedenen Toten. / Jüngling' und Bräute kamen, und kummerbeladene Greise, / Und aufblühende Mädchen im jungen Grame verloren. / Viele kamen auch, von ehernen Lanzen verwundet, / Kriegerschlagene Männer, mit blutbesudelter Rüstung. / Dicht umdrängten sie alle von allen Seiten die Grube / Mit graunvollem Geschrei; und bleiches Entsetzen ergriff mich.

Eine Szene aus Feuchtwangers Roman »Exil« schießt mir durch den Kopf: »Sind sie nicht«, heißt es da von zwei streitenden Berlin-Emigranten in Paris, »wie jene Schatten, welche Odysseus im Hades aufsucht? Sie treiben es fort dort unten, wie sie es als Lebende getrieben haben, und hassen und lieben einander wie damals.«

Draußen, in dem weiten sonnigen Innenhof des Fabrikkomplexes an der Spandauer Streitstraße, beenden die vier Arbeiter ihre Verschnaufpause. Während sie wieder Last auf Last in den blauen Transporter hieven, stehen wir im ersten Stock vor dem einzigen nicht verdunkelten Fenster und kramen in dem Schatz, den Gero Gandert aus dem Keller unter dem Sunset Boulevard nach Berlin gerettet hat.

Wir blättern in Schmähschreiben, die Paul Kohner vor sechzig Jahren als »Jude mit amerikanischem Paß« erhielt, wir finden Vertragsentwürfe und Stapel von Telegrammen zu Projekten, von denen, wie in dieser Branche üblich, die meisten nie realisiert wurden, ein paar aber Filmgeschichte machten. Zwischen Eisenbahn- und Schiffstickets, zwischen Rechnungen von Luxushotels in Wien und Budapest, London und Paris, zwischen Zeitungsausschnitten und Speisekarten von Transatlantik-Dampfern stoßen wir auf Briefe, die von dem Leben in den Lagern und von den bürokratischen Schikanen des Exils berichten.

44

Das Durcheinander von banalen und außergewöhnlichen Papieren wirkt so kunterbunt, wie es das Leben war, dessen Zeugnisse in den achtundsiebzig Umzugskisten lagern. Memos und das Exposé für einen amerikanischen Luis-Trenker-Film stecken neben einem Hilfsschreiben vom Mitteilungsblatt der israelitischen Kultusgemeinde in Teplitz-Schönau vom 23. Februar 1938: »Ich möchte Sie sehr höflich bitten, die Zeitung einigen prominenten Amerikanern zukommen zu lassen...« Und ein Brief Kohners an seine Mutter, die sich weigert, Europa zu verlassen, liegt auf einem Telegramm mit den persönlichen Daten eines Mannes, der dringend ein Visum für die USA benötigt – an den Rand hat der Empfänger lapidar mit Bleistift gekritzelt: »Ask, what sort of affidavit he wants me to write...«

»Kohner war in Berlin bekannt wie ein bunter Hund«, sagt Gandert. »Als er dann Mitte der dreißiger Jahre zurück nach Hollywood ging, haben sich Hunderte von Leuten an ihn gewandt und um Hilfe gebeten.«

Paul Kohner hat sie gewährt, so gut er konnte. Das Schicksal wollte, daß er es besonders gut konnte. Nachdem Laemmle überraschend die *Universal* verkauft hatte, kündigte Kohner und wechselte zu *Metro-Goldwyn-Mayer*. Dort Fuß zu fassen gelang ihm nicht recht. Als 1936 der legendäre MGM-Produzent Irving Thalberg, Vorbild für F. Scott Fitzgeralds Helden Monroe Stahr in »The Last Tycoon«, eine eigene Firma plante, wollte er Kohner engagieren – doch ein paar Wochen später war Wunderkind Thalberg, gerade siebenunddreißig Jahre alt, tot.

In dieser Zeit entdeckte Kohner bei einem Spaziergang über den Sunset Boulevard ein soeben fertiggestelltes Gebäude und beschloß kurzerhand, MGM zu verlassen und sich selbständig zu machen – nicht als Produzent, sondern als Agent.

Er mietete das Büro und begab sich auf die Suche nach Klienten. John Huston war der erste, sein Vater Walter Huston der zweite. Binnen Jahresfrist war die Reihe der Kohner-Klienten lang, erlesen und – trotz einiger prominenter Amerikaner – sehr europäisch.

Eine Liste aus den frühen vierziger Jahren verzeichnet etwa neben den Hustons Curtis Bernhardt und Dolores del Rio, Curt Bois und Vicki Baum, Greta Garbo und Gottfried Reinhardt, Robert Siodmak und Marlene Dietrich, Robert Taylor und Hedy Lamarr, Erich von Stroheim und Peter Lorre, Pola Negri und Lion Feuchtwanger, Fritz Lang und Luise Rainer, Myrna Loy und Paul Henreid, Felix Bressart und Salka Viertel, Alexander Granach und Szöke Szakall, Albert Bassermann und Robert Stolz, Helene Thimig und Ernst Deutsch, Maurice Maeterlinck und Dolly Haas.

Nach zwei Jahrzehnten im Hollywood-Geschäft verfügte Kohner über hervorragende Verbindungen, die nicht nur seiner Agentur und seinen erfolgreichen Klienten zugute kamen. So findet sich unter dem Datum vom 12. November 1940 eine saloppe Notiz an den Agenten-Kollegen Saul Collins, dem Kohner den Regisseur des »Blauen Engel« für ein Comeback andient: »Dear Saul, I just had a brainstorm, a wonderful man for your picture who could be gotten with a very interesting proposition, would be Josef von Sternberg . . .«

Die meisten Briefe, Telegramme und Inter-Office-Memos in diesem Karton aber handeln nicht von Personen, die in der Filmkolonie schon einen Namen hatten. Sie zeugen vielmehr von den unermüdlichen Bemühungen Paul Kohners, auch filmunerfahrene Europa-Flüchtlinge zu vermitteln. Nach dem »Anschluß« Österreichs und dem Münchner Abkommen begann jedoch der Ansturm von Hilfesuchenden, seine Mittel und Möglichkeiten zu überschreiten. Wenn er auch über sechzig Affidavits unterzeichnete, mit denen er sich verpflichtete, persönlich für den Unterhalt der Exilanten aufzukommen – im Ernstfall wäre er dazu weder in der Lage gewesen, noch hätten die meisten Ankömmlinge diese Art von individuellen Almosen gewollt.

Paul Kohner versammelte deshalb nach dem Ausbruch

des Zweiten Weltkriegs Filmkünstler aus dem deutschen Sprachraum um sich, Klienten wie Nicht-Klienten: Ernst Lubitsch, Billy Wilder und Henry Koster, Gottfried und Wolfgang Reinhardt, Charlotte und William Dieterle, Mia und Joe May, Salka und Berthold Viertel, Conrad Veidt und Walter Reisch, Fritzi Massary und Eric Charell. Gemeinsam gründeten sie Anfang Oktober 1939 den *European Film Fund*, eine gemeinnützige, also auch steuerbegünstigte Organisation, in deren Kasse die Spitzenverdiener unter den Emigranten monatlich einzahlten, um das Überleben der weniger Erfolgreichen zu ermöglichen – die wiederum, sobald sie Arbeit gefunden hatten, sich an dem Unterhalt der Nachfolgenden beteiligen sollten.

»Die Neuankömmlinge zogen in kleine Bungalows und Appartements ein. Sie waren begierig darauf, mit der Arbeit zu beginnen, obwohl sie keine klare Vorstellung hatten, was man von ihnen erwartete«, schreibt Frederick Kohner in »Der Zauberer vom Sunset Boulevard«, der Biographie seines Bruders: »Hoffnungsvoll und arbeitseifrig erschienen sie im Büro meines Bruders und warteten dort in ihren dicken Anzügen, gestärkten Hemdkragen und wetterfesten Schuhen.«

»Telefonlisten, Aktenvermerke – Kohner hat einfach alles aufgehoben. Wann ihn wer aufsuchte oder anrief, das kann man auf die Stunde genau feststellen«, sagt Gandert, der Filmbesessene, mit leuchtenden Augen: »Jeder seiner Schritte läßt sich verfolgen. Wir haben allein Briefe von mehr als einem halben Tausend Personen. Und über dreihundert Manuskripte, viele unbekannt und unveröffentlicht.«

Draußen zieht eine Wolke vor die Sonne, und der abgedunkelte Lagerraum versinkt im Zwielicht. Gandert und ich schleppen die beiden Kartons von dem Tisch am Fenster zurück zu dem Regal im hinteren Teil der Halle und stellen sie an ihren Platz zwischen den anderen Umzugskisten.

Der Weg hinaus führt wieder vorbei an altertümlichen Maschinen, an Schränken mit Kostümen und Regalen, in

47

denen silberne Filmrollen lagern. Neben ein paar bunten Torsi, über denen durchsichtige Plastikplanen wie Regenhäute hängen, bleibt Gandert abrupt stehen.

»In dem Nachlaß findet sich unendlich viel über das Verlöschen der jüdischen Kultur in Deutschland und Osteuropa...« Gedankenverloren rückt er seine Brille mit Goldrand zurecht und streicht dann über den verzerrten Kopf eines Puppentorso, bei dem es sich entweder um Asta Nielsen oder um Ringelnatz handeln soll. »Manchmal denke ich mit Wehmut darüber nach, daß ich längst auf dem Friedhof liegen werde, wenn in zahllosen wissenschaftlichen Arbeiten aus diesem Material zitiert wird ... Denn aus dem, was Kohner zusammengetragen hat, läßt sich eine exakte Landkarte des Exils zeichnen.«

Über den Innenhof hallt noch immer Rockmusik. Der blaue Transporter und die Männer, die ihn beladen haben, sind nicht mehr zu sehen. Die Maisonne scheint so warm und hell, als habe sie sich von Kalifornien hierher verirrt.

Auf der zwanzigminütigen Fahrt von Spandau zurück in die City erzählt Gandert, der eifrige Landvermesser auf der Terra incognita des Exils, auf welchen Umwegen ihn sein Lebenslauf zur Filmgeschichte und damit zu dem Schatz vom Sunset Boulevard geführt hat.

Nachdem er seine Hitler-Jugend mit dem Abitur beendet hatte, versuchte er sich als Lokalreporter in Oldenburg und schrieb nebenher Zehn-Zeilen-Filmkritiken für die Hannoversche *Abendpost*, deren Chefredakteur damals, 1948, Henri Nannen war. In diesen ersten Nachkriegsjahren begann seine große Liebe zum Film, ohne die Gandert vermutlich der unauffällige Durchschnittsbürger geworden wäre, als der er auf den ersten Blick und von ganz weitem erscheint. So aber verlief sein Leben hektischer und abenteuerlicher. Während des Studiums in München arbeitete er als Geiselgasteig-Reporter des *Film-Echo*. Später, in Berlin, spezialisierte er sich auf das Ostblock-Kino.

»Ich hatte sehr gute persönliche Kontakte zur DEFA, war

dreimal bei den Karlsbader Filmfestspielen, über die ich für den NDR berichtete. Obendrein habe ich ein paar DDR-Zensurskandale aufgedeckt, immer unter meinem vollen Namen. Tja, 1958, nach Rückkehr von dem dritten Festival, haben sie mich dann in Ost-Berlin eingesperrt – als angeblicher Spion.«

Weil er einen Bericht über das Festival auch im Auftrag des *Bundesministeriums für gesamtdeutsche Fragen* abgefaßt und außerdem für den *Spiegel* in der DDR recherchiert hatte, ließen die SED-Bonzen Gandert wegen Spionage sowie »schwerer staatsgefährdender Propaganda und Hetze« zu drei Jahren und neun Monaten Zuchthaus verurteilen – die Untersuchungshaft wurde »wegen hartnäckigen Leugnens« nicht angerechnet.

»Ein absurder stalinistischer Schauprozeß. Als Öffentlichkeit fungierten dienstfreie Richter und Staatsanwälte«, sagt Gandert. »Drei Jahre weniger sechs Wochen habe ich dann in Potsdam und Brandenburg gesessen.«

Seiner Filmleidenschaft tat die Haft keinerlei Abbruch. In den siebziger Jahren, Gero Gandert war inzwischen Abteilungsleiter der Berliner *Kinemathek*, erwuchsen aus der jahrelangen intensiven Beschäftigung mit dem deutschen Stummfilmkino erste Kontakte mit Filmkünstlern, die vor Hitler nach Hollywood emigriert waren. Daß er 1976 das einzige noch vorhandene Originalmanuskript zu »Doktor Caligari« entdeckte, dem international berühmtesten deutschen Stummfilm, brachte ihm eine Einladung zu einer Vortragstournee durch die USA ein. In Los Angeles traf er Curtis Bernhardt und John Pommer, Henry Koster, Billy Wilder – und Paul Kohner, der die Rechte an »Doktor Caligari« besaß.

»Von da an konzentrierte ich mich ganz auf Amerika. Ich habe mehrere Exil-Retrospektiven für die Berliner Filmfestspiele mit entwickelt, ich habe eine Ausstellung mit Plakaten der zwanziger Jahre gemacht, die nach New York ins *Museum of Modern Art* kam, auch nach Berkeley und ins *Los Angeles County Museum*. Das ergab jedesmal wieder eine

Reise, auf der ich meine Kontakte pflegen konnte. Und eines Tages habe ich eben gesehen, da liegt dieser ungeheure Schatz im Keller, der langsam verderben würde, wenn man ihn nicht birgt. Behutsam habe ich angefangen, Paul Kohner davon zu überzeugen, daß wir ein seriöses Institut sind mit einem besonderen Interesse an dem Schicksal und der Arbeit von Emigranten und daß wir sein Archiv gerne für ein zukünftiges Berliner Filmmuseum übernehmen würden.«

Die *Stiftung Deutsche Kinemathek* residiert am Theodor-Heuss-Platz, direkt gegenüber dem britischen Naafi-Gebäude. Der Aufzug, mit dem wir in den vierten Stock fahren, knarrt so gefährlich, als sei seine Mechanik komplett aus morschen Balken gebaut. Das alte Haus riecht nach Linoleum, Bohnerwachs und dem Muff der fünfziger Jahre. Mein Cicerone geleitet mich durch die langen Gänge, die sich durch das Gebäude fressen. Er erzählt von der Arbeit an seinem »Handbuch des Films der Weimarer Republik«. Das zukünftige Standardwerk soll in vierzehn Teilen erscheinen, für jedes Jahr, das die erste deutsche Demokratie dauerte, ein Band; der letzte »Gandert« dürfte erst in den zwanziger Jahren des nächsten Jahrtausends fertig werden.

In den Amtsräumen, in die ich geführt werde, herrscht eine eigentümliche Mischung aus Ordnung und Chaos; eine bunte Tristesse aus Akten, Topfpflanzen und Plakaten, interessanten Büchern und langweiligen Formularen, die in wilden, wackligen Stapeln durcheinanderliegen. Gero Gandert, den man schwerlich einmal antrifft, ohne daß er einen Wust Papiere und ein, zwei Ordner mit sich herumschleppt, fügt sich hier ein wie eine Blume ins monotone Wiesengrün. Seine kreative Nischenexistenz verkörpert dieses Westberliner Gemenge aus bürokratischem Verwaltungswillen und freiheitlichem Hang zur Unordnung.

Durch die offenen Fenster dringt ohrenbetäubender Verkehrslärm herauf. »Sosehr ich die Öffnung der Mauer begrüße, weil Berlin verdammt provinziell geworden war«, spricht Gandert gegen das Getöse an, »ein Remake der vergangenen Größe wird es kaum geben. Denn das entscheidende Element fehlt. Ohne das liberale jüdische Bürgertum, das die Weimarer Republik geprägt hat, ist eine Neuauflage nicht möglich. Aber Berlin als Metropole, als eine der interessantesten Städte der Welt, das kann ich mir gut vorstellen.«

»Wird die Exil-Tradition noch die Identität stiftende Bedeutung haben können«, frage ich Gandert, »die sie, natürlich weitgehend beschränkt auf ihre parteikommunistischen Vertreter, für die DDR besaß? Und werden die Werke der linksliberalen, demokratischen Intelligenz, die vor Hitler in die USA emigrierte, weiterhin einen herausragenden Einfluß auf das kulturelle Leben eines vereinigten Deutschland ausüben, wie es seit den sechziger Jahren in der Bundesrepublik der Fall war?«

»Wie es sein wird?« Gandert zuckt mit den Schultern. »Das hängt ja von uns ab ... Wissen Sie, daß ich in der SPD bin?« Er geht zum Fenster und schaut hinunter auf den menschenleeren und autovollen Theodor-Heuss-Platz. »Ein vereinigtes Deutschland hätte allen Grund, sich auf seine antifaschistischen demokratischen Traditionen zu besinnen. Vielleicht werden die von drüben dafür eine geschärfte Sensibilität mitbringen. Von denen könnten wir lernen, was für tolle Leute nach Moskau emigriert sind, um die wir uns bisher nicht gekümmert haben. Und die Ostdeutschen werden lernen müssen, welche tollen Leute in die USA gegangen sind, von denen sie bis jetzt nichts wissen durften.« Gandert dreht sich herum und sieht mich an. »Achtzig Prozent meiner Freunde sind heute zwischen fünfundsiebzig und neunzig Jahre alt, Emigranten, die alle demnächst tot sein werden. Die Begegnung mit ihnen hat mein Leben verändert, hat ihm eine neue Dimension gegeben. Wenn mich jemand fragt, sage ich immer: Soviel Humanität, soviel Menschlichkeit, wie man bei den exilierten deutschen Juden antrifft, kann man in Deutschland mit der Laterne suchen ...«

7

CAFÉ KOHNER Die Klimaanlage brummt lauter denn je. Auf den Fenstern steht die Nachmittagssonne. Unsere Sandwiches haben wir aufgegessen und dazu viel wunderbar wäßrigen amerikanischen Kaffee getrunken. »Seit fünfzig Jahren ist John Huston mein Klient, ich mag ihn sehr, er ist ein wunderbarer Mann. Nie haben wir einen Vertrag geschlossen, das läuft alles auf Handschlag.« Paul Kohner sitzt an dem kleinen Tisch im hinteren Teil des Büros. »Als ich John kennenlernte, war er noch Schriftsteller«, sagt er, »und Schriftsteller gab es damals in Hollywood eine unerhörte Menge! Vor allem Europäer.«

Zu dieser Vielfalt hat Paul Kohner selbst nicht unwesentlich beigetragen. Als Ende 1939 die Nachrichten von der verzweifelten Lage der in Südfrankreich von den Nazis eingekesselten Autoren – darunter Lion Feuchtwanger, Alfred Döblin, Walter Mehring und Heinrich Mann – nach Kalifornien drangen, überredete Kohner persönlich die Bosse der vier größten Produktionsfirmen, den in der Regel filmunerfahrenen Schriftstellern sogenannte »Notverträge« zu geben. Diese Anstellungen waren zwar auf ein Jahr beschränkt und äußerst niedrig dotiert. Durch sie gelangten die Flüchtlinge jedoch in den Besitz der lebensrettenden amerikanischen Einreisevisen. Sie wiederum ermöglichten die Ausreise aus Frankreich und den Transit durch Franco-Spanien und Portugal. Paul Kohner half so entscheidend mit, einen nicht unerheblichen Teil der deutschsprachigen literarischen Elite vor KZ und Vernichtung zu retten.

»Erinnerungen lassen sich nicht in Schubladen und Fächern aufbewahren, sondern in ihnen verflicht sich unauflöslich das Vergangene mit dem Gegenwärtigen.«

»Ich ging zu MGM, zu Louis B. Mayer«, erzählt der alte Mann, »und erklärte ihm unseren Plan: ›Wenn Sie bereit sind, in der Woche für zehn Schriftsteller je hundert Dollar zu geben, bekommen Sie die Leute für zweiundfünfzigtausend Dollar im Jahr. Was immer die auch schreiben, gehört

Ihnen. Wenn Sie nur ein oder zwei Manuskripte davon gebrauchen können, haben Sie schon das ganze Geld wieder rein.‹ Mayer hat gleich zugesagt. Dann ging ich weiter zu *Warner Brothers*, zu *Fox* und zur *Columbia*. Da saß der Harry Cohn, der war der Schwierigste: ›Ach, ich nehme nur fünf Schriftsteller‹, sagte der. Sagte ich: ›Du bekommst zehn oder gar keinen.‹ Auf die Art haben wir damals vierzig deutsche, ungarische, österreichische Schriftsteller in den Studios untergebracht.«

Es ist inzwischen früher Nachmittag, und Paul Kohner macht einen leicht erschöpften Eindruck. Doch das Erzähltalent des alten Herrn läßt sich von physischer Schwäche nicht beeindrucken. Amüsiert erinnert er sich, wie Thomas Mann ein Jahr lang kein Wort mit ihm gesprochen hat, weil der oberste Dichterfürst dieses Neuen Weimar am Pazifik zu der Feier von Albert Bassermanns achtzigstem Geburtstag nicht eingeladen worden war,

Professor Unrat in Hollywood: Heinrich Mann und Paul Kohner im Büro des Agenten bei der Vertragsunterzeichnung für ein mexikanisches Remake des »Blauen Engel« (ca. 1942)

die in Kohners Haus stattfand. Ein paar Minuten später höre ich von einem Treffen mit dem mysteriösen Klienten, der B. Traven war, sich aber als dessen Cousin ausgab; kurz darauf von den Begegnungen mit Bert Brecht, der Kohner nie recht geheuer erschien.

»Paul Kohners freundlich-helle Agentur am Sunset Boulevard«, schrieb die New Yorker Emigrantenzeitung *Aufbau* am 4. Oktober 1940 in einer Hollywood-Reportage, »ist von morgens bis abends eine Art Treffpunkt der Träger all jener Namen, die einst in fetten Lettern die Feuilletons und Theaternachrichten Deutschlands, Österreichs, Ungarns und der Tschechoslowakei, ja zum Teil auch die von Paris und London zierten.«

»Einmal habe ich die Deutschen dann wunderbar bestohlen«, freut sich Kohner, »das war eine gute Tat, schließlich hatten wir ja Krieg.« Mit weiten Gesten beschreibt er, wie eines Morgens Nelly Mann zu ihm kam und ihn um Hilfe für ihren Ehemann bat, der mittellos und abhängig von den Unterstützungen seines Bruders Thomas in Hollywood lebte: Heinrich Mann sei kurz davor, sich das Leben zu nehmen! Der Autor des »Professor Unrat«!

»Natürlich hatte er alle Rechte an dem Roman längst verkauft. Aber wer wollte das in diesen Zeiten nachprüfen? Also haben wir einen Vertrag geschlossen, über ein mexikanisches Remake des ›Blauen Engel‹.«

Ob der Film gedreht wurde? Kohner wendet die Handflächen nach außen und verzieht spöttisch die Mundwinkel: »Keine Ahnung. Aber Heinrich Mann konnte eine Weile von dem Geld existieren.«

Ein Foto, das bei Gelegenheit des historischen Geschäftsabschlusses aufgenommen wurde, zeigt den jugendlichen Agenten an der Seite eines würdigen älteren Herrn, der sich aus dem 19. Jahrhundert in die Moderne verirrt zu haben scheint und – physiognomisch dem Professor Unrat gleichend – an Kohners kalifornischem Schreibtisch den Vertrag unterzeichnet.

»Also hat er sich nicht das Leben genommen«, lacht Kohner, doch sein Gesicht wird sofort ernst: »Dafür wenig später die Nelly. Der konnte keiner mehr helfen.«

»Wie wurde bestimmt, wer Unterstützung vom *European Film Fund* bekam und in welcher Höhe?« frage ich.

»Ach, das lief alles recht informell und problemlos ab«, sagt Kohner. »Wir trafen uns während des Krieges jedes Wochenende bei dem einen oder anderen in der Wohnung. Meistens bei uns zu Hause. Wir hatten einen richtigen Kaffeeklatsch. Da kam, wer kommen wollte. Das Haus war am Sonntag voll von Menschen. Meine Frau hat das natürlich nicht immer begeistert, aber es mußte halt sein. Man trank seine Tasse Kaffee, aß seinen Kuchen, Pflaumenkuchen oder Krapfen, was es gerade gab, und unterhielt sich darüber, wer neu eingetroffen war, wer Hilfe nötig hatte.«

Paul Kohner steht auf und geht mit weiten, steifen Schritten zwischen Schreibtisch und Besucherecke auf und ab.

»Ob jemand verheiratet war, ob er Kinder hatte, davon hing eben die Höhe der Unterstützung ab. Gewöhnlich konnte man mit fünfundzwanzig Dollar in der Woche ganz gut auskommen. Damals kostete ein Burger im *Hamburger Hamlet* nebenan nur zehn Cents, nicht wahr...«

»Wie lange hat der Hilfsfonds existiert?«

»Den habe ich nie eingehen lassen«, sagt Kohner. »Warum auch? Hilfe brauchen irgendwelche Menschen immer.«

Nach dem Ende des Krieges schickte der *European Film Fund* gar Geld nach Deutschland, etwa an die Schauspielerin Henny Porten, die in Not geraten war.

»Wenn die Leute sich anständig verhalten hatten, als die Nazis kamen, haben wir das durchaus gemacht«, sagt Kohner. Er läßt, am Ende der kurzen Wanderung, sich leicht stöhnend in das Besuchersofa sinken. »Heute unterstützen wir ältere Filmleute hier in Kalifornien, das sind oft schon die Kinder der Emigranten von damals, viele ohne richtige Altersversorgung, nicht wahr ... Kein Vergleich natürlich zu den Kriegsjahren, da brauchten ja Hunderte Hilfe, manchmal war das ganze Büro voll mit Leuten, die einem die schrecklichsten Geschichten aus Europa erzählten...«

»Wann sind Sie das erste Mal nach dem Krieg wieder nach Deutschland gekommen?«

»1951, und zwar widerwillig«, sagt Kohner, ohne überlegen zu müssen. »Ich wollte eigentlich keinem Deutschen die Hand reichen. Weil man nie wußte, was der während der Nazizeit gemacht hatte. Aber ich mußte mein Geschäft weiterführen, und es gab schließlich auch einen Haufen anständige Leute.«

Bis in die achtziger Jahre blieb Paul Kohner der Brücken-Kopf der deutschsprachigen Schauspieler und Regisseure in Hollywood. Zu seinen Nachkriegsklienten zählten im Laufe der Jahre O. W. Fischer und Hildegard Knef, Senta Berger und Oscar Werner, Heinz Rühmann, Horst Buchholz, Curd Jürgens, Gert Fröbe und Bernhard Wicki.

»Ich möchte nicht«, sagt Paul Kohner, als ich mich verabschieden will, »daß unser Gespräch traurig endet.« Er lacht verschmitzt. »Ich kenne das nämlich schon. Die Leute hören sich an, was ich zu erzählen habe, und hinterher denken sie, ich wäre ein trauriger Mensch. Dabei ist alles ziemlich lange her, und außerdem waren auch die verzweifeltsten Flüchtlinge nicht den ganzen lieben langen Tag lang traurig.«

Der alte Mann geht zu seinem Schreibtisch und greift zielsicher in einen der Papierstapel.

»Deshalb habe ich von zu Hause etwas mitgebracht, ein Gedicht, das Anfang der vierziger Jahre ein Emigrant für mich geschrieben hat. Der Verfasser nannte sich Osso van Eyss, das Gedicht heißt ›Zweisilbige Ballade‹, und wenn Sie es mir erlauben, möchte ich das jetzt vorlesen...«

Paul Kohner setzt sich vor dem Plakat zu »SOS Eisberg« in Positur, Ernst Udets überlebensgroßer wilder Schopf und Leni Riefenstahls theatralisch-entschlossene Miene überragen ihn um einen Kopf. Mit amüsierter Stimme beginnt er zu deklamieren: »Der A- / donis / Kohn hieß. / Viele / schwüle / Ziele / hatt' er, / da der / Vorhang / vor hang... /

Tiefer / griff er / in den / linden, / harten, / zarten / Dusen- /
Busen / Misses / Lissies / Und die / Gundie / preßt er / fester,
/ haschte, / naschte / süße / Küsse, / zwickte, / drückte / ihre /
Niere . . . / Später / brach er / auf dann, / kauft dann / bei dem
/ Seiden- / Schneider / Kleider, / Rosen, / Dosen, / Zipper- /
Slipper, / Tanzschuh, / Handschuh, / Reitdress, / Night-
dress . . . / Ein Kohn – / kein Kohn . . .«

Nachtrag. Den Optionsvertrag, mit dem er das **»Der A- / donis / Kohn**
Archiv in seinem Keller nicht an eine der zahlrei- **hieß«: Paul Kohner**
chen amerikanischen Universitäten verkaufte, die **deklamiert Osso van**
sich um den Schatz vom Sunset Boulevard bemüh- **Eyss, in der Agentur am**
ten, sondern an die Berliner *Kinemathek*, hat Paul **Sunset Boulevard**
Kohner im Dezember 1987, zweieinhalb Jahre **(1985)**

nach unserem Treffen, in seinem Büro unterschrieben. Bevor es allerdings zu der geplanten feierlichen Übergabe in West-Berlin kommen konnte, erhielt ich Post, »from another Paul Kohner client«:

»Der 20. März 1988 war ein strahlend schöner Frühlingssonntag, wie er kalifornischer nicht geht«, schrieb der Schauspieler und Rockmusiker Reiner Schöne: »Wer sich der Aussegnungshalle des *Jewish Hillside Memorial Cemetery* näherte, hörte beerdigungsuntypische Klänge, nämlich Wiener-Walzer-Dreivierteltakte. Eher heiter. Neben dem Sarg stand eine amerikanische Flagge aus blauen, weißen und roten Nelken, als wehende Fahne arrangiert. Erst dachten wir: Das ist die hauseigene Flagge; aber dann wurde dieses *starspangled banner* mit zum Grabe getragen, es war also speziell für Paul Kohner ge-ikebanat worden. Den Patriotismus der alten Immigranten finde ich allerdings sehr verständlich. Amerika war ja, mehr als wir es uns heute vorstellen können, die NEUE HEIMAT...

In der Halle, rundum vier gläserne Wände, nebenan der San-Diego-Freeway, der 405er, gab's dann vier Reden: ein Journalist von der *Los Angeles Times* sprach, danach Gary Salt, der neue Agentur-Owner, und zum Schluß Kohners Kinder Pancho und Susan. Auch eher heiter. Wenn man Paul nicht sehr gut gekannt hatte, jetzt lernte man ihn kennen. In der Trauergemeinde saßen reichlich deutsche und österreichische Altemigranten. Viele Yamakas auf den Häuptern. Unter den sechs Sargträgern waren Billy Wilder und Charles Bronson...

Während wir an Walter Kohner, dem letzten der drei *Kohner brothers*, und der gesamten *family* vorbeischritten, Hände drückten und Worte sagten, spielte ›La Paloma‹. Es war eine würdevolle und angemessene Feier, aber eben auch eine ungewöhnlich heitere. Ein Mann trat seine letzte Reise an, der ein langes, erfolgreiches Leben gelebt hatte, you know, nicht wahr...«

8

BILDUNGSREISE Die Flucht aus Deutschland, quer durch die Alte und in die Neue Welt – das war doch keine Bildungsreise! Was dann? Bürgerliche Bildungsreisen führten nicht in exotische Gebiete; darin blieben sie der adligen Kavalierstour gleich, von deren Nachahmung sie ausgingen. Neues zu erforschen war den staatlich geförderten Eroberungs- und Entdeckungsfahrten reserviert, mit denen sich Europa den Rest der Welt unterwarf. Auf der Bildungsreise hingegen, wie sie im deutschen Sprachraum während des 18. Jahrhunderts zur Institution wurde, sollte vom jugendlichen Individuum lange Bekanntes »erfahren« werden: Italien oder weitestenfalls Griechenland. Und auch in diesen Zielländern galt das Interesse kaum dem, was sie vom Herkunftsland unterschied, dem Volksleben und der Folklore. Die Ablenkung vom eigenen Alltag, die als Motiv hinter dem Massentourismus von heute steht, vermerkte das Konzept der Bildungsreise – gewiß nicht selten im Gegensatz zu ihrem realen Verlauf – als unerwünschte Begleiterscheinung.

Die weitgehende Mißachtung, die der lokalen Gegenwart der besuchten Gebiete entgegengebracht wurde, bedeutete jedoch keineswegs, daß die Bildungsreisenden archäologische Studienfahrten angetreten hätten. Ihr Interesse war nur begrenzt historisch. Vorrangig sollte nicht einem Mangel an geschichtlichem Wissen, sondern einem höchst aktuellen Bedürfnis nach Orientierung abgeholfen werden.

Die Reisenden, Pilger eines aufgeklärten Kultes beziehungsweise ihre zahlenden Eltern, erhofften nicht allein den Zuwachs an Kenntnissen. Angestrebt war eine Art weltlicher Erleuchtung, eine drastische Vollendung der bürgerlichen Persönlichkeit. Die Wallfahrt zu den steinernen Überresten der Antike beabsichtigte das Nach-Erlebnis von Bildung. Idealiter strebte man ein besseres Verständnis der eigenen Standards an. Einer Initiation gleich, sollte die Bildungsreise die Einpassung des Nachwuchses in die gesellschaftlichen Verhältnisse vollenden. An ihrem Ziel wurden daher die historischen Orte jener Kultur aufgesucht, als deren legitime Nachfahren sich die Bürger wähnten und in deren Tradition sie die Nachkommen einführen wollten. Die Ruinen der vergangenen Epoche dienten lediglich als Kulisse, in der die gewünschte Vergegenwärtigung klassischer Kultur stattfinden konnte – wie man diese selbst für den geistigen Hintergrund nahm, vor dem sich das Drama der Gegenwart abspielte. Das Konzept der Bildungsreise zielte so letztlich weniger auf die Überwindung einer räumlichen als einer zeitlichen Entfernung. Das Moment der Rückübersetzung, der Regression auf eine aufklärerisch bereits überwundene Raum-Zeit-Konstellation, ist darin zu erkennen. »Mühselig und widerruflich«, schreiben Max Horkheimer und Theodor W. Adorno in ihrer Interpretation der frühesten aller beschriebenen Selbst-Festigungsfahrten, der Abenteuer des Odysseus, »löst sich im Bild der Reise historische Zeit ab aus dem Raum, dem unwiderruflichen Schema aller mythischen Zeit.«

Diesen Prozeß machten die Bildungsreisen gewissermaßen rückgängig, indem ihr Konzept epochale Distanz, da prinzipiell unaufhebbar, in den Raum als geographische, also überwindbare, Entfernung projizierte: An den Entstehungsorten der klassischen Kultur sollte dem Nachwuchs-Subjekt, das in ihrem Geiste erzogen wurde, die gegenwärtige Erfahrung des vergangenen Ursprungs gelingen.

In dem existentiellen Sinn, den sie so stiftet, erweist sich die Institution der bürgerlichen Bildungsreise als ein Spezialfall der grundsätzlich engen Verschlingung von Erkenntnis und Mobilität. Denn in der Reise hat das moderne Individuum die zentrale Metapher für seinen Weg durch die Welt gefunden, einen Weg, der mit jedem Schritt vorwärts näher heranführt an die verschütteten Möglichkeiten der eigenen Herkunft.

Die Flucht aus Deutschland, den Irrweg quer durch Europa, der schließlich in den USA endete, als die moderne Variante einer Bildungsreise zu behaupten, mutet zynisch an. Und doch legen Hunderte von Autobiographien Zeugnis ab von der Nachhaltigkeit der »negativen Bildungserlebnisse«, die Vertreibung und Flucht erzeugten, aber auch von den »positiven«, die bisweilen der erzwungene Kontakt mit fremden Lebens- und Denkweisen mit sich brachte.

»Eine Welt, die Welt meiner Kindheit, meiner Jugendjahre, die Welt des Rechts, der Moral, der Achtung vor dem Nächsten war zusammengebrochen«, schrieb Gottfried Bermann Fischer. Bei Elsbeth Weichmann, der Frau des sozialdemokratischen Politikers und späteren Hamburger Bürgermeisters Herbert Weichmann, heißt es: »Mit der Emigration war auch ein Weltbild zusammengebrochen ... Das Menschenbild, an das wir geglaubt hatten, war zerstört.« Und Adorno resümierte in seinen Exil-»Reflexionen aus dem beschädigten Leben«: »Jeder Intellektuelle in der Emigration, ohne alle Ausnahme, ist beschädigt und tut gut daran, es selber zu erkennen ... Enteignet ist seine Sprache und abgegraben seine geschichtliche Dimension, aus der seine Erkenntnis die Kräfte zog.«

Ebenso viele autobiographische Zeugnisse – und nicht selten dieselben – schildern das »positive Bildungserlebnis« des Exils, das wesentlich in einer Kosmopolitisierung des national eingeengten Bewußtseins bestand: »Die Welt, in der wir lebten, wurde immer größer«, erinnerte Elsbeth Weichmann: »Die Emigrantennotgemeinschaft wuchs auf diese Weise mit den Jahren zu einer Weltgemeinschaft und entwickelte ein Weltwissen, das aus vielen von uns Weltbürger machte.« Auch der Sozialwissenschaftler Leo Löwenthal beobachtete an sich selbst die »Ausweitung meines Horizonts«: »... ich fühle mich viel kosmopolitischer, viel mehr ein Mann der Welt, als ich das je in Deutschland gefühlt habe oder vielleicht fühlen würde.« Sein Freund Adorno reflektierte die amerikanische Zeit: »Kaum ist es übertrieben, daß ein jegliches Bewußtsein heute etwas Reaktionäres hat, das nicht, sei es auch mit Widerstand, jene Erfahrung sich wahrhaft zugeeignet hätte.« Und der Sozialwissenschaftler Adolph Lowe stellte schlichtweg fest, erst in den USA habe er erkannt,»wie provinziell mein Gesichtskreis war in den ersten vierzig Jahren meines Lebens, in denen ich auf meine Weise auch überzeugt war, daß am deutschen Wesen die Welt genesen müsse.«

9

REISEKOSTENABRECHNUNG Diese Reise auf den Spuren des deutschen Exils ist ebenfalls eine Bildungsreise. Sie folgt dem historischen Muster: Ihr Ziel sind nicht exotische Orte, sondern das bessere Verständnis des eigenen Alltags; als Fahrt durch die Zeit führt sie vorrangig an Orte der Geschichte, um an ihnen zu besichtigen, was in unserer Zukunft wichtig werden sollte; und wie bei Bildungsreisen üblich, begannen die Vorbereitungen früh.

Stück für Stück sammelte ich, wohl schon während der Schulzeit in den sechziger Jahren, als ich das Reiseziel noch gar nicht kannte, mein Gepäck, aus zunächst unverständlichen Beobachtungen, aus zufälligen Erlebnissen und hingeworfenen Bemerkungen, die Verdacht weckten, aus der Wattemauer des Schweigens, mit der die Älteren fast alles umgaben, was ihre Vergangenheit vor 1945 betraf, und aus der Redseligkeit, mit der Nachfragen nicht beantwortet wurden.

Den entscheidenden Anstoß allerdings, der mich den Plan zu der Reise fassen ließ, gab eine eigene »Entdeckung« zu Beginn meines Studiums. Allein schon, daß ich sie machen konnte – daß mir also dreizehn Schuljahre zuvor diese simple Tatsache nicht vermittelt hatten –, beweist die Verlorengegangenheit als Teil einer ungeheuren Verlogenheit.

Zwei neue Leidenschaften veränderten damals, in den frühen siebziger Jahren, mein Leben. Ich begann – darin als verspäteter einzelner nachholend, was die kritische bundes-deutsche Intelligenz in den anderthalb Jahrzehnten zuvor als Gruppe absolviert hatte – meinen Weg durch die »Frankfurter Schule«; das heißt durch ein kulturelles Klima, welches von den Theorien in ihrem Umkreis, dem Denken von Horkheimer und Adorno, aber auch von Marcuse, Löwenthal und dem frühen Kracauer getragen wurde. Genauer trifft vielleicht die Rede von der »Suhrkamp-Kultur«, da sie Brecht, Benjamin und Bloch mit einbegreift. Besonders faszinierten mich die frühen Analysen der Massenkultur, Kracauers filmtheoretische Schriften, Benjamins »Kunstwerk im Zeitalter seiner technischen Reproduzierbarkeit«, die »Dialektik der Aufklärung« von Horkheimer und Adorno.

Dieses Interesse hatte seinen Grund in der Affinität zur zweiten neuen Leidenschaft. Viel Zeit verbrachte ich in den sich gerade wie die Kneipen vermehrenden Filmkunstkinos. Sie bestritten ihr Programm zu einem nicht unwesentlichen Teil mit Erst- und Wiederaufführungen von Filmen, die in den dreißiger und vierziger Jahren in Hollywood entstanden und ein Vierteljahrhundert nach dem Ende der Diktatur im Fernsehen noch nicht oder nur verstümmelt gelaufen waren, Werke des *film noir, srewball comedies*, Anti-Nazi-Klassiker.

Gehörte der Studientag daher der Kritischen Theorie und ihrem Verdikt über Kulturindustrie, so verlebte ich, als zeige der Abwehrkampf gegen die Versuchungen mit hereinbrechender Dunkelheit gewisse Ermüdungserscheinungen, die »Night in Casablanca«. Es mag unglaublich klingen, aber es vergingen lange Monate, bis ich endlich realisierte, daß die kanonischen Texte zur Massenkultur, an denen ich mich abarbeitete, zum überwiegenden Teil zur selben Zeit und am selben Ort entstanden waren wie die Werke der Traumfabrik, die sie – neben vielem anderen, versteht sich – verdammten; daß für die Analysen also gewissermaßen Erfahrungen mit Hollywood aus erster Hand verantwortlich waren, die die Autoren während der dreißiger und vierziger Jahre in Amerika gesammelt hatten.

Kurzum: Auf diesem Weg erfuhr ich, ein zwanzigjähriger Nachkriegsdeutscher, allererst von der historischen Tatsache des großen Exodus nach 1933, ich »entdeckte« das Exil. (Das Schimpfwort Emigrant in Zusammenhang mit der »unbewältigten Vergangenheit« hatte ich bis dato nur aus dem tagespolitischen Kontext gekannt, wo es Willy Brandt traf, der, wie die üble Nachrede wollte, es »gewagt hatte, in einer norwegischen Uniform deutschen Boden zu betreten«.)

Noch einmal brauchte es dann einige Zeit, bis ich, wieder sehr überrascht, in Erfahrung brachte, daß auch die nächtlich genossenen Filme zu einem großen Teil das Werk von Flüchtlingen aus dem deutschen Kulturraum waren, daß etwa zum Entstehen des düsteren Stils der bewunderten »Schwarzen Serie«, die sichtlich dem deutschen Stummfilmexpressionismus viel verdankt, Hunderte von Emigranten beigetragen haben, als Autoren und Regisseure, Techniker und Produzenten, Kameramänner und Cutter, als Set-Designer, Beleuchter und auch als Schauspieler in unzähligen Nebenrollen.

Ein seltsam doppelter Umweg ließ mich so – am Beispiel meiner eigenen »Bildung« durch Kritische Theorie und Hollywood – die öffentlich kaum diskutierte Nachwirkung des Exils auf die bundesrepublikanische Gegenwart erkennen. Und auf einem weiteren Umweg über die Weimarer Kultur, die 1933 fast geschlossen Deutschland verlassen mußte, stieß ich schließlich auf die literarische Form, in der ich die »Reise in die Verlorengegangenheit« erzählen konnte.

Nachhaltiger als jede andere Sparte der Literaturproduktion wurde die Reportage, wie sie in den zwanziger Jahren ihre Blüte erlebte, durch das Exil betroffen. Denn diese Art des Schreibens ist eine soziale Kunst. Reportagen verfaßt man nicht im kleinen Kämmerlein und für die Schublade. Ihr Autor, will er sein Schreibziel erreichen, ist in höherem Maße als etwa ein Lyriker auf unmittelbare Publikation angewiesen. Seine Texte zehren von der Gegenwart und sind, wie hoch auch ihre aktuellen Ewigkeitswerte steigen mögen, der zeitgenössischen Wirkung verfallen. Für die Entfaltung einer lebendigen Reportagetradition ist conditio sine qua non daher erstens das Vorhandensein publizistischer Organe, welche die Reportage pflegen.*

Zweitens notwendig ist ein zahlenstarkes Lesepublikum, das sich nicht nur für das interessiert, was die große Reportage gegenüber anderen literarischen und journalistischen Erzählweisen leistet, sondern das auch in der intellektuellen Lage ist, mit der nicht unkomplizierten Form zu Rande zu kommen: der tendenziellen Offenheit des Mischgenres, der Freiheit zu Reflexionen und Abschweifungen, der schnellen Montage heterogener Elemente, dem Gebrauch »fiktionaler« Techniken bei der Darstellung »realer« Ereignisse.

Diese Abhängigkeit von demokratischen Verhältnissen und einer entwickelten publizistischen Landschaft machte die Kunst der Reportage im Exil, unter Ausschluß der Öffentlichkeit, kaum lebensfähig. Exilliteratur hat Hans Magnus Enzensberger einmal als Beispiel einer »Literatur auf Verdacht« beschrieben. Reportagen aber entstehen selten auf Verdacht. Die Tradition kritischer Publizistik brach mit der nationalsozialistischen Machtübernahme abrupt ab. Ihr Ausfall hat sowohl die Kultur des Exils als auch später die der Nachkriegszeit negativ geprägt. Denn die Form ist wie kein anderes Genre geeignet, historische Umbruchssituationen zu erfassen: Entstanden »aus dem Ungenügen der Literatur an sich selbst«, so Erhard Schütz, stellt die Reportage einen »vorgeschobenen Punkt« in der Formulierung des literarisch noch nicht Fixierten dar. Was sie nicht zur Sprache bringt, bleibt lange von Schweigen betroffen.

* Die genannten Entstehungsbedingungen des Genres galten natürlich auch im vorliegenden Fall und führten dazu, daß Teile der Reportage-»Reise in die Verlorengegangenheit« bereits in Kurz- und Kleinform beschrieben worden sind; den betreffenden Redaktionen sei hier in der Reihenfolge Dank gesagt, in der sie mir seit 1980 geholfen haben, die für dieses Buch notwendigen Recherchen durchzuführen: *TransAtlantik, Journal für Geschichte, Photo, stern, Frankfurter Rundschau, Elle.*

Die Begegnungen mit deutschen Emigranten konfrontiert der Verlauf meiner Reportagereise auf den Spuren des Exils mit Interviews aus dem Berlin der Gegenwart, dem exponierten Außenposten des »untergehenden« Westdeutschland. Dieses Stimmen- und Stimmungskonzert Berliner Schnauzen begleitet als intellektueller »Chor« die Reise in die Verlorengegangenheit. In den Gesprächen, die ich mit West- und Ostberliner Künstlern, Kulturpolitikern und Wissenschaftlern über die Vergangenheit von Exil und Kulturvernichtung sowie die Chancen und Gefahren einer »vereinigten« Zukunft geführt habe, verschränken sich die Umwälzungen der Jahreswende 1932/33, als die deutsche Teilung begann, mit der »Revolution« von 1989/90, die diese Teilung zu beenden scheint. Von einer eigentümlich kribbeligen Atmosphäre zeugen die meisten Interviews. Durch die Stadt wehte im Winter und Frühjahr 1990 ein frischer Wind, der den Mief der Mauerjahre verscheuchte: als habe das Leben einen Tritt bekommen und laufe nun schneller. Insofern sind die Gespräche auch Dokumente eines historischen Zustands, der nicht anhielt und nicht anhalten konnte. Unverändert gegenwärtig – da von der Geschichte nicht entschieden – sind jedoch die Themen der Interviews. In seiner Gesamtheit, für die der Berichterstatter nur begrenzt verantwortlich zeichnet, stellt der Chor Berliner Schnauzen eine kollektive Reflexion auf den gegenwärtigen Stand des Bewußtseins dar.

Von ihm nimmt die Bildungsreise in die Geschichte der eigenen Kultur ihren Ausgang.

10

NOVEMBERVERBRECHEN »Ich bin abends zu einer CDU-Freundin gegangen, und wir haben das bewußte Interview mit dem Schabowski im Fernsehen gesehen«, sagt Sabine Bergmann-Pohl, Präsidentin der Volkskammer und amtierendes Staatsoberhaupt der DDR. Wir sitzen in ihrem Arbeitszimmer im Ostberliner Palast der Republik. Der Blick geht auf das Museum und den Dom. Von rechts außen drängt sich das betonklotzige *Palast Hotel* ins Blickfeld.

Frau Bergmann-Pohl verstand Günther Schabowski so, wie er seine Auskünfte meinte: als relativ unverbindliche Absichtserklärung, als Wechsel auf zukünftige Erleichterungen. »Privatreisen nach dem Ausland können«, sagte der SED-Sprecher und Krenz-Vertraute um 19 Uhr wörtlich, »beantragt werden. Reiseerlaubnisse werden kurzfristig erteilt.« Nicht mehr und nicht weniger.

»Ich bin ziemlich spät nach Hause gekommen«, erzählt die Präsidentin weiter, »mein Mann hat Fußball gesehen. Im Schlafzimmer steht auch ein Apparat, und ich bin davor eingeschlafen. Irgendwann wurde ich wach und habe gedacht: Was ist denn da im Fernsehen los? Ein Theater! Aber ich war im ersten Schlaf und hab' ausgeschaltet. Am nächsten Morgen sagt mein Sohn zu mir: ›Oma hat in der Nacht angerufen, aber ich hatte keene Lust, euch zu wecken.‹ Halb sieben morgens rufe ich sie also an. Sagt sie: ›Die Mauer ist auf.‹ Ich: ›Du spinnst!‹ Sie: ›Ich war selbst da.‹ Meine Schwiegermutter ist fünfundsiebzig! Die war spontan losgefahren. Erst langsam wurde mir klar, das ist eine Sache, die kein Mensch vorausgesehen hat. Die Leute haben diese Pressemitteilung mißverstanden, sind losgerannt, und die an der Grenze wußten sich keine andere Wahl mehr und haben gesagt: ›Na, nun machen wir das Ding auf.‹«

An diesem verhangenen, fast milden Novembertag waren die Straßen schwarz von Menschen, ein wogender Ozean von Leibern. Niemand hat die Demonstranten gezählt, aber die Augenzeugen sprechen von Hunderttausenden. Alle waren darauf gefaßt, in die Maschinengewehrsalven der Armee zu marschieren. Die Männer in den vorderen Reihen trugen an langen Stangen befestigte Pappschilder: »Brüder, nicht schießen!« – »Nieder mit dem Krieg! Nieder mit der Monarchie!« – »Wir wollen Frieden und Brot!« Rote Papiernelken, Rosetten und Bänder, die von fliegenden Händlern angeboten wurden, fanden reißenden Absatz. In den hinteren Reihen aber gingen auch viele Bewaffnete mit.

Und dann geschah – nichts. Die Soldaten öffneten die Kasernentore und liefen zu den Aufständischen über, die Polizisten im Alexanderplatz-Präsidium schnallten ihre Waffen ab. Verblüfft bildeten die Demonstranten Gassen, damit die Ordnungshüter unbehelligt nach Hause gehen konnten.

Am frühen Nachmittag rief der Sozialdemokrat Philipp Scheidemann, den die Menge bei einer wäßrigen Kartoffelsuppe störte, von einem Fenster des Reichstags: »Das deutsche Volk hat auf der ganzen Linie gesiegt. Das alte Morsche ist zusammengebrochen; der Militarismus ist erledigt! Die Hohenzollern haben abgedankt! Es lebe die deutsche Republik!«

Als SPD-Chef Friedrich Ebert, der seine Suppe derweil weitergelöffelt hatte, von Scheidemanns Tat hörte, reagierte er äußerst wütend auf die unvorschriftsmäßige Eigenmächtigkeit. Fast zufällig und gleichsam um Entschuldigung bittend war die Republik ins Leben getreten – beim ersten Mal jedenfalls.

Denn um halb fünf unternahm um die Ecke vom Reichstag Karl Liebknecht, der Führer der Kommunisten, eine Reprise: »Der Tag der Revolution ist gekommen. Wir haben den Frieden erzwungen. Das Alte ist nicht mehr. In dieser Stunde proklamieren wir die freie sozialistische Republik Deutschland.« Liebknecht wies auf das Hauptportal des Berliner Schlosses und rief mit erhobener Stimme: »Wir wollen an der Stelle, wo die Kaiserstandarte wehte, die rote Fahne der freien Republik Deutschland hissen!«

Im Nachmittagswind flatterte sie dann von zahllosen Dächern der Reichshauptstadt: vom Brandenburger Tor, vom Marstall und vom Kronprinzenpalais. Diese Gebäude hatte das Volk dem Schutze der Revolution unterstellt. Bewaffnete Arbeiter hielten Wache.

Zugleich aber machte sich so etwas wie Ratlosigkeit breit. Was war nun noch zu tun? Zielloses Gedränge bestimmte den Abend, Verbrüderung, gedämpfte Volksfeststimmung.

»Da«, sagt Sabine Bergmann-Pohl und deutet auf ein links gelegenes Stück Fassade, das beim Abriß des Schlosses durch die SED-Regierung verschont wurde: »Von dem Balkon aus hat am 9. November 1918 Karl Liebknecht die Republik ausgerufen. Dort ist jetzt mein Amtssitz als amtierender Ministerpräsident.«

Kurz nach elf Uhr am Vormittag des 9. November – es war der Jahrestag von Napoleons Staatsstreich im Brumaire des Jahres 1799 – zogen zwei- bis dreitausend Mann vom Bürgerbräukeller am Südufer der Isar in Richtung Stadtmitte. Adolf Hitler marschierte in der ersten Reihe, mit ihm General Ludendorff und Hermann Göring. Die meisten Männer waren bewaffnet, Hitler selbst hielt eine Pistole in der Hand. Nur die Anführer wußten, daß damit ein letzter verzweifelter Versuch unternommen wurde, durch Bluff den schon fehlgeschlagenen Putsch doch noch in einen Sieg zu verwandeln.

In den Straßen drängten sich die Menschenmassen. Als der Zug die Ludwigbrücke erreicht hatte, lief einer der Nationalsozialisten voraus und rief dem Polizeioffizier zu: »Nicht schießen! Ludendorff und Hitler kommen!« Gleichzeitig schrie Hitler: »Ergebt euch!« In diesem Augenblick fiel ein Schuß, und gleich darauf fegte ein Hagel von Geschossen über die Straße. Als erster wurde ein Mann getroffen, der mit Adolf Hitler Arm in Arm gegangen war. Hitler fiel, entweder von seinem Begleiter mit herabgezogen oder Deckung suchend. Alles war in Verwirrung, ein Naziführer lehnte sich gegen eine Hauswand und weinte hysterisch. Die Mehrheit der Prominenz, Hitler vorneweg, floh im Feuer. Nur Göring und ein anderer Naziführer wurden verletzt. Die übrigen Verwundeten und auch die sechzehn toten Putschisten hatten sich auf dem Marsch in den hinteren Reihen befunden. Sie waren den Schüssen der Polizei ausgesetzt gewesen, weil ihre Führer sofort Deckung gesucht hatten.

Es ist kurz nach elf, Donnerstagabend. Ich liege im Bett und vergnüge mich damit, durch die Fernsehkanäle zu flippen. Eine Sondermeldung unterbricht das Programm von AFN, dem amerikanischen Militärsender: Die Mauer sei gefallen. In den ZDF-Nachrichten ist davon keineswegs die Rede gewesen. Die Amis haben mal wieder alles falsch verstanden. Außenpolitik Fünf. Fleißig, aber untalentiert, man kennt das.

Im Dritten läuft eine Talk-Show, die meine Programmzeitschrift nicht verzeichnet. Der Moderator scheint leicht angeshakert. Einer der Gäste ist der Berliner Bürgermeister Momper, und der erhebt sich jetzt, beim x-ten Drüberflippen, gerade von seinem Stuhl. Ein Skandal!? Ich flippe zurück. Der Gesprächsleiter nuschelt irgend etwas von Verständnis für die Situation. Momper sagt, er müsse zu den Übergängen, da sei die Hölle los.

Ich stehe auf, ziehe mich an und mache mich auf den Weg. Die nächstgelegene Kontrollstelle ist die Invalidenstraße.

»Berlin Nr. 234404 9.11.2355 – An alle Stapo-Stellen und Stapo-Leitstellen / An Leiter oder Stellvertreter... Es ist vorzubereiten die Festnahme von etwa 20 000–30 000 Juden im Reiche. Es sind auszuwählen vor allem vermögende Juden. Nähere Anordnungen ergehen noch im Laufe dieser Nacht.... Gestapo II Müller.«

Stunden später, am Abend des 9. November 1938, polterte ein SA-Scharführer in das Schlafzimmer einer jüdischen Familie. Dr. Goldstein und seine Frau standen, aufgeschreckt durch den Lärm und die Auseinandersetzung vor der Tür, schon neben ihren Betten. »Ich bin angewiesen«, sagte der Scharführer zögernd, die Pistole in der Hand, »einen schweren Auftrag durchzuführen.«

Ruhig antwortete Frau Goldstein: »Mein Herr, schießen Sie, bitte, gut!« Und da schoß er.

Kurz vor Mitternacht trete ich aus der Haustür. Auf Alt-Moabit kommen mir zahllose Fußgänger entgegen. Nicht nur ihre Menge um diese Uhrzeit ist ungewöhnlich. Auch in ihrer Kleidung und in ihren Bewegungen irritiert mich etwas, das ich nicht auf Anhieb einordnen kann. Die Menschen strömen aus der Richtung des Gefängnisses in der Lehrter Straße, und ich habe plötzlich den unsinnigen Gedanken, ein Massenausbruch könnte stattgefunden haben. Vor dem ersten Trupp wechsele ich spontan vom Bürgersteig auf die Fahrbahn und bleibe dort, bis ich meinen wenige Meter weiter geparkten Wagen erreiche.

Trotz der Fernsehszenen, die mich aus dem Bett gelockt haben, verfalle ich erst im Stau vor dem Übergang Invalidenstraße auf den Gedanken, daß es sich bei den Menschen, die die Straßen bevölkern und von denen viele mit schnellen Schritten in Richtung City marschieren, nicht nur um West-, sondern bereits auch um Ostberliner handeln könnte. Die Vorstellung allein scheint mir – aufgewachsen in der Zeit nach dem Mauerbau – vollständig verrückt.

In Berlin beginnt der Pogrom gegen ein Uhr nachts. Fachgerecht hat man zuvor die jüdischen Hauptgebäude isoliert, die Telefonleitungen abgeschnitten, die Strom- und Heizanlagen abgestellt. Die Polizei leitet den Verkehr um. Ordnung herrscht, als sieben große Synagogen der Hauptstadt in Brand gesetzt werden, darunter die in der Fasanenstraße.

»Warum spritzen Sie nicht?« ruft der herbeigeeilte Oberkantor Davidsohn den Feuerwehrleuten zu, die mit leeren Schläuchen dastehen.

»Was wollen Sie denn hier?« erwidert der Feuerwehrhauptmann. »Sie werden hier nur totgeschlagen.«

»Ich war an dieser Synagoge 27 Jahre tätig.«

»Tut mir leid, aber ich kann Ihnen nicht helfen, wir sind nur hier, um die Nachbarhäuser zu schützen.«

»Um Gottes willen, ich möchte wenigstens noch das Nötigste heraussuchen.« Doch plötzlich sieht der Kantor den Synagogenpförtner Wolfsohn blutüberströmt im Hemd in den Hof laufen. Da der Pförtner sich weigert, die Schlüssel auszuhändigen, wird er bis aufs Blut geprügelt.

71

SA- und SS-Männer gießen aus großen Kanistern Benzin in die
Flammen. Bald brennt auch das Innere der Synagoge lichterloh.
»Bis fünf Uhr früh«, erinnert sich Davidsohn, »stand ich dabei,
dann rückte die Feuerwehr ab, das Feuer verglimmte, und ich
sagte ›Kaddisch‹.«

Jedes dritte Fahrzeug auf den nächtlichen Straßen ist ein
Wartburg oder Trabi. Man traut seinen Augen nicht. »Die
Grenzen sind offen, die Ostberliner sind in der Stadt«, mel-
det der RIAS.

An die Invalidenstraße führt kein freier Weg mehr. Im
Radio heißt es, dort fänden Freudenfeiern statt. Wer mir
entgegenkommt, ist in euphorischer Eile.

»Wo wollen Sie hin?«

»Zum Ku'damm«, sagt die Frau.

»Immer geradeaus«, sagt ihr Mann.

»Hauptsache, drüben«, brüllt einer, der im Laufschritt
vorbeizischt.

Auf der Entlastungsstraße und der Straße des 17. Juni staut
sich der Verkehr. Tausende wollen zum Brandenburger Tor.
Kolonnen von Fußgängern ziehen durch den Tiergarten.
Eine eigentümliche Hysterie liegt in der Luft. Vier dunkel-
blaue S-Klasse-Mercedesse rauschen mit Polizeibegleitung
an mir vorbei.

Nach einem längeren Fußmarsch hole ich die Wagen wieder ein. Sie stehen in der abgesperrten Zone vor dem Brandenburger Tor. Auf einer improvisierten Bühne probt Tom
Brokaw, einer der drei Top-US-Anchor-Men, seinen Auftritt. Er soll live in die New Yorker Abendnachrichten ge-
schaltet werden. Deutsche Fernsehteams sind nicht zu sehen. Polizisten auch nicht. Über tausend Menschen dürften
es sein, die sich jetzt um die Bühne drängeln.

Ich steige über eine Absperrung, von der ich denke, daß
die TV-Leute sie errichtet haben. Dutzende machen es mir
nach. Jetzt haben wir die Mauer am Brandenburger Tor
erreicht. Ich drehe mich um. Ein paar Meter hinter mir steht

stumm und bewegungslos ein Polizist im üblichen Thermo-
grün. Eher schüchtern. Ein wenig so, als gehöre er gar nicht
dazu, als sei er aus Versehen hierhergeraten.

»Was hat der denn für 'ne komische Kappe?« fragt die Frau
neben mir.

Das Ding ist feuerrot und eindeutig nicht westlicher Herkunft.

»Ick gloob', wir sind im Osten, wa?« sagt die Frau.

»Irre«, sag' ich.

Auf der Bühne werden die Scheinwerfer angeschmissen.
Tom Brokaw stellt sich in Positur, mit dem Rücken zum
Brandenburger Tor.

»Wenn ihr auf die Mauer klettert, kommt ihr gut ins Bild«,
rät ein Helfer der TV-Leute.

»Einfacher gesagt, als getan«, mault einer aus der Menge
zurück.

Die ersten erklimmen mühsam die Mauer. Britische Mili-
tärpolizisten treffen ein, bleiben aber brav an der Sektoren-
grenze stehen. Mir fällt ein, daß ich, sicherheitsbedürftig,
wie ich in den aggressiven letzten Wochen geworden bin,
einen kleinen Hammer in der Tasche meines Ledermantels
trage. Wer oben ist, zieht die weniger Gewandten hoch. Wir
sind das Volk, warum nicht auch wir, und das Volk tanzt auf
der Mauer. Zum ersten Mal. Tom Brokaw geht auf Sendung.
Ich ziehe meinen Hammer aus der Tasche.

*In jener Nacht fuhr ich, im Taxi auf dem Heimweg, den Tau-
entzien und den Kurfürstendamm entlang. Auf beiden Straßen-
seiten standen Männer und schlugen mit Eisenstangen Schaufenster ein. Überall krachte und splitterte Glas. Es waren SS-Leute
in schwarzen Breeches und hohen Stiefeln, aber in Ziviljacken
und mit Hüten. Sie gingen gelassen und systematisch zu Werk.
Jedem schienen vier, fünf Häuserfronten zugeteilt. Sie hoben die
Stangen, schlugen mehrmals zu und rückten dann zum nächsten
Schaufenster vor. Passanten waren nicht zu sehen ...*

Dreimal ließ ich das Taxi halten. Dreimal wollte ich aussteigen.

Dreimal trat ein Kriminalbeamter hinter einem der Bäume hervor und forderte mich energisch auf, im Auto zu bleiben und weiterzufahren.

Als ich zum viertenmal halten wollte, weigerte sich der Chauffeur: »Es hat keinen Zweck«, *sagte er,* »und außerdem ist es Widerstand gegen die Staatsgewalt.«

Vor dem Springerhochhaus an der Kochstraße verteilen Zeitungsjungen kurz nach zwei Uhr die ersten Extrablätter kostenlos an die paradefahrenden West- und Ostberliner. Ich nehme eine *BZ:* »Die Mauer ist weg«, verkündet die Schlagzeile, und dabei sehe ich sie doch, nur ein paar Meter entfernt, in bestem Zustand. Wie gezählt ihre Tage sind, kann ich mir immer noch nicht vorstellen.

»In der näheren Umgebung der Grenzübergangsstellen gibt es keine Parkplätze mehr«, heißt es im Verkehrsfunk. Mitten in der Nacht. Auf Tauentzien und Ku'damm steht der Verkehr in beiden Richtungen. Es stinkt bestialisch nach Zweitakter, das Hupkonzert ist ohrenbetäubend. Auch die Bürgersteige sind bis zum Bersten gefüllt. Ich fahre tanken am Hohenzollerndamm.

»Wo geht es hier zum Ku'damm?«

Aus dem Osten kommend, wie Sprache, Kleidung und Gestik verraten, müssen die beiden jungen Paare den längst passiert haben. Ich zeige ihnen den Weg.

»Gehen Sie zurück?« frage ich.

»Natürlich.«

»Und wenn morgen wieder dicht ist?«

»Wir müssen zurück!« sagen beide Frauen fast im Chor.

»Warum?«

»Na, die Kinder schlafen doch. Die wissen doch gar nicht, daß wir los sind. Wir wollten ja eigentlich nur ein paar Meter in den Westen und dann gleich nach Hause.«

»Komisch, so viele Glassplitter auf der Straße! In dem schönen, eleganten Modegeschäft sind ja sämtliche Scheiben eingeschla-

gen, die Schaukästen leer... Was haben sie bloß wieder ge-
macht?« denkt Hertha Nathorff auf ihrem Weg zur Arbeit am
Morgen des 10. November 1938: »Da höre ich eine gutangezo-
gene Dame im Vorbeigehen zu ihrem Mann sagen: ›Recht ge-
schieht es der verdammten Judenbande, Rache ist süß!‹«
Viele der am 9. November Verhafteten erlebten ihren Tag
danach oft erst Wochen später. Zu ihnen gehört Ingeborg Hechts
Vater: »Er kam, kahlgeschoren, gebückt, schmal. Ein müder
Mann mit müden Augen. Und er fror, fror, fror. Er hatte die Kälte
in seinem Körper gespeichert, beim Steineklopfen im Freien, bei
vorschriftsmäßig *dünner Kleidung im eisigen Novemberwind.*
Wer sich heimlich wärmendes Zeitungspapier unters Hemd ge-
schmuggelt hatte, wurde halbtot geschlagen ... Mit leiser
Stimme, unterbrochen von dem dumpfen Husten, den er lange
nicht mehr losgeworden ist, erzählte er Ungeheuerliches. Wenn
es nicht unser eigener Vater, Doktor der Rechte und bei klarem
Verstand, gewesen wäre, hätten wir das alles nicht geglaubt.«

»Gestern war das deutsche Volk das glücklichste Volk der
Welt«, sagt am nächsten Tag Walter Momper im Radio.

»Auffällig, wieviel junge Leute in der Stadt sind«, meint
ein RIAS-Reporter, »offensichtlich wird in Ost-Berlin heute
ganz kräftig die Schule geschwänzt.«

Der SFB meldet, bei Erika gebe es die ganze kommende
Nacht Freibier, und bei Joe am Ku'damm kann ab sofort mit
Ostmark bezahlt werden. Hertha BSC offeriert zehntausend
Freikarten für das morgige Spiel.

Eine ältere Sekretärin in einer Firma am Ku'damm besteht
darauf, sofort eine größere Menge Bargeld abheben zu gehen. »Ich kenne das von früher«, sagt sie, »später kriegen wir
nichts mehr.«

Die Kurse an der Berliner Börse klettern steil nach oben.
»Wir werden jetzt wieder richtig interessant«, verkündet
eine Pressesprecherin. »Die Umsätze werden steigen, es gibt
noch Vermögenswerte im Osten. Der Berliner Platz wird
attraktiv.«

An diesem Freitag, dem 10. November 1989, erreichen Spitzenzuwächse Baufirmen mit bis zu dreizehn Prozent und Brauereien – Berliner Kindl plus acht Prozent.

»Es gab noch vor einer Woche einen militärischen und zivilen Verwaltungsapparat, der so verzweigt, so ineinander verfädelt, so tief eingewurzelt war, daß er über den Wechsel der Zeiten hinaus seine Herrschaft gesichert zu haben schien. Durch die Straßen von Berlin jagten die grauen Autos der Offiziere, auf den Plätzen standen wie Säulen der Macht die Schutzleute, eine riesige Militärorganisation schien alles zu umfassen, in den Ämtern und Ministerien thronte eine scheinbar unbesiegbare Bürokratie. Gestern früh war, in Berlin wenigstens, das alles noch da. Gestern nachmittag existierte nichts mehr davon«, resümierte am 10. November 1918 Theodor Wolff im Berliner Tageblatt. Und der Theologe Ernst Troeltsch erinnert sich an den Tag danach: »Sonntag, der 10. November, war ein wundervoller Herbsttag. Die Bürger gingen in Massen wie gewöhnlich im Grunewald spazieren. Keine eleganten Toiletten, lauter Bürger, manche wohl absichtlich einfach angezogen. Alles etwas gedämpft wie Leute, deren Schicksal irgendwo weit in der Ferne entschieden wird, aber doch beruhigt und behaglich, daß es so gut abgegangen war. Trambahnen und Untergrundbahnen gingen wie sonst, das Unterpfand dafür, daß für den unmittelbaren Lebensbedarf alles in Ordnung war. Auf allen Gesichtern stand geschrieben: Die Gehälter werden weiterbezahlt.«

In einer überfüllten Bank am Ku'damm bemüht sich eine Frau Mitte Dreißig um das Begrüßungsgeld. Hundert Mark pro Kopf. Der Schalterbeamte verlangt, den Kopf des Kindes der Frau zu sehen. Die Frau verläßt die Bank und geht auf ein anderes Zoni-Paar zu. »Tschuldigung, könnten Sie mir mal Ihr Kind leihen?« Solidarität ist angesagt, das Beispiel macht Schule, ein schwunghafter Kinderverleih setzt ein.

Bonner Prominenz spricht und singt mehr schlecht als recht vor dem Schöneberger Rathaus. Am Ku'damm stehen derweil die größten Menschentrauben vor den Schauräumen von Mercedes und BMW.

»Diese Woche sind die Gefühle dran«, sagt ein Journalist aus der Hamburger Oberliga, der zwecks Stimmungsberichterstattung gerade eingeflogen wurde, »nächste Woche beginnen für alle die Geschäfte. Ich bin halt schneller, ich fange jetzt damit an.«

Der Verfassungsschutz gibt bekannt, daß er ab sofort auf die Befragung von Übersiedlern verzichtet.

»Was mich verunsichert«, gesteht mir ein Ex-SDSler, inzwischen in der Filmbranche erfolgreich, »ist die Veränderung an sich. Wir hatten uns doch alle darauf eingestellt, daß sich nichts mehr ändert. Daß wir vielleicht noch mal die Eigentumswohnung wechseln. Oder die Frau. Aber wer wirkliche Abenteuer sehen wollte, der mußte sehr weit wegschauen, nach Afrika oder Südamerika. Und jetzt plötzlich das!«

»Mit rasender Wucht rollt sich die Entwicklung der Ereignisse nun auch in Berlin ab«, meldete die Rote Fahne *über den 9. November 1918:* »Die Umwälzung setzte vormittags ruhig ein und vollzog sich auch weiterhin in völlig geordneten Formen.«

»In der Nacht vom 9. auf 10. November und am 10. November 1938 trugen sich in ganz Deutschland Ereignisse zu, die ich als das Signal für eine völlig andere Behandlung der Judenfrage in Deutschland ansah«, berichtete der stellvertretende Gauleiter von Franken einer Prüfungskommission: »Durch die in der Nacht und am Morgen des 10. Novembers vorgenommene Große Aktion gegen die Juden waren alle Richtlinien und alle Gesetze auf diesem Gebiet illusorisch gemacht.«

Nicht ich muß gehen. Das Land verläßt mich, während ich bleibe. Vereinigt soll etwas werden, das ich nur getrennt kenne. Angeknüpft werden soll an eine Vergangenheit, nach deren Zerstörung ich erst geboren wurde. Ich beobachte den

Untergang, das Verschwinden des Landes, dessen Bürger ich war. Fünfundreißig Jahre lang.

»Erinnerungen lassen sich nicht in Schubladen und Fächern aufbewahren, sondern in ihnen verflicht sich unauflöslich das Vergangene mit dem Gegenwärtigen«, hat Theodor W. Adorno Mitte der vierziger Jahre aus den Erfahrungen des Exils geschrieben. Zu einem Zeitpunkt gelesen, da zwei der drei NS-Nachfolgestaaten alles daransetzen, ihre vierzigjährige Existenz in eine Fußnote der mitteleuropäischen Geschichte zu verwandeln, gewinnen diese Sätze neue Bedeutung. Denn bei der auch kulturellen Vereinigung nimmt zum dritten – und wohl auch letzten – Mal die Auseinandersetzung mit dem deutschen Faschismus und mit der von ihm vertriebenen Kultur der ersten deutschen Demokratie eine Schlüsselstellung ein. Die Konstitution einer neuen gesamtdeutschen Identität wird von ihr auszugehen haben, soll das nationale Trauma sich nicht blind wiederholen. »Darum ist es töricht und sentimental«, fährt Adorno fort, »vor der Schmutzflut des Gegenwärtigen Vergangenes rein erhalten zu wollen. Diesem ist keine Hoffnung gelassen, als daß es, schutzlos dem Unheil ausgeliefert, aus diesem als anderes wieder hervortrete.«

»In diesen Tagen, in denen die Welt auf Berlin, auf Deutschland blickt, braucht sich niemand seiner Tränen zu schämen«, hieß es im Leitartikel des ersten Extrablatts, das die Frankfurter Allgemeine *je herausbrachte. Die Berliner* BZ, *nur drei Stunden nach dem Ereignis bereits erhältlich, faßte es knapper:* »Der schönste Tag in der jüngsten Geschichte Deutschlands.« *Am griffigsten aber war es dann Anfang der nächsten Woche in Berlin auf T-Shirts zu lesen:*

9. November – ich war dabei!

ZWEITES KAPITEL

FLUCHT AUS DEUTSCHLAND

11

ABSCHIED VOM KURFÜRSTENDAMM An einem sonnigen Vormittag im August 1931 unternimmt Paul Victor Falkenberg einen Spaziergang durch den Berliner Westen, an dessen Ende nichts mehr in seinem Leben sein wird, wie es war.

Auf den Bürgersteigen herrscht das alltägliche geschäftige Treiben, auf den Terrassen der Cafés bleibt kein Tisch frei. Die Welt scheint in Ordnung. Kaum etwas im gutbürgerlichen Straßenbild deutet darauf hin, daß es ein Alltag am Rande des Abgrunds ist. Wohlstand, nicht wirtschaftliche Not zeigt sich auf den Boulevards, und doch muß inzwischen bald jedes zweite Gewerkschaftsmitglied stempeln gehen.

Wie die meisten, die mit ihm auf dem Ku'damm promenieren, weiß der achtundzwanzigjährige Paul Falkenberg von den großen politischen Auseinandersetzungen, die der ersten deutschen Demokratie den Garaus zu machen drohen, nur aus zweiter Hand. In einer Fabrik hat er nie gearbeitet, Wahlveranstaltungen besucht er nicht, erst recht keine der Nazis. Den *Völkischen Beobachter* oder den *Angriff* in die Hand zu nehmen käme ihm nie in den Sinn. Dafür liest er so gut wie jedes Buch, das der fortschrittliche Malik-Verlag herausbringt.

»Seit fünfzig Jahren stehe ich als unbezahlter Statist auf der Bühne der Weltgeschichte.«

Seiner »linken« Grundeinstellung zum Trotz lebt der junge Mann, einer der ersten »Tonfilm-Schnittmeister« Deutschlands, in einer alltagsfernen, unpolitischen Welt. Er führt die Existenz eines typischen Intellektuellen der Weimarer Republik. Sein Berlin ist die Kulturkapitale Europas, tonangebend in Literatur, Theater und Film, eine Metropole der Technik und der lockeren Sitten, grell und schrill, span-

nend und hektisch, volkstümlich und snobistisch, lokalpatriotisch und kosmopolitisch – ein Pflaster, auf dem man, wie Elias Canetti sich erinnert, »keine zehn Schritte« ging, »ohne jemandem zu begegnen, der berühmt war«.

Draußen in den Arbeiter-Vorstädten aber herrscht bereits die Gewalt. Nazis und Kommunisten liefern sich Saalschlachten, SA-Trupps überfallen wehrlose Passanten, weil sie »rassefremd aussehen«, Woche für Woche fordern Straßenkämpfe Schwerverletzte und Tote. Der uniformierte Mob schickt sich an, die Republik zu zerstören, während die demokratischen Parteien hilflos den Rückzug üben. Einen mysteriösen Schuldigen für die soziale Misere haben die völkischen Horden längst ausgeguckt: die »jüdische Weltverschwörung«. Keiner, der von ihr faselt, weiß so recht, was oder wer das eigentlich sein soll; doch das hindert ja nicht, den Nächstbesten zu vermöbeln, der daran beteiligt sein könnte, einen von 500 000 Sündenböcken unter den 65 Millionen deutschen Bürgern, den Gemüsehändler mit dem dunklen Teint, den Arzt mit dem »ungermanischen« Namen zwei Straßen weiter, irgendeinen Passanten, dessen – »jüdische« – Nase einem nicht paßt.

Falkenberg findet das martialische Auftreten und die haßerfüllten Parolen der Nazis eher komisch, ihre rassistischen Ideen verschroben, ihr Brutalo-Gehabe lächerlich: »Worin ich mich ungemein getäuscht habe«, wie er an diesem Morgen auf dem Ku'damm am eigenen Leibe erfahren muß.

Plötzlich umringen ihn fünf Braunhemden. Der Nazitrupp ist mit Schlagstöcken aus dickem Malakka-Rohr bewaffnet.

»Warum hauste nicht ab nach Jerusalem!« schreit der bullige Anführer, ein uniformiertes Exemplar aus dem Bilderbuch der Brutalität, an das sich Falkenberg noch ein halbes Jahrhundert später mit fotografischer Genauigkeit erinnern wird; und auch daran, daß die Fahne seines Gegenübers weniger mit Politik als mit Alkohol zu tun hatte.

Die Nazis, etwas jünger als ihr Opfer, beginnen auf Falkenberg einzuprügeln. Keiner der zahlreichen Zuschauer kommt ihm zu Hilfe, viele Passanten zeigen Sympathie mit dem Schlägertrupp. Das ist es, was Falkenberg mehr schmerzt als die Hiebe, die auf ihn einprasseln.

Ein Schlag trifft seinen Hut, er rollt auf die Straße. Automatisch läuft Falkenberg hinterher, lauthals um Hilfe rufend. »Das war mein Glück«, meint er später, »denn die Brüder blieben damals noch fern vom Damm, die trauten sich nicht aus dem Schatten der Bäume und Hauseingänge weg.« Kaum hat er seinen Hut aufgehoben, hält ein Taxi neben ihm. Der Fahrer öffnet den Schlag: »Ick kenn' det schon. Wenn ick hier Jeschrei höre: Polizei, Polizei, komm ick rum, dann weeß ick, daß hier wieder so 'n Ding läuft, und ick krieg' gleich 'ne Fuhre.«

12

FRÜHE FLUCHTEN An diesem Tag hat Paul Falkenberg beschlossen, Deutschland zu verlassen. Wenige nur spürten die heraufziehende Gefahr, und von diesen wenigen wiederum waren die meisten politisch so engagiert, daß sie nicht Flucht, sondern Gegenwehr für geraten hielten. Die Mehrheit der Emigranten in spe hingegen sah die Situation, sofern sie sich überhaupt Gedanken machte, gänzlich undramatisch. Im Lichte aufgeklärten Denkens schien die erste deutsche Republik, seit Monaten am Rande des Bürgerkriegs, durchaus noch eine Chance zu haben, waren die Nazis doch nicht mehr als ein Haufen armer Irrer mit einem Größenwahnsinnigen an der Spitze. Allein schon ihre heiße Liebe zu Uniformen bezeugte, daß sie Politik mit Mummenschanz verwechselten. Nur folgerichtig feierten, so jedenfalls kolportiert es Marianne Hoppe, der junge Max Horkheimer und sein Freund Theodor Wiesengrund-Adorno den Fasching 1932, den letzten vor dem Exil, als Faschisting – in SA-Uniformen.

Zu der Handvoll Hellsichtiger, die bereits vor der Macht-übernahme der Nationalsozialisten die Koffer packten, weil sie trotz gelegentlicher Erfolge der demokratischen Kräfte den Aufstieg der NSDAP für unabwendbar hielten, gehör-ten die Schriftstellerin Vicki Baum, der Regisseur Eric Charell und die Schauspielerin Elisabeth Bergner.

»Die Bergner ist auf eine für uns alle sehr rätsel-hafte Weise plötzlich nach England gegangen«, erinnert sich Max Reinhardts Sohn Gottfried. »Ich selbst wäre damals nie auf so eine Idee verfallen,

Das Exil vor dem großen Exil: Paul Falkenberg in seinem Pariser Apartment (1932)

und ich kenne kaum einen, der geahnt hätte, was auf uns zukam, geschweige denn irgendwelche Konsequenzen gezogen hat.«

Niemand akzeptierte daher auch Charells Gründe, als er den Vertrag für Max Reinhardts Großes Schauspielhaus kündigen wollte. Der Geldsegen, der die Operetten und Revuen mit schöner Regelmäßigkeit belohnte, besaß für die aufwendigen Projekte des deutschen Theaterkönigs, der keinerlei staatliche Unterstützung bezog, die Bedeutung einer Subvention. Reinhardt bestellte Charell zu sich auf Schloß Leopoldskron und bekniete ihn weiterzumachen.

»Wissen Sie, Herr Professor«, lautete Charells Antwort, »nicht nur daß ich gehe, auch Sie sollten Deutschland verlassen. Und zwar rasch.«

Max Reinhardt verstand nicht, wovon Charell sprach.

Auf nicht weniger Befremden stieß Vicki Baum mit ihrem Entschluß auszuwandern. Freunde und Bekannte erklärten die Bestseller-Autorin für hysterisch. »Im Ullsteinhaus fragte man mich, ob ich den Verstand verloren habe«, schreibt sie in ihren Memoiren. Doch sehr wohl wußte sie, was sie tat: »Ich sah die Gesichter der Demonstranten auf der Straße; die eingefallenen, schmallippigen Gesichter, die schlottrigen, abgetragenen Trenchcoats der verbitterten ehemaligen Frontsoldaten und Arbeitslosen; ich sah überall Haß und Fanatismus...«

Auch Paul Falkenberg ließ sich von Einwänden seiner Freunde nicht beirren. Seit seiner Mitarbeit an Fritz Langs »M« und an Carl Theodor Dreyers »Vampyr«, zwei zukünftigen Klassikern der Filmkunst, war der junge Cutter ein äußerst gefragter Mann, und so bot sich ihm bereits Anfang 1932 eine Gelegenheit, in Paris zu arbeiten. Seine Frau Alice schloß ihr Fotostudio, das sie erst 1928 eröffnet hatte, und folgte ihrem Mann ins Ausland. Die Berliner Wohnung behielt das Paar bei – bis Hitlers Machtübernahme alle Hoffnungen auf eine Rückkehr zunichte machte.

Zwölf Jahre später, als die Alliierten die deutsche Hauptstadt befreien, wird dort keiner von Falkenbergs Verwandten mehr leben. Sein Vater ist 1936 in Berlin gestorben; die Schwester floh 1938 nach Großbritannien, sein Schwager, der Bruder seiner Frau, wurde im KZ Oranienburg ermordet (»Hat ihm nichts geholfen, daß er sich hat taufen lassen...«). Die Mutter, aktives Mitglied der jüdischen Gemeinde, durchlitt den Rassenterror der Nazis und wurde 1942 nach Theresienstadt verschleppt. 1944 konnte sie freigekauft werden, starb jedoch kurz vor der geplanten Abreise in die USA, ohne ihre Kinder wiedergesehen zu haben.

Paul Falkenberg selbst hat es erst 1961, fast dreißig Jahre, nachdem er Berlin verlassen hatte, über sich gebracht, die Stadt seiner Geburt zu besuchen. Dort wohnen jedoch sollte er nie wieder.

13

DER SCHNITTMEISTER Die Tür in den New Yorker *Central Park Studios*, einem Altbau mit hohen Räumen in der 76. Straße West, öffnet ein kleiner gebückter Mann. Er steckt in einem viel zu weiten weißen Tropenanzug mit schmalen blauen Streifen. Auf den ersten Blick schon sieht man dem schmächtigen Körper an, daß er das Kleidungsstück vor einer Weile noch auszufüllen vermochte. Aus dem jungen Hitler-Flüchtling ist, als ich ihn treffe, ein körperlich schwacher, aber geistig hellwacher Greis geworden.

Nicht ohne Mißtrauen und mit einigem Widerwillen, das läßt Falkenberg den Besucher aus Deutschland fühlen, führt er ihn in den *living room*. Mich umzuschauen bleibt keine Zeit. Der Gastgeber diktiert den Ablauf des Gesprächs.

»Was wissen Sie? Was wollen Sie wissen?« fragt er in einem keineswegs liebenswürdigen Ton, und es klingt wie: Bringen wir es hinter uns.

Ob der Attacke etwas hilflos, lachle ich: »Alles...«

Falkenberg nimmt es als Antwort auf keine der beiden

Fragen. »Nun, in meinem Leben ist kaum etwas passiert«, sagt er mit einem mehr bösen als spöttischen Blick. »Ich habe nicht viel mitgemacht, gerade mal zwei Weltkriege, eine Revolution, eine Inflation, zwei Emigrationen, that's all.«

»Ins Exil sind Sie ein gutes Jahr vor den meisten Ihrer Leidensgenossen gegangen«, frage ich, »war dieser folgenreiche Schritt nicht, gemessen an dem, was Sie damals ahnen konnten, eine sehr heftige Reaktion auf ein isoliertes Ereignis?«

Karriere beim Film: Ereignis?«

Paul Falkenberg, »Vielleicht habe ich es deshalb so stark empfun-

Assistent von G. W. den«, sagt Falkenberg und schaut noch um einiges

Pabst, in Berlin (1929) abweisender, »weil ich dergleichen nicht ge-

wöhnt, weil ich nicht abgestumpft war. Ob Sie es mir glauben oder nicht, das ist das erste Mal gewesen, daß ich aktivem Antisemitismus begegnet bin. Die meisten haben damals in Deutschland derlei in der Schule oder sonstwo erlebt, und ich wußte, daß es das gibt, aber persönlich habe ich nie zuvor, und übrigens auch nie danach, eine solche Erfahrung machen müssen.«

Falkenberg beugt sich vor und stützt sich dabei auf die geschnitzte Armlehne seines Stuhls. Die Erinnerung an die frühen dreißiger Jahre macht ihn auf eine stille Art wütend, seine Jugend jedoch rekapituliert er nicht ungern:

Am 26. Oktober 1903 wurde Paul Victor Falkenberg in Berlin geboren. Die Eltern, beide Lehrer, dachten liberal, und so wuchsen Paul und die zwei Jahre jüngere Schwester Hannah in eine weltoffene jüdische Tradition hinein, »religiös, aber ohne koschere Mahlzeiten«.

Gerade sechzehn Jahre alt, als der Erste Weltkrieg und mit ihm die Wilhelminische Epoche endeten, hatte Falkenberg seine prägenden Bildungserlebnisse in der Weimarer Republik. Nach dem Abitur studierte er Altphilologie und Theaterwissenschaft in Heidelberg, Köln und Berlin und reichte eine Promotion zum Thema »Sprachpsychologische Elemente bei Gottfried Keller« ein. Überraschend erkannte man sein Zweitfach nicht an. Sich für das Rigorosum in ein anderes Gebiet einzulernen, weigerte er sich mit der schroffen Entschlossenheit, von der sein Lebenslauf immer wieder in neue Richtungen gelenkt werden sollte: »Da wollte ich nicht mehr.«

Falkenberg brach sein Studium unmittelbar vor dem Ende ab (»Weshalb ich als Wiedergutmachung später nur eine Abfindung und keine Rente bekam...«) und nahm eine Stellung bei Georg Wilhelm Pabst an, dessen magisch-realistische Filme im Umkreis der Neuen Sachlichkeit, vor allem »Die freudlose Gasse« und »Dreigroschenoper«, zu den Meisterwerken des deutschen Kinos vor Hitler zählen. Als Regieassistent war Falkenberg seit 1927 maßgeblich beteiligt an »Krise«, »Die Büchse der Pandora« – ein wunderbares Foto zeigt ihn am Anhalter Bahnhof beim Empfang von Louise Brooks –, »Tagebuch einer Verlorenen« und »Westfront 1918«.

»Sie wollen wissen, wie ich den heraufziehenden Nationalsozialismus erlebt habe?« Die Stimme des alten Manns klingt zornig: »Mehr oder weniger gar nicht. Weder Hitler noch Goebbels habe ich je reden hören. Das wäre unter meiner Würde gewesen. Ich habe auch nie verstanden, worin der Magnetismus von Hitler bestehen sollte. Und genausowenig habe ich natürlich ›Mein Kampf‹ gelesen.«

Falkenberg ist klug genug, um zu erkennen, daß er damit von sich selbst das typische Bild des fortschrittlichen Intellektuellen der Weimarer Zeit zeichnet: liberal bis »Links wo das Herz ist«, wie Falkenbergs Mitemigrant Leonhard Frank seine Autobiographie in Romanform nannte, aber eben im Grunde dieses Herzens an den aktuellen Auseinandersetzungen in der ersten deutschen Demokratie zutiefst desinteressiert.

Falkenbergs Erzählungen stimmen ein Leitmotiv der »Reise in die Verlorengegangenheit« an. Wie oft werde ich bei meinen Gesprächen mit ehemaligen Hitlerflüchtlingen, die heute durchweg sehr bewußt politisch denken und handeln, auf Erinnerungen dieser Art treffen, meist erzählt mit erkennbarem Staunen darüber, wie man einmal so naiv hat sein können. Und immer wieder werde ich hören, wie sich die Angehörigen des gebildeten Mittelstandes, einer zutiefst unpolitischen Schicht, unter dem Druck von Verhältnissen, die ein Verharren im Privaten lebensgefährlich werden lassen, zwangsweise »politisiert« haben.

Zu Falkenbergs erstem persönlichen Kontakt mit der Nazigewalt kommt es ironischerweise bei den Dreharbeiten zu einem der wenigen pazifistischen Filme des Weimarer Kinos. Als G. W. Pabst und sein siebenundzwanzigjähriger Regieassistent 1930 an »Westfront 1918« arbeiten, sind die ideologischen Auseinandersetzungen um die deutsche

Rolle im Ersten Weltkrieg, die in dem Kampf gegen Remarques »Im Westen nichts Neues« ihren Höhepunkt erreichen werden, bereits in vollem Gange.

In dieser gespannten Situation in Berlin einen Anti-Kriegsfilm zu drehen sorgt für unerwartete Schwierigkeiten und kuriose Begegnungen. Wie etwa verschafft man sich das für Schlachtszenen unentbehrliche Maschinengewehr? Die Reichswehr verfügt natürlich über reichlich Gerät dieser Art, aber nicht offiziell, da der Versailler Vertrag schwere Bewaffnung verbietet. Außerdem paßt den Herren Generälen die ganze Richtung nicht. Das gilt zwar auch für die einzige andere Gruppierung, die in Deutschland hochgerüstet ist: die SA. Es zeigt sich jedoch, als die Requisite über geheime Kanäle Verbindung mit einer illegalen Nazizelle aufnimmt, daß die Bürgerkrieger im Gegensatz zur Reichswehr das Geld der Filmproduktion nicht verschmähen.

Anti-Kriegs-Film: die Crew von »Westfront 1918« (Falkenberg 3. von rechts)

So erscheint eines Tages auf dem Drehgelände ein Braunhemd mit zwei Halbwüchsigen und einem Maschinengewehr. Fachmännisch setzen die Jugendlichen das Tötungsgerät zusammen. Während er die Arbeit beaufsichtigt, betrachtet ihr Anführer mit abschätzigem Blick die Filmleute, die für dieses pazifistische Machwerk über die Schrecken des Weltkriegs verantwortlich sind. Beim Abschied wendet er sich mit drohender Stimme zu dem Assistenten des berühmten Regisseurs:

»Ja, wenn wir rankommen, dann räumen wir aber auf.«
Falkenberg hielt die Waffenliebe der Nazis für kindisch, ihre Drohungen für pubertär. Doch die Gewaltphantasien der subalternen PGs entsprachen der offiziellen Parteilinie. »Wenn unsere Bewegung siegt«, verkündigte im selben Jahr Adolf Hitler ungestraft in dem Gerichtssaal eines noch demokratischen Staates, »dann werden Köpfe in den Sand rollen.«

Als der Mordwille, da ihm niemand wirklich entgegentrat, drei, vier Jahre später triumphierte, teilte sich das deutsche Volk in Henker und Opfer. Wer sich nicht entscheiden konnte oder wollte, geriet zwischen die Fronten.

Einer, dem es nicht gegeben war, seine moralischen Neigungen über seinen Opportunismus siegen zu lassen, wurde G. W. Pabst. Er kehrte dem Nazireich zwar zunächst den Rücken, kam jedoch nach Mißerfolgen in Frankreich und den USA kurz vor Kriegsbeginn zurück und drehte in den frühen vierziger Jahren Propagandawerke mit NS-Tendenz wie zum Beispiel »Paracelsus«, das bombastische Porträt eines dämonischen Genies, dessen glorifizierte Züge dem »Führer« nachgestaltet sind. In den Wiederaufbaujahren hat Pabst dann mit aufklärerisch-liberalen Filmen, darunter einer moralisierenden Attacke gegen Antisemitismus, zu reüssieren versucht.

Nachdem »Westfront 1918« fertiggestellt war, wechselte Falkenberg nicht nur den Arbeitgeber, sondern auch den Beruf. Der Tonfilm, dessen Einführung auf breiter Basis in

Deutschland erst zu Beginn der dreißiger Jahre erfolgte, verlangte für das Schneiden der Filme spezielle Kenntnisse und ästhetische Wahrnehmungsweisen, die den etablierten Stummfilmern fremd waren.

»Sogar Leute wie Pabst und Lang, die sich ausgiebig mit der Tontechnik und dem neuen Schnittverfahren beschäftigt hatten, ließen die Finger davon. Zum erstenmal verzichteten sie darauf, ihre Filme selbst zu schneiden.«

Falkenberg erkannte die Chance, die in dem zukunftsträchtigen Kunst-Handwerk lag, und absolvierte 1930 bei der *Tobis*-Klangfilm eine Ausbildung zum Schnittmeister.

»Nachdem ich dort meine Gesellenmonate hinter mich gebracht hatte, sah ich es sozusagen als meine Verpflichtung an, mir gute Regisseure auszusuchen. Im *front office* sagten sie: ›Wir haben auf dem Menü Dreyer, Granovsky und Lang.‹ Und da sagte ich: ›Dann geben Sie mir mal Lang.‹«

So kam er zu dem »Metropolis«- und »Mabuse«-Regisseur Fritz Lang und arbeitete mit ihm an einer Produktion, die zu den bedeutendsten des Weimarer Kinos zählt: »M«, die Geschichte der Massenhysterie um einen Kindermörder – und zugleich eine deutliche, teils phantastisch, teils sehr realistisch inszenierte Parabel über den allgemeingefährlichen Zustand der deutschen Gesellschaft in der Zeit vor der Machtübernahme der Nazis. Die bezogen auch prompt, schlechtes Gewissen verrät, den Arbeitstitel »Mörder unter uns« auf sich und versuchten, die Dreharbeiten zu verhindern.

Lang war überrascht. Der Film hatte zwar aktuelle Bezüge, jedoch hielt der Regisseur sich und seine Arbeit für durchaus »unpolitisch«. Ihm ging es um eine Welle von Massenmorden, die zu jener Zeit die Öffentlichkeit erschreckten. Aufklären und der »entsetzlichen Angstpsychose der Bevölkerung« entgegenwirken wollte er: »Kann dieser Film der Tatsachenberichte«, schrieb Lang damals, »dazu beitragen, wie eine mahnend und warnend erhobene Hand auf die unbekannte lauernde Gefahr hinzuweisen, auf die chronische Gefahr, die im ständigen Vorhandensein krankhaft oder kriminell belasteter Menschen als gewissermaßen latenter Brandherd unser Dasein... bedroht, und kann der Film ferner dazu beitragen, vielleicht doch dieser Gefahr vorzubeugen, so hat er damit seine beste Aufgabe erfüllt und aus der Quintessenz der in ihm zusammengetragenen Tatsachen die logische Folgerung gezogen.«

Zwei Emigranten in spe: Paul Falkenberg zeigt Peter Lorre Muster von »M« (1931) Nicht nur diese Absichtserklärung ließ sich mühelos auf die Gefahr namens Nationalsozialismus beziehen, auf den wachsenden Terror der bereits über vierhunderttausend Schläger starken Sturm-

truppen, auf den »krankhaften« und »kriminellen« Haß, der sie antrieb. Auch in Langs Film selbst fallen die Parallelen zur uniformierten Gewalt auf, die inzwischen die Straßen der Weimarer Republik beherrschte. Rückblickend scheint »M« in seiner Ineinssetzung von organisiertem Verbrechen und staatlicher Gewalt, in seiner »logischen Folgerung« aus beobachteten Tatsachen ein geradezu prophetisches Werk. Der Film, am 11. Mai 1931 uraufgeführt, »machte« Paul Falkenbergs Namen ebenso, wie er Langs Reputation als wichtigster Regisseur des deutschsprachigen Kinos festigte.

»Ja, der Lang«, sagt Falkenberg und lehnt sich weit zurück, als wolle er zusätzliche Distanz gewinnen, »der war von Haus aus ein Schwein und hat sich scheußlich benommen, auch mir gegenüber, auf eine heimtückische, stille Weise.« Er registriert meinen fragenden Blick. »Kleinliche Schikanen, ganz unbedeutende Sachen, doch mit viel Überlegung.« Er setzt zu einer wegwerfenden Handbewegung an, stoppt sie aber in halber Höhe. »Als wir uns im Exil wiedersahen, wurde er süß wie Zucker. Das letzte Mal traf ich ihn 1967, das Bild hängt dort in der Ecke.«

Falkenberg zeigt auf ein Foto, auf dem drei Männer zu sehen sind, rechts eine jüngere beleibte Version seiner selbst, in der Mitte der New Yorker Filmhistoriker Lewis Jacobs und links außen ein siebenundsiebzigjähriger bulliger Lang mit einer schwarzen Piraten-Augenklappe.

Falkenberg grinst jetzt spitzbübisch. »Geheult hat er, wie er mich gesehen hat... Das Alter, nicht wahr.« Sein Gesicht sagt dabei: Alt und klapprig bin ich inzwischen selbst geworden, aber weich im Kopf? Keine Spur. »Tja, außer ›Fury‹ ist ihm dann kein Film mehr gelungen, der filmgeschichtlich nennenswert wäre.«

Nicht nur, daß ich keineswegs seiner Ansicht bin – »Woman in the Window« etwa und »The Big Heat« sind Meisterwerke –, wie kommt Falkenberg darauf?

»Generell ist die Osmose von Amerika so stark, daß niemand dagegen anschieben kann, und Lang hat sich noch besonders amerikanisiert, denken Sie an ›Western Union‹.« Falkenberg zuckt mit den Schultern. Dann sagt er in einem Tonfall, als müsse er Lang, den Mitemigranten, vor der Nachwelt entschuldigen:»Aber die meisten Regisseure haben in ihrem Leben nur zwei, drei gute Filme gemacht, bei Pabst war es ›Die Liebe der Jeanne Ney‹ und ›Dreigroschenoper‹. Und in der Literatur ist es dasselbe. Von Conrad Ferdinand Meyer sind vier Gedichte unvergeßlich, von

Spätes Wiedersehen: Mörike zehn, von Claudius zehn, von Goethe –
Fritz Lang und Paul na, da schwank' ich, da nehm' ich auch noch ande-
Falkenberg im New res in Kauf, weil er viel zu bieten hat. Also, war-
Yorker Museum of um soll ich von einem normalen Regisseur wie
Modern Art (1967, in der Lang mehr als zwei sehr gute Filme verlangen?
Mitte Lewis Jacobs) ›Der müde Tod‹ und ›M‹. Alles andere fällt ab.«

»Haben Sie im Exil, in Frankreich oder Amerika, mit ihm noch einmal gearbeitet?«

»Nein, es hat nie wieder geklappt.«

Beider Wege kreuzten sich nur noch selten. Als Falkenberg 1932 in Paris eintraf, wartete auf ihn zwar eine Anstellung. Das Projekt, ein Maigret-Krimi, zerschlug sich jedoch. Nach Machtübernahme und Reichstagsbrand strömten Tausende von Emigranten in die französische Hauptstadt. Der frühe Flüchtling wurde eingeholt vom Massenexodus. Wie fast alle erhielt Falkenberg keine dauerhafte Arbeitserlaubnis, und wie für die meisten begann nun auch für ihn ein jahrelanges Nomadenleben. Ein Wanderarbeiter in Sachen Filmkunst, pendelte er zwischen London, Wien und Paris, er arbeitete in Italien, in der Schweiz und in Spanien. Einzig feste Station blieb Paris, wo das Ehepaar sich eine kleine Wohnung einrichtete.

Falkenberg steht auf, geht zu einem der Bücherregale und kommt mit einem Album zurück. Nach kurzem Blättern findet er ein Foto aus diesen Jahren: ein halbleerer Raum, kahle helle Wände, auf dem Boden ein kissenbedecktes Matratzenlager, ein Piano rechts in der Ecke, dazwischen offene, halbausgepackte Koffer. Die beschränkten Lebensumstände des Exils wirken moderner als die gutbürgerliche New Yorker Gegenwart.

14

HORROR HOLLYWOOD »Der Gedanke, nach Amerika zu kommen, war für mich perhorreszierend«, sagt Falkenberg mit viel Selbstironie.

Doch die Nachrichten, die Mitte der dreißiger Jahre mit dem nicht nachlassenden Flüchtlingsstrom aus Deutschland drangen, wurden nicht besser, sondern schlechter: Die NS-Herrscher saßen fest im Sattel, der Rückhalt in der Bevölkerung war überwältigend. Wer nicht zu der Mehrheit gehörte, die das barbarische Treiben billigte, schloß vor der alltäglichen Gewalt, vor politischem Mord und vor der brutalen Diskriminierung der jüdischen Bürger die Augen. Für die Anti-Nazi-Flüchtlinge bestand keinerlei Aussicht, in absehbarer Zeit zurückkehren zu können. In den europäischen Exilländern aber wurde die Lage zunehmend prekärer. Das Dritte Reich weitete seinen Machtbereich konsequent aus, und auch die eingekreisten Demokratien verschärften, teils aus Fremdenfeindlichkeit, teils aus Furcht vor Hitler-Deutschland, die Restriktionen gegenüber den Emigranten. Als letzte Hoffnung drohte am Horizont mehr, als es lockte, Amerika. Die wenigsten wollten dorthin, aus Gründen, die ihnen selbst heute nurmehr schwer verständlich sind.

»Ich hatte jedes Vorurteil«, sagt Falkenberg, »das ein dummer deutscher Intellektueller haben konnte: daß es ein Land ist, in dem die Freiheit mit Füßen getreten wird, in dem gebildete Menschen gar nichts zu sagen haben – anti Kunst, anti Kultur.«

»Woher hatten Sie dieses Amerikabild?«

»Nun, das waren so Sachen, die man sich in einem Berliner Kaffeehaus holte: eine unverfrorene Überheblichkeit, die auf nichts beruhte als auf völliger Unkenntnis. Ich wußte nichts über Amerika. Einzig die Literatur kannte ich ganz gut, ich hatte Maxwell Anderson gelesen, Upton Sinclair und Sinclair Lewis. Aber sonst – nichts, nichts. Kaum einer von uns war ja hier gewesen, wir hatten keine Ahnung von der Vitalität dieses Landes, seiner großen Liberalität.«

Ich muß an Brechts Verse aus den zwanziger Jahren denken: »Ich höre Sie sagen: / Er redet von Amerika / Er versteht nichts davon. / Er war nicht dort. / Aber glauben Sie mir / Sie verstehen mich sehr gut, / wenn ich von Amerika rede. / Und das Beste an Amerika ist: / Daß wir es verstehen.«

Brecht wie Falkenberg erlebten ihren Irrtum, und nicht nur das haben sie gemeinsam: Beide Männer waren, Modernität hin und linke Gesinnung her, so sehr europäische

Bildungsbürger, daß sie den alten Kontinent nicht verlassen wollten, Hollywood aus ganzem Herzen haßten und dementsprechend mißerfolgreich waren; beide arbeiteten mit Fritz Lang und Peter Lorre; zu beider Flops gehörten Drehbücher für die ebenfalls emigrierte Elisabeth Bergner; beide »Hollywood-Nieten« lebten von den Unterstützungen des *European Film Fund,* beide zogen New York der Filmmetropole vor... Mir kommt plötzlich eine Idee.

»Haben Sie Brecht eigentlich persönlich gekannt?« frage ich ganz entgegen der Chronologie.

»In Berlin? Nein.«

»Und in Amerika?«

»In Hollywood auch nicht, aber hier in New York. Ich war mal eingeladen in der 54. Straße, wo er mit der Ruth Berlau gewohnt hat. Dort wurde diskutiert, was nach dem Kriege mit Deutschland geschehen sollte. Ludwig Marcuse war da und der Alfred Kantorowicz. Ich habe mich nicht beteiligt. Es tat mir leid, daß ich überhaupt hingegangen war.« Falkenberg verzieht das Gesicht. »Denn für mich war und ist Brecht einer der größten Dichter aller Zeiten. Und er war so ein Ekel von Mensch, ein Widerling erster Güte. Er trug eine verdreckte Chinesenjacke, hatte einen zynischen Zug im Gesicht und immer eine kalte Zigarre im Mund; und dann diese vulgären ... die Weiber, die mit dem Arsch um ihn rumtanzten. Ich fand es zum Kotzen.«

Doch das alles geschah viel später, nicht lange, bevor Brecht nach Europa zurückging und Falkenberg amerikanischer Staatsbürger wurde, am Ende des US-Exils, das für beide Mitte der dreißiger Jahre noch nicht einmal begonnen hatte.

Damals, als die Lage in Europa allzu bedrohlich wurde, schrieb Alice Falkenberg schließlich an ihre Cousine in Amerika und fragte an, was ein Affidavit sei. Statt einer Antwort erhielt sie es. So beantragten die Falkenbergs das ungeliebte Visum. Es wurde sofort bewilligt, kaum jemand wollte in die USA.

»Das war kurz bevor Österreich an die Nazis fiel. Danach standen in Paris lange Schlangen ums amerikanische Konsulat.«

»Haben Sie mit Bekannten über Ihre zweite Emigration diskutiert?

»Ja, natürlich. Ich erinnere mich, wie ich Leonhard Frank in einem Café in der Rue Royal traf und sagte: ›Hallo, Frank, ich fahre übermorgen nach Amerika.‹ Sagt er: ›Ich bleibe.‹ Da hab' ich ihm die Hand geschüttelt, ›Kämpfen Sie schön für Daladier‹ gesagt und bin weggegangen. Bei Kriegsausbruch wurde er natürlich gleich in ein Camp gesteckt, später kam er dann auch rüber. In Amerika habe ich ihn leider nie wiedergetroffen, konnte also keine bösartige Bemerkung machen.«

Falkenbergs Augen blitzen amüsiert hinter der großen, dunklen Brille, die sein schmales, leicht eingefallenes Gesicht noch schmaler erscheinen läßt.

»Die meisten Intellektuellen in Europa«, sagt er mit Nachdruck, »wollen ja nicht lernen. 1953, als ich drüben war, hieß es immer: Gehst du zurück in die USA? Da ist doch McCarthy! Denen habe ich gesagt: McCarthy wird innerhalb kürzester Zeit verschwinden und nichts als ein Spuk gewesen sein.« Falkenberg, sonst eher reserviert, wird emphatisch. »Ich baue auf den inneren Freiheitswillen des amerikanischen Volkes, und bis zum heutigen Tage habe ich immer recht behalten.«

Damit sich das negative Amerikabild des deutschen Emigranten zur Begeisterung wandelte, brauchte es jedoch einige Zeit der Eingewöhnung und der Suche nach dem richtigen Platz in der neuen Umgebung. Als Alice und Paul Falkenberg 1938 auf einem norwegischen Frachtschiff in San Pedro eintrafen, dem Hafen von Los Angeles, folgte auf die europäischen Schrecken für sie wie für so viele Flüchtlinge ein schwieriges Überleben in den USA.

»Oh, alles war sehr merkwürdig. Wir wurden abgeholt von dem Filmarchitekten Ernö Metzner und seiner Frau.«

Mit Metzner, ehemals Assistent von Lubitsch und Pabst sowie Dokumentarfilmer im Auftrag der SPD, war Falkenberg aus Berliner Zeiten befreundet. »Am nächsten Tag gingen die mit uns auf eine Bank, wo ich die paar Kröten, die ich gerettet hatte, einzahlte. Und da habe ich meine erste Lektion in Amerikanismus bekommen. Der Mann hinterm Schalter nimmt meine Personalien auf und sagt: ›Here you are, Paul, I fixed you up.‹ Ich sage: ›Wieso nennt er mich Paul, ich hab' den Mann doch in meinem Leben nicht gesehen?‹ Darauf sagen die Metzners: ›Das ist Amerika, hier geht's gleich mit dem Vornamen los.‹ Das war eine nette Einführung.«

Falkenberg, aufgewachsen in einer Welt, in der selbst jahrzehntelange Freunde sich siezten, schüttelt den Kopf, als könne er es bis heute nicht glauben. Besonders aber befremdete ihn der Wohlstand, der im Alltag allgegenwärtige Überfluß.

Die Falkenbergs zogen in die Nähe von Beverly Hills. »Wir haben es uns in der Emigration zur Regel gemacht«, erklärt er, »ein bißchen mehr für die Wohnung auszugeben, weil man so weniger im Kaffeehaus sitzt, also spart man.« In Hollywood und Umgebung war das allerdings eine ziemlich unangebrachte Vorsichtsmaßnahme: »In welche Lokale wollte man gehen? Kaffeehäuser gab's doch nicht.«

Auf dem unbebauten Grundstück neben ihrem Haus sah Falkenberg eines Tages einen großen Stapel Holzbalken von tadelloser Qualität. Als sich niemand um sie kümmerte und das kostbare Material zu vermodern begann, fragte der Einwanderer den Hausmeister:

»Was ist eigentlich los? Wieso liegen die da rum?«

»Ach«, sagte der, »da haben sie eine Maschine abgeladen, das ist die Verpackung.«

»Schluß. Das war's«, erinnert sich Falkenberg. »Damit hätte man in Berlin zwei Laubenkolonien gebaut. Das war keine Nachlässigkeit, sondern Prinzip. Die totale Verschwendung.« Er schüttelt den Kopf. »Oder, ein andermal, da hat meine Frau in dem Studio eines Fotografen gearbeitet, und als sie versuchte, das teure Fotopapier bis zum letzten Fitzelchen auszunutzen, hat der sie angeschnauzt: ›Don't waste your time, waste paper!‹ Daran mußte man sich erst mal gewöhnen...«

Zum Wohlstand gehörte auch der Umstand, daß jedermann motorisiert war, ein durch das Fehlen öffentlicher Verkehrsmittel notwendiger, aber in Europa unvorstellbarer Luxus. Falkenberg schaffte einen gebrauchten Fünfzig-Dollar-Wagen an: »Autofahren hab' ich immer gehaßt, es hat mir nie Freude gemacht.«

»Trafen Sie in Hollywood viele Bekannte aus Berlin wieder?«

»Ja, es gab damals schon eine ganze Menge Emigranten, aber ich hab' nicht mit Filmleuten verkehrt, wenn ich nicht mußte. Das war ein kleiner Kiez, ein Klein-Schtetl. Alles sehr eng, bei den Amerikanern übrigens wie bei den Emigranten: Jeder sprach nur von Film, nachts träumte man davon, und tagsüber diskutierte man darüber. Film, Film, Film... und immer Hollywood-Film, nichts anderes.«

»In Los Angeles lebten auch viele Flüchtlinge, die mit Film wenig zu tun hatten...«

»Ein paar, gewiß.«

Falkenberg denkt nach, dann fällt ihm ein Freund ein, der mit den Studios insofern kaum in Verbindung zu bringen ist, als er dort so gut wie nichts zustande brachte.

»Wissen Sie, wie der Walter Mehring einen gemeinsamen Bekannten von uns begrüßt hat, als wir ihn in Hollywood trafen?« Falkenberg wartet mit dem Erzählen, bis ich brav den Kopf geschüttelt habe. »›Sie sehen besser aus als beim letzten Mal‹, rief der Mehring dem zu, ›Sie werden sich wahrscheinlich nicht erinnern, das war in Südfrankreich, da trugen Sie Handfesseln und wurden gerade abtransportiert, auf einem Lastwagen...‹«

Falkenberg, der amüsiert begann, wirkt plötzlich sehr betroffen. Schroff lehnt er sich in seinem Stuhl zurück. Man sieht ihm den festen Willen an, sich von den Erinnerungen nicht erschüttern zu lassen. Nur welche sind es?

Er hat die Schrecken der französischen Lager nicht erleben müssen, er konnte das Land verlassen, bevor der Preis für ein Ticket ins Unermeßliche stieg, bevor deutsche U-Boote die Fahrt über den Atlantik lebensgefährlich machten, bevor das Frankreich der Kollaborateure den Hitler-Gegnern zur Todesfalle wurde. Falkenbergs Reaktion auf die Mehring-Anekdote ist mir ein Rätsel. Daß die Lösung mit dem harmlosen Wort »Lastwagen« zusammenhängt, verstehe ich erst später.

»So reizende Geschichten waren das«, sagt Falkenberg, als er sein Gleichgewicht wiedergefunden hat.

Vorsichtig beschränke ich mich bei meinen nächsten Fragen aufs Filmreich und erfahre, daß die Distanz zwischen den erfolgreichen Neu-Hollywoodianern und den ärmlichen Ankömmlingen wie Falkenberg damals zu einem gewissen Teil auf Gegenseitigkeit beruhte: Auch mancher Emigrant hielt sich an einheimische Sitten wie die, Menschen verschiedener Einkommensklassen nicht auf dieselben Feste zu bitten.

»Natürlich wurde ich nicht eingeladen zu bestimmten Parties, wo Leute mit zweitausend Dollar die Woche hinkamen. Es hätte die ja in Verlegenheit bringen können, wenn ich nach einer Arbeit gefragt hätte.« Denn hinter der war Falkenberg dringend her, zweieinhalb Jahre meistens vergeblich. »Um eine Stellung zu kriegen in einem der großen Studios, mußte man Mitglied der Gewerkschaft sein. Um Mitglied der Gewerkschaft werden zu können, mußte man einen Job haben. Das war ein Circulus vitiosus, aus dem ich nie herausgekommen bin.«

Also versuchte er sich als freischaffender Drehbuchautor. Die Sprachbarriere zwang die eingeschworenen europäischen Individualisten zur Zusammenarbeit mit amerikanischen Partnern, zum Schreiben im Team. Fred Zinnemann, ebenfalls Emigrant und, anderthalb Jahrzehnte vor »High

Noon«, noch ein unbekannter Kurzfilmregisseur bei MGM, brachte Falkenberg mit einem jungen Yale-Absolventen zusammen. Doch die gemeinsamen Anstrengungen des filmunerfahrenen Amerikaners und des Amerika-unerfahrenen Filmexperten gediehen nicht über ein langes Treatment hinaus.

»Ich hatte in Hollywood kein Glück mit meinen Geschichten.« Dazu trug nicht wenig die Unkenntnis von Hollywoods heimlichen Riten, Selbstverständlichkeiten und »Don'ts« bei.

»Die Frau vom Dieterle hat mich mal gefragt, was ich gerade tue«, erinnert sich Falkenberg, »und ich habe ihr geantwortet, daß ich an einem Treatment über Simon Bolivar sitze. Da sagt sie: ›Wer ist denn das?‹ Also, ich mußte ihr erst mal den Namen buchstabieren und dann erzählen, was dieser Mann so gemacht hat. Das war an einem Donnerstag. Am Montag stand im *Hollywood Examiner*, daß *Warner Brothers* einen Film über Simon Bolivar planten.« Falkenberg lacht. »So ging das. Die haben den Film natürlich nie gedreht, aber das konnte ich ja damals nicht wissen, also war die Sache wieder nichts. Ein andermal schrieb ich eine Gestapo-Schnulze für Elisabeth Bergner, ich weiß gar nicht mehr, was genau. Wir verkauften verschiedene Optionen, hatten Achtungserfolge, doch nie Geld.«

Zu den zerschlagenen Projekten gehörte auch eine modernisierte Adaption des »Golem«-Mythos, die im okkupierten Frankreich der Gegenwart spielen und bei der Fritz Lang die Regie führen sollte.

Manchen Monat kamen die Falkenbergs allein mit Hilfe des *European Film Fund* über die Runden. »Fünfzehn Dollar die Woche, die ich mit Zins und Zinseszins zurückgezahlt habe.«

Nur ein einziges Mal fand Paul Falkenberg einen *regular job*, für drei Monate als technischer Leiter und Dialogregisseur für »The Man I Married«, einem frühen Anti-Nazi-Melodram, in dem Joan Bennett bei einer Europareise mit

Schrecken entdecken muß, daß ihr deutschstämmiger Ehemann Francis Lederer geheime Verbindungen zu den Nazis pflegt. Mit von der Partie in die Alte Welt waren zahlreiche Emigranten, deren Akzent hier ausnahmsweise nicht störte, darunter Ernst Deutsch – in einer winzigen Nebenrolle, die er in Deutschland empört abgelehnt hätte –, Ludwig Stoessel und die Russin Anna Sten.

»Der große Ernst Deutsch spielte einen Butler, der furchtbar verschworen aussah«, erinnert sich Falkenberg. »Und Anna Sten erzählte mir von Majakowski.« In seine Augen tritt etwas, das mit leichtem Leuchten noch zu vorsichtig beschrieben ist. »Stellen Sie sich vor, 1940 bei den Dreharbeiten, in diesem Milieu, wo kein Mensch wußte, wer Majakowski war, rezitierte sie mir seine Liebesgedichte! So hatte Hollywood manchmal seine hellen Seiten.«

»Anti-Nazi-Filme leisteten, zumal vor dem Kriegseintritt der USA, doch einiges an politischer Aufklärung«, setze ich an. »Empfanden Sie Ihre Mitarbeit als politisches Engage...«

Falkenberg macht eine abwehrende Handbewegung, die bedeutet: Was für eine unsinnige Idee, Hollywood und politisches Engagement! »Ach, das war mäßig, wie alles in Hollywood: gedämpfter Realismus mit Schnulzenbelag«, sagt er. »Ohnehin waren die Studios anfangs höchst ungern dabei, Anti-Nazi-Filme zu machen, weil sie viel Geld investiert hatten in Deutschland und es nicht verlieren wollten.«

»Und welchen Eindruck hatten Sie in künstlerischer Hinsicht? Veränderte die Elite des deutschen Films in Hollywood etwas?«

»Nein, alles ging weiter nach Schema F, es gab nur ein Minimum von europäischer Tünche, hier und dort. Nicht Hollywood, die Emigration hat sich verändert, amerikanisiert. Leider.«

Aufgewachsen mit den Filmen, die damals entstanden sind, finde ich sehr viele von ihnen keineswegs mäßig, im Gegenteil, die Studioproduktionen der dreißiger und vierziger Jahre schätze ich als »Klassik« des internationalen Kinos. Aber was soll ich dem Hollywood-Haß des begeisterten Amerikaners entgegensetzen? Daß Falkenberg ebenso Jazz, Musical, Popmusik, Nachrichtenmagazine, Fernsehen und natürlich das amerikanische Gegenwartskino verachtet, daraus macht er kein Geheimnis:

»Ich kann mich mit dem Zeug nicht beschäftigen, es stiehlt einem nur die Zeit. Hier an der Wand sehen Sie einige der Bücher, im Vergleich zu denen all das keine Chance hat.«

»Was originär amerikanisch ist«, sage ich vorsichtig, »mögen Sie nicht besonders ...?«

»Ich finde das nicht originär amerikanisch«, unterbricht mich Falkenberg. »Das sind Aspekte der Medienkultur, denen Sie in keinem Land der Welt entgehen. Das ist ja das Traurige, es gibt nirgendwo eine Ecke, wohin man sich davor flüchten kann, wo man denkt: Ja, das sind die guten alten Zeiten. Die tragen überall dieselben Bluejeans, dieselben T-Shirts ...«

»Dann sind Sie vor fünfzig Jahren gewissermaßen in die Zukunft gereist, als Sie nach Amerika gekommen sind?«

»Ja, so könnte man sagen. Aber ich hatte keine Ahnung« – Falkenbergs Stimme klingt noch im nachhinein erleichtert –, »daß ausgerechnet das die Zukunft sein würde.«

Der avancierte Exponent einer avancierten Medientechnik, der meisterliche Tonfilmcutter, spricht jetzt über die Kunst des Spielfilms wie der abgefallene Adept einer die Seelen verwirrenden Sekte. »Ich war ja Teil dieses fürchterlichen Phänomens. Da ich es nicht besser wußte. Ich dachte, da liegt meine Arbeit, meine Aufgabe, und so hab' ich mitgeheult mit den Wölfen.«

Plötzlich verstehe ich: Falkenberg ist gar kein begeisterter Amerikaner, er ist begeisterter New Yorker. Und von New York begeistert ist er nicht, weil es eine amerikanische, sondern weil es die europäischste aller amerikanischen Großstädte ist, weil in manchen der unzähligen sozialen Ghettos der Stadt auf wunderbare Weise die Überreste eines an seinem Ursprungsort weitgehend vernichteten oder nur als Attitüde rekonstruierten *intellectual way of life* überlebt haben – ungefähr so zeitgemäß und genuin amerikanisch wie die importierten Klöster des Mr. Rockefeller, aber auch so überwältigend reichhaltig wie die klassische Moderne in den New Yorker Museen. Europäische Kultur, die in Europa ihresgleichen sucht.

Während Falkenberg in alten Briefen und Fotoalben nach Material kramt, das seinen Besucher interessieren könnte, finde ich endlich Zeit, mich umzuschauen. Welche Rolle Bücher im Leben der Falkenbergs spielen, ist zu sehen und zu spüren. Der Auswahl alter Möbel, einer Vielzahl von Einzelstücken verschiedenster Epochen, merkt man an, daß sie wohl nicht ererbt, sondern in erschwinglichen Antiquitätenläden zusammengekauft wurden. Etwas weniger penibel aufgeräumt und etwas weniger vollgestellt, und man könnte meinen, in der großstädtischen Altbauwohnung eines bundesdeutschen »Kulturschaffenden« zu sein. Einzig die Metallbox der unvermeidlichen Klimaanlage unter dem Fenster, obwohl allemal so altertümlich wie der Rest der Wohnung, stört diesen europäischen Eindruck von Elitekultur und mühsam konserviertem Bildungsbewußtsein.

Falkenbergs Exil endet denn auch, das kann ich unschwer aus seiner Schilderung heraushören, nicht mit der Ankunft in Los Angeles, sondern zweieinhalb Jahre später, als der Hitler-Flüchtling zum erstenmal seinen Fuß auf Manhattan setzt.

15

NAZIHUREN AM MONUMENTALWERK Im Spätherbst 1941, kurz bevor die japanische Luftwaffe über Pearl Harbor herfiel und damit den fernen Krieg nach Amerika brachte, erhielt der arbeitslose Cutter ein Angebot. Es war nicht sonderlich lukrativ, aber es war das erste seit langem. Für fünfzig Dollar die Woche sollte er in New York einen Kurzfilm schneiden. Von Freunden lieh Falkenberg sich das Reisegeld.

»Neunundneunzig Dollar hin und zurück mit drei Mahlzeiten am Tag, das war irgendein Konkurrenzunternehmen zu Greyhound, das sich zu etablieren versuchte.« Anders als im ewig sonnigen Kalifornien fühlte sich Falkenberg in der Ostküstenmetropole sofort heimisch. Doch so kurz wie der Film war auch sein Engagement. Als es beendet war, wußte Falkenberg, daß er unter keinen Umständen zurück in das pazifische Paradies wollte.

»Geh mal beim *Museum of Modern Art* vorbei«, riet ihm ein Kollege, »die machen Propagandafilme für Südamerika und brauchen Leute.«

Der deutsche Anti-Nazi-Flüchtling und der drei Jahre ältere Mann, bei dem er dort vorsprach, waren sich auf Anhieb sympathisch. Der Leiter des zwanzigköpfigen, dem *Museum* angegliederten *Bureau of Interamerican Affairs*, selbst erst 1939, nach der Niederlage der spanischen Republik, in New York eingetroffen, hatte sich wie Falkenberg lange arbeits- und mittellos durchschlagen müssen. Statt englisch, das beiden noch schwerfiel, redeten sie französisch miteinander – über ihr gemeinsames Schicksal und über gemeinsame »Bekannte«. Denn es waren die frühen Werke von G. W. Pabst und vor allem Fritz Lang, die den jungen Spanier in den zwanziger Jahren zum Kino bekehrt hatten.

»Als ich den ›Müden Tod‹ sah«, erzählt Luis Buñuel in seinen Erinnerungen, »spürte ich mit absoluter Gewißheit, daß ich Filme machen wollte... Etwas in diesem Film berührte mich zutiefst und wies mir meinen Weg.«

Ein anderes »persönliches« Thema, über das sich der spanische und der deutsche Emigrant sofort verständigen konnten, war Leni Riefenstahls Nazipropaganda-Meistermachwerk »Triumph des Willens«.

Buñuels erste Tätigkeit in New York hatte darin bestanden, für US-Regierungsbeamte eine Kurzversion des Films zusammenzustellen. Seine Fassung führte er zwei Kollegen vor: »René Clair war entsetzt von der Wirkungskraft... und sagte zu mir: ›Zeigen Sie das niemandem, sonst sind wir verloren!‹« schreibt Buñuel. »Chaplin dagegen lachte wie ein Irrer. Er ist vor Lachen sogar vom Stuhl gefallen.«

Auch Paul Falkenberg verband mit dem »Triumph des Willens« eine persönliche Erinnerung: das Ende der engen Freundschaft mit Walther Ruttmann, dessen avantgardistischer Stummfilm »Berlin. Die Sinfonie der Großstadt« zu den epochemachenden Zeugnissen des experimentellen Dokumentarkinos zählt. Ruttmann, einst Mitarbeiter von Erwin Piscator, hatte 1933 Deutschland zunächst verlassen. Wie so viele hatte er Schwierigkeiten, im Ausland Fuß zu fassen. Anders als die meisten gab er jedoch schnell auf. Über Italien kehrte er ins Nazireich zurück.

Zum letzten Mal hatten sich die beiden Freunde getroffen, als Falkenberg sich 1934 für einen kurzen Besuch nach Berlin wagte. Man sprach darüber, wie es Kollegen und Bekannten im Exil erging – den meisten schlecht. Falkenberg berichtete von dem Regisseur und Drehbuchautor Victor Trivas. Zusammen mit Hermann Kosterlitz, der in Hollywood unter dem amerikanisierten Namen Henry Koster zum Regie-Star aufstieg, hatte Trivas 1933 das Drehbuch zu »Großstadtnacht« verfaßt, einer der erfolgreicheren Produktionen der Pariser Filmemigration. An dem Unterhaltungswerk, das gleichzeitig in einer deutschen und einer französischen Version gedreht wurde, waren neben Trivas und Kosterlitz auf die eine oder andere Weise gut zwei Dutzend Berlin-Emigranten beteiligt, darunter Dolly Haas (Hauptrolle), ihr späterer Ehemann Hans Brahm (Dialogleitung), Fedor Ozep (Regie), Walter Mehring (Chansons) und Karol Rathaus (Musik). Danach aber saß Trivas, der erst 1940 in die USA gelangte und durch seine Mitarbeit an den Drehbüchern zu »Song of Russia« und zu Orson Welles' »The Stranger« eine zweite Karriere begann, auf dem trockenen und hatte viel Mühe, sich durchzuschlagen.

»Tja«, sagte Ruttmann und zuckte mit den Achseln, »der Trivas ist eben ein großartiger Mensch, und ich bin eine Hure.«

»Wieso?« fragte Falkenberg.

»Ich bin Assistent von der Riefenstahl und muß ein Manuskript schreiben für einen Film über den Parteitag.«

Noch machte Ruttmann sich über den Film und die geschichtsfälschenden Nazis lustig: »Ich kann nicht genug alte Parteigenossen auftun, das ist wahnsinnig schwer.«

Der Besucher aus dem Exil gewann den halbwegs erträglichen Eindruck, als sei es Ruttmann, der stets in finanziellen Nöten war und deshalb in den alten Berliner Zeiten auch schon mal einige Wochen bei Falkenberg und seiner Frau Alice gewohnt hatte, mit dem Riefenstahl-Job nur um die Beseitigung seiner chronischen Geldknappheit zu tun.

Sechs Wochen später aber, als Alice Falkenberg nach Berlin kam, sah alles anders aus. Ruttmann hatte sich vom zynischen Mitläufer zum Überzeugungstäter gewandelt. In seinem Manuskript, das er bereitwillig herzeigte, las Frau Falkenberg von »verzerrten jüdischen Börsianergesichtern« und von den Untaten »sinnlich-asiatischer schweinefressender...«.

Entsetzt blickte sie hoch und schaute den alten Freund an.

»Das tust du fürs Geld, nicht?«

»Meinst du...?«

»Wenn du solche Schweinereien machst, kann es nur sein, weil du Geld brauchst.«

»Nein«, sagte Walther Ruttmann der jüdischen Emigrantin ins Gesicht, »das ist meine Überzeugung.«

Dieser Satz besiegelte das Ende einer langen Freundschaft – ein Abbruch enger Beziehungen, wie er in jenen Tagen politischer Polarisierung und zunehmender Anpassung an den herrschenden Rassenwahn zehntausendfach geschah; hier jedoch aus geschichtsmächtigem Anlaß.

Denn Leni Riefenstahls Film über den Parteitag der NSDAP von 1934 ist nicht irgendein Propagandawerk. Fabriziert im persönlichen Auftrag Adolf Hitlers, der selbst nach Nürnberg reiste, um die letzten Vorbereitungen zu überwachen, und der nach Fertigstellung auch den Titel »Triumph des Willens« festlegte, wurde er zur künstlerischen *ultima irratio* des Führerkultes, ein laut offiziöser Presseverlautbarung »naturgetreues Kolossal-Gemälde von dem neuen Deutschland, wie es durch den Sieg der Bewegung als Triumph des sie tragenden Willens geschaffen wurde«.

Riefenstahl und Ruttmann, dessen alleiniges erstes Drittel des Films, der heroischen Vorgeschichte der Nazis gewidmet, später nicht verwendet wurde, gelang ein faschistisches Jahrhundertepos, das Goebbels zu der Formulierung hinriß: »... durchzittert vom Tempo der marschierenden Formationen, stählern in der Auffassung und durchglüht von künstlerischer Leidenschaft.«

Die monumentalen Bildkompositionen, die Riefenstahl & Co. zu einem nicht geringen Teil den Historienschinken des deutschen Stummfilms »entliehen«, vor allem Fritz Langs expressionistischen »Nibelungen«, verfehlen bis heute ihre fatale Wirkung nicht. »Nach ›Triumph des Willens‹«, schreibt Erwin Leiser in seinem Standardwerk über die NS-Propaganda-Maschinerie, »brauchte kein Film mehr über Hitler gemacht zu werden, und es wurde auch kein weiterer in Auftrag gegeben. Hier wurde er ein für allemal so gezeigt, wie er gesehen werden wollte.«

»Ruttmann und ich, wir haben sehr, sehr nette Zeiten zusammen gehabt«, sagt Falkenberg, und man kann ihm ansehen, daß er die bei so vielen Freunden und Bekannten erfahrene Schäbigkeit immer noch, nach zweiundfünfzig Jahren, einfach nicht begreifen kann. »Ich hätte nie gedacht, daß ausgerechnet er sich zu den Nazis schlagen würde. Wir haben einander nie mehr gesehen, er ist 1941 gestorben.«

Als Falkenberg damals, wenige Wochen nach Ruttmanns Tod, Luis Buñuel gegenübersaß, stellte der den Schnittmeister von »M« sofort ein. Der *chief editor* des Propagandakomitees für die lateinamerikanischen Länder und sein neuer

Cutter hatten anti-nationalsozialistische Filme auszuwählen und für den Einsatz in Südamerika zu synchronisieren. Die beiden arbeiteten zusammen, bis 1944 Buñuels Position unhaltbar wurde, weil man in Washington herausfand, daß er zusammen mit dem inzwischen ebenfalls in den USA lebenden Salvador Dalí 1928 ein obszönes Machwerk namens »Un Chien andalou« gedreht hatte. An dem Tag, als die amerikanischen Truppen in Afrika landeten, kam Buñuel dem Rausschmiß zuvor und kündigte. Falkenberg selbst blieb bis 1946 Angestellter des *Museum of Modern Art*. Fotos aus dieser Zeit zeigen ihn, einen gedrungenen massigen Mann mit Doppelkinn, im Schneideraum an der großen, verwirrend anzuschauenden schwarzen Moviola, während er den Spanien-Film »Choose to Live« montiert.

Mit seinen privaten Lebensumständen war er damals zum **Anti-Nazi-Propaganda:** erstenmal, seit er Berlin verlassen hatte, rund-**Paul Falkenberg an der** um zufrieden. Die New Yorker Atmosphäre be-**Moviola im Museum of** geisterte den Flüchtling, der nie anders denn als **Modern Art (1941)** Europäer leben wollte.

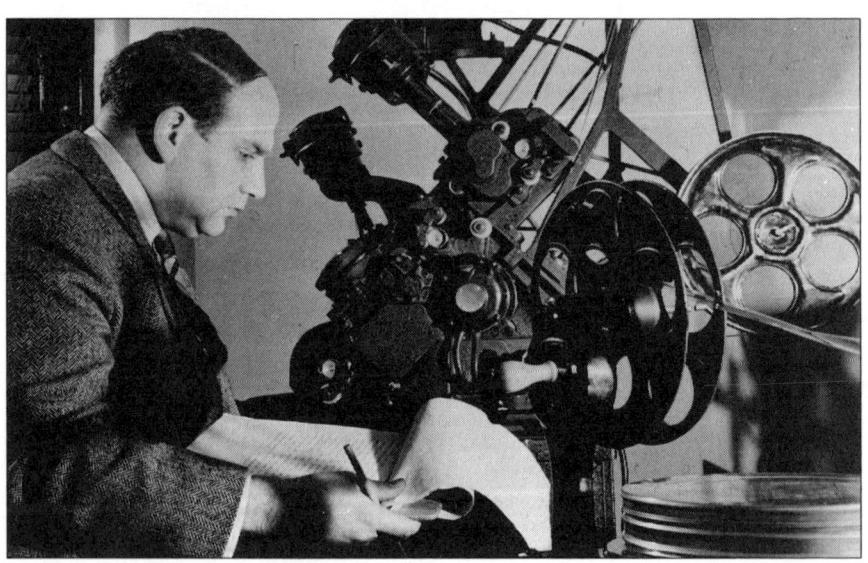

»Im *Museum* hörte man mehr Französisch als Englisch, und wenn man die *New York Times* aufmachte, konnte man denken, man hätte eine neuere Ausgabe von der *Vossischen Zeitung* oder vom *Berliner Tageblatt* in der Hand«, schwärmt Paul Falkenberg. »Ausstellungen, Konzerte, Lesungen, ich fühlte mich sofort zu Hause.«

Dank Hitler hatte die Stadt nicht nur Berlin als künstlerische und intellektuelle Metropole abgelöst. In New York lebten neben Künstlern, Musikern, Schriftstellern und Wissenschaftlern, die in der Weimarer Republik Rang und Namen gehabt hatten, zahllose Emigranten aus den Ländern, die von den Nazis besetzt worden waren, zum Beispiel die Ex-Pariser André Breton, Alexander Calder, Fernand Léger, Yves Tanguy, Claude Lévi-Strauss und Antoine de Saint-Exupéry. Der Alltag verlief in New York, der ersten Station so vieler Einwanderergenerationen, »europanäher«. Im Schatten der Skyline existierten die urbanen Treffpunkte, die den Ex-Berlinern im zersiedelten Los Angeles so schmerzhaft fehlten. Und es gab die Kneipen und Restaurants von Yorkville, mit Leberknödeln und Hackbraten, Wiener Schnitzeln und Königsberger Klopsen.

»War das etwas, was Sie im Exil vermißt haben, die deutsche Küche?« frage ich ihn.

»Ja, selbstverständlich. Es war keine Tragödie, aber man hat sich trotzdem gefreut, sie in New York wiederzufinden.«

»Haben Sie Lust, zum Lunch dorthin zu fahren?«

»Warum nicht?« sagt Falkenberg und scheint durchaus erfreut.

16

FREMD IN YORKVILLE Im Knödel-Ghetto wartete eine gespenstische Szenerie auf die Hitler-Flüchtlinge: In den Schaufenstern hingen Hakenkreuze, und uniformierte SA-Leute, amerikanische Staatsbürger deutscher Abstammung, patrouillierten auf den Bürgersteigen. In dem traditionellen deutschen Viertel an der 86. Straße Ost hatten einst die Freiheitskämpfer der 1848er Revolution Aufnahme gefunden, in den dreißiger Jahren jedoch wandelte sich die ehrwürdige Vaterlandsliebe zu einem eher perversen Götzendienst an Klein-Germania. In den Kinos liefen die Filme der Goebbels-Ufa im Original. Es gab deutschsprachige Theater und Bierkeller, in denen lederbehoste Buam Schuhplattler tanzten, und es gab auch Hitler-Verehrung und Antisemitismus. Die alten Yorkviller wahrten aggressiven Abstand zur neuen Welle der überwiegend jüdischen Emigranten, die sich zumeist in Washington Heights niederließen, dem »Vierten Reich«, wie die Neubürger selbst frotzelten.

Doch um die Zeit, als Falkenberg nach New York kam, änderte sich die Situation. Der Kriegseintritt der USA ließ die alteingesessenen Deutsch-Amerikaner eine radikale patriotische Wendung vollziehen: hin zu dem Land, dessen Staatsbürgerschaft sie besaßen.

»Waren Sie damals schon US-Bürger?« frage ich Paul Falkenberg, während das Taxi sich Meter für Meter durch den Mittagsverkehr vorwärtsschiebt, von der 76. Straße West durch den Central Park zur 86. Straße Ost.

Falkenberg schüttelt den Kopf. »Nein, das wurde ich erst 1944.«

»Bereitete Ihnen der deutsche Paß Probleme, nachdem Amerika den Krieg erklärt hatte?«

»Nicht wirklich. Zwar mußte ich als angeblich ›feindlicher Ausländer‹ der Polizei melden, wenn ich verreisen wollte. Wollte ich aber nicht. Und meine Frau, die Fotografin war, mußte ihre Rolleiflex abgeben. Da sie nicht mehr arbeitete, war ihr das völlig egal.«

»Und im Alltag, wenn man Sie an Ihrem Akzent als Deutscher erkannte?«

»Ach, im Grunde spricht hier kein Mensch richtig englisch, und mein Akzent ist verschwindend gering, manchmal ganz weg, kommt drauf an, wie müde ich bin. Und selbst wenn ich das Hollywood-Englisch der deutschen Komiker gesprochen hätte ... New York ist eine Stadt für Einwanderer, und man hatte auch während des Krieges keinerlei Schwierigkeiten mit irgendeinem Akzent.«

Das Taxi hält an einer belebten Geschäftsstraße. Fast ein wenig versteckt hängen hier mitten in New York ein paar deutschsprachige Reklameschilder. Sie werben für ein »Wurst Haus«, ein »Bremen House« oder für die »Kleine Konditorei«, den berühmten Emigrantentreff, der in zahllosen Memoiren und Exil-Romanen erwähnt wird. Von dem alten Yorkville scheint nicht mehr viel übrig. Die germanische Enklave verliert ständig an Boden. Ihre Kundschaft stirbt aus.

Falkenberg sieht sich kurz um. »Ich war lange nicht hier.«

Das Lokal, in das wir nach einigem Zögern eintreten, bietet eine Mischung aus Ex-Wienerwald-Atmosphäre und Rentner-Café. Gemütliche Tristesse, triste Gemütlichkeit. Die Speisekarte ist zweisprachig und offeriert ausschließlich »Hausmannskost«. Mitten in Manhattan, in Sichtweite der Skyscraper, wirkt die urdeutsche Umgebung geradezu unheimlich unzeitig, gespenstisch alt. Wie sonst nur in der DDR ist hier das Vorkriegsreich konserviert. Es ist, als stiege man in die Verliese einer Vergangenheit, deren Reize und Schrecken ich allein vom Hörensagen kenne, aus den zahllosen Erzählungen meiner Eltern und Großeltern, die von Gestellungsbefehlen und Bombennächten, Kriegsgefangenschaft und Hamsterfahrten handelten und mit der Währungsreform endeten.

»Wie haben Sie den Kriegsverlauf erlebt?« frage ich Falkenberg.

»Nun, mit Spannung natürlich.« Der alte Mann lächelt fast nachsichtig. »Nächtelang habe ich am Radio gehangen. Ich erinnere mich noch genau an den Tag der Invasion in der Normandie, den ganzen Abend über zog es sich hin, erst nachts um drei kam endlich die Meldung mit der aktuellen Landungszeit. Wir wohnten in einem Haus mit den Polgars, die waren uns furchtbar böse, weil wir sie nicht geweckt haben und sie es erst am nächsten Tag erfuhren.«

»Was war das für ein Gefühl, wenn Sie in den Nachrichten hörten, Berlin, Ihre Geburtsstadt, die Stadt Ihrer Jugend, wurde angegriffen, zerbombt?«

»Wissen Sie, man war emotional so involviert, daß man...« Zum erstenmal fehlen Falkenberg für Sekunden die Worte.»Also«, sagt er mit einem Ruck,»man hatte keine rationalen Attitüden mehr. Es war so, daß man am liebsten... Jeder hätte gern ein Maschinengewehr genommen und wär' durch deutsche Straßen gerannt und hätte ein paar Leute niedergeknallt. Wir wußten eben...«

Die Kellnerin kommt, in eine Mischung aus Dirndl und Krankenschwesterntracht gewandet, und nimmt die Bestellungen auf. Falkenberg scheint froh über die Unterbrechung.

»Mein Schwager wurde im KZ Oranienburg ermordet«, fährt er dann fort, wie um die Wut zu erklären, die trotz der langen Zeit eben wieder in ihm aufgestiegen ist,»und meine Mutter haben sie 1942 nach Theresienstadt verschleppt. Mein Vater war ja schon tot.«

Fast sagt er es erleichtert. Sein leerer Blick sieht mich nicht, und doch spüre ich ihn wie ein Gewicht auf meinem Körper. Ich weiß nichts zu sagen und schweige hilflos.

»Meine Mutter«, sagt Falkenberg schließlich,»konnte dann 1944 freigekauft werden – tausend Dollar und ein Lastwagen pro Jude.« Es klingt bitter, fast verzweifelt. Die Beleidigung des Menschenhandels ist unvergessen.

»Tausend Dollar pro Jude«, wiederholt Falkenberg,»und ein Lastwagen...«

»Lastwagen«, höre ich und erinnere mich:»Das letzte Mal, da trugen Sie Handfesseln und wurden gerade auf einem Lastwagen abtransportiert...«

»Wiedergesehen habe ich meine Mutter nie«, sagt Paul Falkenberg.»Sie hatte das Flugbillett, aber in der Nacht vor dem Abflug traf sie der Schlag.«

Das soßenschwere Essen wird serviert. Aus dem halb-
dunklen Innenraum des Restaurants heraus wirken die Häuserfronten und der Verkehr draußen vor den Fensterscheiben wie Kulissen in einer amerikanischen TV-Serie. Die
Wagen rollen lautlos, als sei der Ton ausgefallen. Deutschland ist unendlich weit weg, das macht das Sprechen leichter. Diese Entfernung, die wohltuende Distanz, war es wohl,
die so viele Emigranten nach dem Krieg, nach dem Ende von
Terror, KZs und Massenmord, in den USA bleiben ließ.

»Da kann ich Ihnen noch eine dieser traurigen Exil-Ge-
schichten erzählen«, beginnt Paul Falkenberg, nachdem er
eine Weile schweigend gegessen hat. »Als 1946 die Nachricht vom Tode meiner Mutter kam, war gerade Lotte Palfi
bei uns, auch eine Emigrantin, und Lotte brach in Tränen
aus. Ich sage: ›Lotte, was weinst du? Du hast meine Mutter
doch gar nicht gekannt?‹ Da sagt sie: ›Wieso ich weine? Weil
du weißt, wo deine Mutter begraben ist, und ich weiß es von
meiner nicht.‹«

Mein Blick, der Falkenbergs Augen meidet, fällt auf eine
dürre alte Frau, die vollkommen regungslos an einem der
Tische im hinteren Teil des Lokals sitzt und unentwegt zu
uns herüberschaut, als könne sie das Gespräch verstehen.
Unwillkürlich senke ich die Stimme.

»Haben Sie . . .«

»Die Briefe«, spricht Falkenberg gedankenverloren vor
sich hin, »die mir meine Eltern in der Nazizeit geschrieben
haben, liegen in der ›Germania Judaica‹ in Köln. Ich habe sie
denen gegeben, weil ich nicht in der Lage bin, sie noch
einmal zu lesen. Ich kann es einfach nicht, es ist . . .«

Er hält inne und folgt meinen Augen. So sehen wir beide
auf die dürre alte Frau, die in diesem Augenblick wie ein
nasser, wenn auch sehr leerer Sack vom Stuhl rutscht. Fast
geräuschlos schlägt sie auf dem Boden auf und bleibt bewegungslos liegen. Zwei Kellnerinnen gehen ruhig auf sie zu,
heben sie an den Armen hoch und schleifen sie durch die
Tischreihen zum Ausgang.

Als die Bedienung vorbeikommt, frage ich, was passiert sei.

»The Lady hat«, erklärt die Kellnerin mit einer kühlen Stimme, die sich seltsam zu ihrem schweren süddeutschen Tonfall ausnimmt, »too much Cocktails getrunken.« Dann wendet sie sich mit einem Gesichtsausdruck ab, der deutlich erkennen läßt, daß sie die Erkundigung als ziemliche Aufdringlichkeit empfindet. Mit einem Schlag taucht aus den Schrecken der europäischen Vergangenheit wieder die ganz rauhe, aber ganz normale New Yorker Gegenwart auf, in der sich jeder um seine eigenen Angelegenheiten kümmert: »Mind your own business!« Und das besteht bei den anderen Gästen im wesentlichen darin, möglichst viel Essen möglichst schnell zu verschlingen. Und vor allem: Keine Probleme, Mann!

Falkenberg grinst. »Darf ich Ihnen sonst noch etwas Unangenehmes erzählen?«

»Ja«, höre ich später meine Stimme vom Tonband fragen, unempfindlich für jede Ironie. »Haben Sie nach dem Krieg überlegt, zurückzukehren nach Deutschland?«

»Nein, keinen Augenblick.« Falkenberg klingt empört, und ich erinnere mich, ein wenig beschämt über die Selbstverständlichkeit meiner Frage, an die leichenstarrenden KZ-Filme, an die hohe Kunst der Verdrängung, die mein vernaziter Klassenlehrer in den sechziger Jahren »Vergangenheitsbewältigung« nannte und ebenso scheinheilig wie ungern in zwei, drei Schulstunden durchexerzierte.

»Man diskutierte natürlich, ob man zurückgehen sollte. Einige hatten ja seltsame Schwierigkeiten hier«, sagt Falkenberg und lacht wieder. »Sehen Sie, das letzte Mal, als ich Günther Anders traf, mußte ich mit ihm wegen seiner Einbürgerung zum FBI. Ich sollte über ihn Auskunft geben, also erzählte ich: Zuletzt hat Mister Anders geschrieben über ›Kafka als Warner‹. Da fragten die mich: ›So, so, wer wird gewarnt, wer ist dieser Kafka?‹ Und da waren all die langen Gänge und vielen Büros in dem Gebäude, und ich dachte:

Das ist Kafka. Aber wie sollte man nun dem FBI erklären, wer Kafka war und wovor er gewarnt hat?« Noch heute kann man Falkenberg die diebische Freude an seinem damaligen Auftritt ansehen. »Na, und so ging der Anders eben zurück, wie fast alle Leute, die ihr ganzes Leben lang politisch engagiert waren. Das fanden wir gar nicht ungewöhnlich. Doch für mich, für die meisten kam das nicht in Frage.«

Wenn ein anderes Land als die USA zur Debatte gestanden hätte, dann Israel. Mehrere Male arbeitete Falkenberg, der sich nach Kriegsende als Produzent von Dokumentarfilmen selbständig macht, im Auftrag der Vereinten Nationen und anderer internationaler Organisationen im neuen jüdischen Staat.

»Wann haben Sie zum erstenmal wieder Deutschland besucht?«

»1954 war ich in Köln, aus Israel kommend. Meine Frau wollte ihre Schwägerin in Berlin besuchen, ihr Bruder wurde ja im KZ ermordet.« Paul Falkenberg schaut mich an. Es ist keine Gedächtnisschwäche. Sein Kopf funktioniert hervorragend. Er weiß, daß er den Mord an seinem Schwager zum zweitenmal erwähnt. Er gedenkt nicht, mir – und sich – irgend etwas zu ersparen. »Und ich habe zu meiner Frau gesagt, ich kann es nicht«, erzählt er weiter, »ich kann mich nicht dazu überwinden, nach Berlin zu gehen. Sie ist dann hin, und wir trafen uns in Paris wieder, umarmten uns und sagten: Gott sei Dank, daß wir nicht in Deutschland sind. Aber das war nicht mehr ein Gefühl des sinnlosen Hasses, das war Fremdheit.«

17

GRABMAL DES UNBEKANNTEN EMIGRANTEN An die Männer und Frauen des exilierten »Anderen Deutschland« zu erinnern, die den besseren Teil deutscher Tradition im Ausland zu bewahren suchten, als auf dem Boden des Dritten Reiches der Massenmord zum Volkssport wurde, auf einen solch abwegigen Gedanken ist keine demokratische Nachkriegsregierung je verfallen.

Keineswegs empfing die bundesrepublikanische Öffentlichkeit rückkehrwillige Emigranten mit offenen Armen. Die finanzielle »Wiedergutmachung«, zu der sich die Rechtsnachfolger des Naziregimes durchrangen, diente im besten Fall dem materiellen Ausgleich individuellen Elends. Daß etwa Albert Einstein und Thomas Mann, Lion Feuchtwanger und Herbert Marcuse, Fritz Lang und Erich Pommer, Hannah Arendt und Erich Fromm als amerikanische Staatsbürger starben, sagt einiges über die Fähigkeit zu kultureller und geistiger »Wiedergutmachung«.

Wenig Neigung bestand, das Stück ausgetriebene deutsche Kultur wiedereinzubürgern. »Die Schuld ist zu groß, und sie werden euch nie verzeihen, was sie euch angetan haben«, läßt Hans Sahl in seinem Roman »Die Wenigen und die Vielen« einen Amerikaner zu dem Emigranten Kobbe sagen. Für das Gros der Deutschen, das beim Hexensabbat mitgetanzt und Herrn Urian aufgewartet hatte, wie Thomas Mann es formulierte, bedeutete allein die Existenz der Hitler-Flüchtlinge eine unangenehme Mahnung, waren sie doch Opfer, die, im Gegensatz zu den betrauerten Toten, die quicklebendigen Täter nur zu genau ans eigene Tun erinnerten. Die schuldig Gewordenen zogen es vor, unter sich zu bleiben. Gegen Emigranten pflegte man Ressentiments (und witzelte hinter vorgehaltener Hand über die »Wiederjudmachung«). Den erlittenen Verlust noch zu vergrößern, trugen die Repräsentanten der Adenauer-Republik ganz gezielt bei – im Einklang mit dem Willen ihrer Wählerklientel, deren kollektives schlechtes Gewissen im Angesicht der vertriebenen Landsleute zum Angriff überging, der die beste Verteidigung schien.

Folgerichtig erklärte der ehemals völkische Volksmund die Verjagten in einem Akt entschlossener Geschichtsklitterung zu »vaterlandslosen Gesellen«, die Deutschland in seiner »schwärzesten Stunde« verlassen hätten. Daß die »Drük-keberger« im Falle ihres Bleibens nicht vom »Feind«, son-dern von denen ermordet worden wären, die sie jetzt wieder attackierten, darüber ging beredtes Schweigen hinweg. Die aufflammenden Haßtiraden gegen Marlene Dietrich oder Thomas Mann zeigen am prominenten Beispiel, welche An-feindungen die Mehrheit der unbekannten Emigranten traf. Geradezu harmlos im Vergleich zur Perfidie der gängigen persönlichen Verleumdungen war noch die Wut auf die Uniform, in der einige – wie etwa Alfred Döblin und Billy Wilder, Gottfried Reinhardt und Erich Pommer, Hans Habe und Klaus Mann – zurückkehrten. Denn dieses Ressenti-ment immerhin ergab Wahn-Sinn, solange man die westli-chen Alliierten nicht als Befreier vom nationalsozialisti-schen Terror, sondern als Besatzer des geschlagenen Vater-lands begriff; solange statt von der gewonnenen Freiheit bis in die politischen Spitzen der Bundesrepublik hinein vom verlorenen Krieg die Rede war.

Die zweite, für die Gegenwart noch folgenreichere Aus-treibung des »Anderen Deutschland« geschah in den fünfzi-ger Jahren. Sie erst machte das Exil in vielen Fällen endgültig und die Hitler-Flüchtlinge, wie Hans Sahl in seinen Memoi-ren schreibt, zu »Fackeln, die durch die Nacht der Völker irrten, bis sie langsam in London oder New York oder Prag erloschen«.

Wo aber eine der seltenen Einladungen zur Rückkehr er-ging, sahen sich die Betroffenen von den allgegenwärtigen Erscheinungen einer aggressiven kollektiven Amnesie ab-gestoßen, »der zähen Masse des Vergessens, in der die Deut-schen immer tiefer versinken«, wie die französische Journa-listin Stéphane Roussell beobachtete; bis die Bundesrepu-blikaner der Adenauer-Jahre die erlebte Vergangenheit als Exotik zu erfahren schienen: »Mit ausdruckslosem Gesicht, als würden sie als ausländische Touristen ihre eigene Ge-schichte durchstreifen, als hätte sich alles woanders abge-spielt.«

Das Nachkriegsschicksal des »Anderen Deutschland« zeigt sich daher als ein Seitenstück zur generellen Unfähigkeit, die überwältigende Größe der deutschen Verbrechen im nachhinein zu begreifen – zur Leugnung jeder eigenen Schuld; zum vorherrschenden Selbstmitleid, dem Massenmord und Kriegsverbrechen in der Erinnerung an Hunger und Bombennächte zur Läßlichkeit schrumpften; zur lustlosen und schlampigen Verfolgung der Gewalttäter, die dazu führte, daß, wie Herbert Strauss bemerkte, Überlebende den Mördern ihrer Familie auf der Straße begegnen mochten, daß man, wie Hannah Arendt meinte, nie wissen konnte, wer in der U-Bahn neben einem saß; zum Fehlen jedweder Auseinandersetzung mit den Naziverbrechern im eigenen Bekanntenkreis, mit dem Onkel von der Waffen-SS oder der freundlichen Nachbarsfrau, die im KZ, aber nicht als Insassin gewesen war; zu der nahtlosen Übernahme des nationalsozialistischen Justiz-, Verwaltungs- und Erziehungsapparats; zu den steilen Karrieren von hohen Nationalsozialisten in der Wirtschaft und bisweilen, wie im Fall Globke, gar in der Politik.

Dem »großen Vergessen« entsprach in der DDR, deren Führungskader sich bis in die letzten Tage wesentlich aus Verfolgten des Naziregimes rekrutierten, eine äußerst selektive Anerkennung der politischen und kulturellen Leistungen des Exils. Das »Land der organisierten Erinnerungen«, in dem das Eingedenken staatlich gefördert, wenn nicht verordnet wurde, stilisierte sich zur Republik der Emigranten, deren Insassen ausnahmslos nicht Täter, sondern Opfer waren. Daß konsequent die auch ostdeutsche Verantwortung für den Holocaust geleugnet wurde, dieser zynische Aberwitz versteht sich nur als Komplement zu einer geschichtsklitternden Aufarbeitung des antifaschistischen Exils.

Die realsozialistische Traditionspflege beschränkte sich weitgehend auf die Betonung vermeintlicher und tatsächlicher Widerstandsleistungen der kommunistischen Parteigänger. Viel Forschergeist und Forschungszeit wurde zudem auf die Leugnung der moralischen Preisgabe an den stalinistischen Terror verwendet, dem das idolisierte Exil in der UdSSR unterlag. Ungewolltes Resultat der allgegenwärtigen Geschichtsfälschung war, stellte Stéphane Roussell fest, »daß die Ostdeutschen das, was furchtbare Wirklichkeit war, für marxistische Propaganda halten«.

Die DDR, der Staat der Moskau-Emigranten, partizipierte so auf seine Weise an der nachkriegsdeutschen Dialektik von Vergessen und Erinnern, die selektives Gedenken zu einer Funktion der Leugnung unliebsamer Teile der Vergangenheit machte.

Besonders deutlich offenbart sich dieses Zwangsverhältnis in der bevorzugten Beachtung, die den einst regierenden Massenmördern unter dem Label »Aufarbeitung der Vergangenheit« in den westlichen Massenmedien geschenkt wurde. Selbst Autoren und Publikationen, denen bedenkliche Gesinnung und Absichten schwerlich nachgesagt werden können, kaprizierten sich über Jahrzehnte hinweg auf eine obsessive Beschäftigung mit den Nazi-»Größen«. Was als kritische Aufklärung gedacht war, förderte aber nicht selten das Gegenteil, indem es die obskuren Objekte der Neugierde mit dem Glamour des Bösen zu Stars der Geschichte verklärte. Gerade das vermeintlich notwendige Eingedenken hat, indem immer wieder sein Gegenstand öffentlich triumphierte, dazu beigetragen, daß uns bis heute die Nazis besser bekannt sind als jene, die sich ihnen nicht beugten. Denn ein vergleichbar gepflegtes »Grabmal des unbekannten Emigranten« existiert nicht, weder realiter noch im Bewußtsein der Nachgeborenen. Konfrontiert man das Interesse, das für die aus Deutschland Verjagten aufgebracht wird, mit der intimen Aufmerksamkeit, ja Faszination, die mediokre Gestalten wie Heß oder Bormann, Riefenstahl oder Speer, Frank oder Mengele bis heute wecken, so stellt sich leicht das ungute Gefühl ein, daß in vielen Hinterköpfen die Nazis weiterhin über ihre Opfer obsiegen – zu

123

Unrecht nicht nur in einem moralischen, sondern auch im historischen Sinne. Denn mehr als von den Intrigen im Führerbunker oder den ebenso unappetitlichen wie unwichtigen Details aus dem Privatleben der Herrenrassisten und ihrer vielleicht wirklich bedauernswerten Familien wäre heute aus den Erfahrungen zu lernen, die ein Teil ihrer Opfer zu machen hatte. Viel mehr als mit dem Tratsch und Wahn von gestern, den unmenschlichen Idealen der Nazis, ihren kleinkarierten Privatphilosophien, ihrer Liebe zu Kitschmythen und zum Lächerlich-Bombastischen hat das Leben in der zweiten deutschen Demokratie derweil mit dem damaligen Alltag in den freien Ländern zu tun, den die Emigranten als erste Deutsche erlebten und künstlerisch darstellten.

Da die Flucht in die entwickelte amerikanische Industriegesellschaft zugleich eine Reise in die politische, soziale und massenkulturelle Zukunft war, in der wir heute leben, bilden die Überlieferungen aus der Zeit des Exils die zukunftsträchtigere Tradition. So gesehen, waren die Emigranten in der Tat unsere Vorfahren:

Sie fuhren voraus in Verhältnisse, in die wir, die Zurückgebliebenen und ihre Nachkommen, erst Jahrzehnte später gelangen sollten.

Gedankenlos einer dummen Gewohnheit folgend, deren Initiatoren längst zusammen mit ihrem schlechten Gewissen dem Vergessen anheimgefallen sind, wird an die kollektive Leistung des Exils jedoch kaum erinnert; von den lobenswerten Ausnahmen des wissenschaftlichen Spezialistentums einmal abgesehen. Als eine Gruppe, die demokratische Traditionen bewahrte, sind die Bewohner des »Anderen Deutschland« und ihre Repräsentanten, im Gegensatz auch zu den Aktiven der militärischen Junker-Revolte des 20. Juli 1944, im öffentlichen und veröffentlichten Westdeutschland nicht präsent.

Mit jedem von ihnen aber, der vergessen stirbt, gehen wertvolle Erfahrungen verloren.

18

»WIEVIEL MEHR RUHM?« Die grellen Reklamen, die Menschen aller Hautfarben, die englischen Laute, die durch die offenen Seitenfenster hereindringen, alles wirkt nach der Zeitreise ins grauenerregende deutsche Vorkriegsreich wohltuend exotisch.

»Später besuchten Sie dann Berlin?« frage ich Falkenberg, während wir im Taxi von Yorkville zurück zu seiner Wohnung fahren. Der alte Mann schaut weg, hinaus in die bunte Jogger-Sommer-Eiscreme-Szenerie des Central Park. Sie scheint ihn nicht zu begeistern. Nach einer Weile antwortet er.

»Ja, zuerst 1961.«

»Wie hatte sich das Leben verändert, seit Sie die Stadt zum letztenmal gesehen hatten?«

»Über die frühen sechziger Jahre will ich nichts sagen.« Er hält inne, und man sieht ihm an, daß ihm die konservative Wohlstandsrepublik, in der die Leute mit dem guten Gewissen und schlechten Gedächtnis das Sagen hatten, nicht geheuer war. »Später traf ich eine völlig neue Generation.« Einen Augenblick mustert er mich fast wohlwollend. »Junge Leute wie Sie. Aber es ist trotzdem schwer zu vergessen.« Und schon verdüstert sich sein Blick wieder. »Einmal war ich auf einer Party von Freunden, da waren Maler, Schauspieler, Architekten. Es war eine angenehme, gelöste Atmosphäre, und ich dachte plötzlich: Mein Gott, ist das jetzt 1977 – oder ist das 1931? Alles war wie gehabt, genau wie gehabt.«

Falkenberg wischt sich über die Augen, als könne er ihnen nicht trauen.

»Und ich hatte diese gespenstische Vorstellung: Was wird geschehen, wenn wieder ein Hitler kommt, und die Leute wissen nicht, was sie tun sollen, weil ihnen das Brot weggenommen wird, wenn sie nicht zu Kreuze kriechen?« Er lacht unruhig. »Von solchen Gedanken wird man nie wieder ganz frei.«

Falkenberg schaut mich an, und ich weiß nicht, was der alte Mann von mir erwartet. Daß ich die unerschütterliche Festigkeit unserer Demokratie rühme, versichere, daß wir, die Nachkriegsgenerationen bestimmt nie...?

Taktvoll entbindet Falkenberg mich nach einer kurzen, peinlichen Pause von einer optimistischen Antwort, indem er mit einem betont gleichgültigen Gesicht weiterspricht: »Ich habe dann viel in Deutschland gearbeitet, es war immer angenehm. Ich glaube, zu jüngeren Deutschen habe ich eine ganz natürliche Beziehung. Und meine alte Liebe zu Berlin habe ich wiedergefunden. München ist provinziell, Paris inzwischen auch, Berlin nicht. Ich würde heute sehr gerne zwischen Berlin und New York in regelmäßigen Abständen pendeln.«

Er lacht, und es klingt noch unruhiger.

»Na ja,« sagt er, »was soll's. Aussterben kann ich inzwischen alleine, da brauch' ich keine fremde Hilfe mehr.«

Das Taxi biegt in die 76. Straße ein. Die *Central Park Studios* sind nicht mehr weit, das Ende des Gesprächs nähert sich. Ich stelle meine Gretchenfrage.

»Hat das Exil Ihre Pläne verändert? Was hätten Sie anders machen wollen unter normaleren Umständen?«

»Viel. Wissen Sie, man fängt als junger Filmer mit bescheidenen Vorstellungen an: Eines Tages wirst du auch ein Eisenstein. Doch das legt sich nach einer Weile. Heute bin ich an Spielfilmen nicht mehr interessiert, diese Seite meines Lebens ist vollkommen abgestorben. Immer wenn ich so ein neues Werk sehe, bin ich erstaunt, wie großartig es gemacht ist, wie wunderbar die Schauspieler sind, wie alles bis ins letzte perfekt ist. *I appreciate the effort,* aber es läßt mich kalt. Meine Leidenschaft gehört dem Dokumentarfilm. Da habe ich erreicht, was ich konnte. Darauf bin ich stolz.«

Das Taxi hält. Falkenberg drückt den Türgriff herunter, wendet sich jedoch wieder um.

»Eins will ich Ihnen noch erzählen. Als ich mal einen meiner Dokumentarfilme in Princeton vorführte, es war

›Lincoln Speaks in Ghettysburg‹, kam hinterher Einstein auf mich zu: ›Vielen Dank für den schönen Film.‹«

Falkenberg schaut wieder sehr böse, und ich hege den Verdacht, daß all diese bösen Blicke viel Liebe verbergen sollen und das Unglück bannen, das die geliebten Dinge und Menschen immer wieder getroffen hat.

»Und so sage ich«, fährt Falkenberg fort: »Oscar? Nein, ist nicht drin. Aber Einstein mochte einen Film von mir. Wieviel mehr Ruhm soll man sich wünschen?«

Er schaut mir direkt in die Augen, ein langer letzter Blick, dem die Frage anzusehen ist: Was hat dieser Gast aus Deutschland wohl verstanden von dem, was mir wichtig war?

Abschied: Paul Falkenberg vor seiner Wohnung in der New Yorker 67th Street (1985)

»Ja«, sagt Paul Falkenberg beim Aussteigen, »jetzt haben Sie alles von mir gehört. Seit fünfzig Jahren stehe ich als unbezahlter Statist auf der Bühne der Weltgeschichte.«

Er schüttelt mir fest die Hand und geht, auf den Stock gestützt, die Stufen hinauf zur Haustür. Der Anzug schlottert dabei um einen winzig gewordenen Leib, der seine letzten Kraftreserven zu mobilisieren scheint. Die Haltung des alten Mannes ist gebeugt, aber sein Wille unbeugsam – unversöhnt der Geschichte und denen gegenüber, die ihm und Millionen seiner Leidensgenossen nach dem Leben trachteten, die erniedrigten, folterten, mordeten.

In der Tür dreht er sich um und hebt die Hand zum Abschied. So bleibt er, während das Taxi davonfährt, bewegungslos stehen. Als habe er, der große Schnittmeister, der Mann an der Moviola, den Film angehalten, um darüber die Schlußtitel zu legen.

Wenige Wochen später, am 13. Januar 1986, ist Paul Victor Falkenberg, geboren im Norden Berlins, vertrieben aus dem Land seiner Eltern, einundvierzig Jahre deutscher und fast zweiundvierzig Jahre amerikanischer Staatsbürger, gestorben und in seiner New Yorker Heimat begraben worden.

19

AM ENDE EINER STADT West-Berlin kennt sich selbst nicht mehr. Alles scheint im ersten Vereinigungs-Winter so neu wie noch nie. Selbst der Engel auf der Siegessäule schimmert goldener denn je in der viel zu warmen Mittagssonne. Seinen Glanz zu bewundern, hat man Muße, seit sich ungewohnte Verkehrsströme vom Westen in Richtung Brandenburger Tor stauen.

»Bei den Grab-
kreuzen scheint mehr
los zu sein.«

In den breiten Straßen der lange siechenden Stadt, in der ich mein halbes Leben verbracht habe, ist es von einem Tag auf den anderen eng geworden. Neben käferartig wimmelnden Trabis von drüben und westlichen Luxuskarossen in hier nie gesehener Zahl verstopfen Wagen mit exotischen Nationalitäten wie »CS«, »H«, »BG« und »PL« die Straßen und verpesten die Luft mit nie gerochenem Gestank.

Die Seelenruhe sieht sich so gewissen Zumutungen ausgesetzt. Aber der Verstand muß ebenfalls umdenken. Die Verkehrswege haben sich verschoben, und wie man von alters her weiß, reisen entlang der (Schwarz-)Handelsrouten nicht nur Waren, sondern auch neue Ideen. Als Utopien und Schreckgespenste, Befürchtungen und Hoffnungen geistern sie durch die Berliner Szene. Selbstzufrieden hatte man sich an die seltene Kombination von intellektueller Beweglichkeit und physischer Immobilität gewöhnt.

»Jahrzehntelang hat West-Berlin die rebellische Intelligenz der Bundesrepublik angezogen, aufgesogen – und nicht wieder abgegeben.« Erhard Schütz ist erst vor kurzem aus dem Ruhrgebiet nach Berlin verschlagen worden, berufen zum Professor für den Grenzbereich zwischen Literatur und Journalismus. Sein erster, keineswegs guter Eindruck vom damaligen West-Berlin ist noch frisch: »Das Klima war stark geprägt von einem Sonderbewußtsein, das sich in Projektträumereien und Konkurrenzflucht äußert und sich mehr in Kneipen als in der Praxis umsetzt.«

Die Trennung von der Macht, diese traditionelle Krankheit des deutschen Geistes – zugleich seine Kränkung –, war in keinem Teil der Republik so deutlich etabliert wie hier. Daß Kunst und Kommerz, Intelligenz und Politik, Kultur und Kohle zwanglos zusammenkamen, war nicht nur sozial, sondern auch geographisch schwer möglich. Die insulare Lage, die so viele kritische Intellektuelle anzog, hatte die Mächtigen nach Bonn und Frankfurt, nach Hamburg oder München vertrieben. In Rest-Berlin konzentrierte sich ein überproportional großes kulturelles Potential, das fern der Schaltstellen sein eigenes Süppchen kochte – und nicht selten schmorte man dabei im eigenen Saft.

»Jetzt ist ja nicht nur die Mauer um die DDR gefallen«, sagt Schütz und lächelt zufrieden, »West-Berlin hat seinen Inselstatus verloren, und nun wird man sehen, ob es wirklich eine Stadt ist, die sich gewaschen hat, oder ob aus der angeblichen Terrasse des Westens einfach ein Vorgärtchen des Ostens wird.«

Schütz bemerkt meinen zweifelnden Blick. Schließlich bin ich begeisterter Westberliner und ganz und gar nicht der Ansicht, daß bis vor kurzem alles schlecht war. »Natürlich kann man das auch weniger hämisch formulieren«, lenkt er ein. »Hier hat sich eine Diskussionskultur entwickelt, man läuft ständig auf hohen Touren, macht Pläne, hat Visionen. In gesetzteren Regionen wie dem Ruhrgebiet oder dem Schwabenland sind die Visionen rarer. Und wenn durch die Öffnung der Mauer das Phantomhafte des kulturellen Lebens in West-Berlin verschwindet, diese Art geistiger Naturschutzpark, wenn mehr realisiert wird als bisher, dann wird nicht mehr alles so spektakulär sein, aber der Narzißmus der Szene wird zurücktreten. Eine Art Erwachsenwerden, von dem wir alle nur profitieren können.«

Wir spazieren durch den Garten des Literaturhauses in der Fasanenstraße. Die Villa liegt, eingequetscht zwischen Miethäusern, bloß ein paar Schritte von *Cartier, Vuitton* und den anderen Luxusläden entfernt, bei denen sich bis vor ein paar Monaten die Reisekader- und Devisenelite des alten DDR-Regimes teuer einzudecken pflegte.

»Profitieren kann unser Kulturleben auch von der Einbeziehung der DDR«, sagt Schütz. »Dort gab es in den geisteswissenschaftlichen Disziplinen eine ökonomisch privilegierte Forschungs- und Lehrsituation, dadurch hat sich ein Potential an hochintelligenten Leuten gebildet...«

»... die ihre Erkenntnisse so tief im Parteihuldigungs-Jargon verstecken mußten, bis mancher seine eigenen Gedanken kaum noch erkannte.«

»Gewiß, es fragt sich, ob sich die Kollegen aus dem verordneten Korsett befreien können.« Schütz lächelt maliziös, als habe er den einen oder anderen Bekannten vor Augen: »Zu großen Teilen wird sich das als Sauriersterben abspielen müssen. Aber wir sollten vorsichtig sein, daß nicht zerstört wird, was sich in der DDR positiv entwickelt hat. Denken Sie nur an den Einsatz, mit dem dort die Exilforschung betrieben wurde. Es wäre doch fatal, wenn etwa große Editionen, weil man sich kurzfristig an der neuen Marktsituation orientieren will, nicht mehr stattfinden würden...«

»Welchen Grund gäbe es denn für einen vereinigten deutschen Staat, der mit dem Exil keine Legitimationsinteressen verbindet, dessen Erforschung zu fördern?«

»Nun zynisch formuliert: Für die heraufziehende Weltkultur, die ja eher eine Weltbürgerkriegskultur oder auch eine Waffenstillstandsgesellschaft ist, dürfte Exilforschung ganz allgemein eine wichtige Bedeutung haben. Die Vertreibung von Menschen, die Auswanderung aus ökonomischer Not, all das wird immer mehr von einer Ausnahme zur Regel. Und damit der Umstand, daß wichtige Teile einer nationalsprachlichen Kultur im Ausland entstehen.«

Als Sammelpunkt von Emigranten, als »multikulturelles Exil-Zentrum«, hat Berlin Tradition. Seit es Großstadt wurde, war es eine Stadt der Fremden, denn durch sie wurde es ja erst Großstadt. Allein in den zwanzig Jahren nach der Reichsgründung immigrierten fast 850 000 Menschen in die neue deutsche Kapitale. Neun von zehn kamen aus dem Osten, aus Gebieten Europas, die heute in Rußland, Polen, Bulgarien, Ungarn oder der Tschechoslowakei liegen. Wortgewaltig, halb fortschrittlich-fasziniert, halb konservativ-abgestoßen, beklagte ein zeitgenössischer Beobachter das allgegenwärtige »Kolonialmilieu«, schimpfte die Stadt eine »an der Spree emporgeschossene Riesenkarawanserei« und schilderte vielfältig das »wahrhaft babylonische Volksgewirr«: »In Sydney oder Chicago kann es so bunt nicht hergegangen sein.« In den Weimarer Jahren setzte sich, vor allem im Gefolge der Russischen Revolution und aus dem Gebiet des zerfallenen k.u.k Reichs, die Zuwanderung fort. Diese »Ausländerei«, die Berlin als Tor zum Osten funktionieren ließ und die der heraufziehenden Zukunft gleichen mag, machte die Stadt reich, und sie machte die Stadt kulturell interessant. Die vielgerühmte Blüte der zwanziger Jahre beruhte schließlich zum großen Teil auf den Leistungen von Zugewanderten der ersten oder zweiten Generation.

Daß Zehntausende von Deutschen den umgekehrten Weg gehen mußten, weil man sie kurzerhand zu Fremden erklärte, war eine Errungenschaft der Nazis, und sie stand am Anfang vom Niedergang der Stadt. Mit dem für die angebrochenen neunziger Jahre allseits erwarteten Zustrom aus Richtung Osten, dessen einkaufende Vorhut die Kantstraße bereits im Sommer 1990 so weitgehend erobert hat, daß die Anwohner nurmehr von der Warschauer Straße sprechen, könnte der Wiederaufstieg beginnen – wenn Toleranz und Weltläufigkeit die Oberhand über den aufkeimenden provinziellen Nationalismus und feige Fremdenfeindschaft behalten.

»Die Exilforschung«, sagt Erhard Schütz mit einer weiten Geste, die auf all die Ladas, Škodas, Wartburgs und Polski Fiats zu deuten scheint, die das Straßenbild vor dem Garten des Literaturhauses nachhaltig verändert haben, »die Beschäftigung also mit den intellektuellen Spannungen zwischen Herkunfts- und Gastkultur sowie den Rückwirkungen wieder auf die Herkunftskultur wird damit von einer speziellen Angelegenheit zur wissenschaftlichen Begleitung des Normalzustands. Und dafür läßt sich gerade aus dem gut dokumentierten historischen Beispiel des deutschen Exils einiges lernen.«

20

KULTURSÜLZE Der Rummel, der auf die ganze Stadt zukommt, rund ums Brandenburger Tor tobt er schon. Haufen fliegender Händler bieten Mauerstücke feil – für fünfzig Pfennig bis achtzig Mark, je nach Größe und Farbigkeit des Exemplars. Fehlende Karussells ersetzt – vorläufig noch – die

Kreiswanderung der x-tausend Besucher auf Ent-Trennungs-Tour. Entlang des Trampelpfades offerieren Dosengetränk-Restaurateure, Bildermaler und Schmuckverkäufer ihre Ware auf Tapetentischen und aus offenen Koffern. In Sichtweite des Reichstags werden fünfundvierzig Jahre nach dem Sieg der Alliierten russische, polnische und Vopo-Offiziersmützen für achtzig bis hundert Mark West verhökert, als handele es sich um Kriegsbeute, den Ramsch von Schlachten, die »wir« gewonnen haben.

Wer die Zukunft studieren will, modische Umorientierungen, den heraufziehenden Geschmacks- und Verhaltenswandel, der ist in diesem westöstlichen Life-Style-Niemandsland zwischen Reichstag, Brandenburger Tor und Potsdamer Platz am todrichtigen Ort. Daß trotz aller Fröhlichkeit die Szene bisweilen einer Zombie-Zeitgeisterbahn gleicht, paßt durchaus ins Bild.

»Gommt«, fordert ein heiter sächselnder Familienvater seine fünfköpfige Familie auf und zeigt in Richtung der Gedenkstätte für die Opfer gescheiterter Fluchtversuche, »bei den Grabkreuzen scheint mehr los zu sein.«

So hoch geht es an diesem Sonntag Ende Februar auf dem kulturpolitischen Podium des Westberliner Literaturhauses nicht her. Das Niveau in dem überfüllten Saal ist eher sülzig.

Dietmar Keller, bis zu den ersten freien DDR-Wahlen gerade noch amtierender Minister für Kultur, verkündet, daß wir alle Brüder sind, und Volker Hassemer, Ex-CDU-Kultursenator mit Comeback-Hoffnungen, stimmt dem SED-PDS-Kollegen weitschweifig zu. Die Herren debattieren beim Sonntagsgespräch über die Frage »Zwei Staaten – eine Kultur?«. Die Antwort scheint unter ihnen ausgemacht: ein ebenso wortreiches wie gedankenloses Ja.

Nur Anke Martiny, die SPD-Kultursenatorin, schießt bei der allgemeinen Verbrüderung quer.

»Seit vierzig Jahren haben wir keine gemeinsame Geschichte mehr«, konstatiert sie unter magerem Beifall und begleitet von viel Unwillen.

Daß sie auf dem schwesterlichen Standpunkt beharrt, die DDR sei ein autoritärer Staat mit bis heute intakten preußisch-patriarchalischen Strukturen, während sich in der Bundesrepublik immerhin ein wenig zum demokratisch Besseren hin bewegt habe, macht ihr im vereinigungsseligen Publikum wenig Freunde. Einfache Wahrheiten wie die, daß die Mauer in den Köpfen noch steht, sind gerade nicht gefragt. Leiseste Zweifel an der Gutartigkeit des geschichtsträchtigen Geschehens werden mit Liebesentzug abgestraft. Doch Frau Martiny läßt sich in ihren sozialdemokratischen Idealen und ihren historischen Befürchtungen nicht beirren.

»Wenn ich sehe«, sagt sie, »daß es durch den Zusammenbruch des Funktionärsstaates auch in der Sowjetunion dort zu den schlimmsten Judenpogromen kommt, dann kann ich nicht tatenlos zusehen und nur über kulturelle Kontakte reden.«

Ihr Umweg übers sowjetische Beispiel hilft nicht. Der Beifall bleibt dünn. Die Abrechnung mit der Kultur der Anpasser und Autoritätshörigen, der Bonzen und der neuen Faschisten, die der SED-Staat erzeugte, steht nicht auf der Tagesordnung; ebensowenig auch die Trauer ums Scheitern der sozialistischen Utopie, das ja weit über den Zusammenbruch der DDR hinausgeht, oder gar die Trauer um die Bundesrepublik, die meine Heimat war und deren Verschwinden im nationalen Gewimmel eines neuen Gesamtdeutschland unmittelbar bevorsteht.

Selbst als Dietmar Keller sich dazu versteigt, von den alliierten »Besatzern« zu reden, widerspricht niemand mehr. Daß auf der einen Seite der Mauer mal die Rede von »Befreiern«, auf der anderen wenigstens von »Schutzmächten« war, scheint in der deutschnationalen Tümelei vergessen. Unwillkürlich muß ich an meine wunderbaren Jugendnächte mit britischen und amerikanischen Rundfunksendern denken, die den Rock spielten, als auf den gesamtdeutschen Kanälen Volks- und Tanzmusik dudelten: »The times, they are a-changing ...«

Nach dem Ende der Diskussion wird Dietmar Keller von einer DDR-Bürgerin angesprochen und um Hilfe für eine geplante Veranstaltung gebeten. Worum es bei dem Abkürzungskauderwelsch geht, kann kein Westler verstehen. Der Kulturminister nickt bedächtig.

»Heißt das«, fragt die Bittstellerin, »daß Sie die Sache unterstützen werden?«

»Ach, bis es soweit ist«, lacht Dietmar Keller, »entscheidet schon längst ein SPD-Minister.«

Während das Publikum das Literaturhaus verläßt, zieht Keller sein Jackett aus und setzt sich vor das offene Fenster eines stillen Nebenraums. Der Minister auf Abruf ist ein schlanker Mann Anfang Vierzig mit Günther-Ungeheuer-Frisur und -Appeal und einer praktischen und zupackenden Art zu reden.

»Mir ist angst um die beiden Teile von Berlin«, sagt er. »Wenn es die Hauptstadt eines künftigen vereinigten Deutschland wird, dann werden hier viele, viele Bauten notwendig, die das Flair, das Interieur dieser Stadt kaputtmachen können. Andererseits haben wir die Chance, daß Berlin zum Kristallisationspunkt wird, zu einer europäischen Drehscheibe, wo wir einiges für das künstlerische und kulturelle Leben im europäischen Haus leisten können.«

Draußen rauscht seltsam fern der Verkehr. Es ist noch kein Jahr her, daß der Herr Minister aus der verschlossenen Republik zum erstenmal nach Berlin (West) reisen durfte. Der Kurfürstendamm, erzählt er, erschien ihm so schnell und unordentlich und aufgeregt, daß er am liebsten gleich wieder weggefahren wäre. Die Besinnlichkeit an der Peripherie sprach ihn mehr an. Langsamkeit, Gründlichkeit und vor allem Ordnung sind Lieblingsworte von Dietmar Keller, das fiel schon bei seinen Diskussionsbeiträgen auf, als er sorgfältig Vor- und Nachteile auflistete und das »Leseland DDR« mit der allgegenwärtigen Zensur zusammendachte, die großzügige Alimentation von Künstlern mit ihrer Unfreiheit, die solide handwerkliche Ausbildung mit dem Fehlen kritischer Werke, die charmante Gemächlichkeit mit der fatalen Ineffizienz.

»An erster Stelle brauchen wir gemeinsame Konzepte für das letzte Jahrzehnt unseres Jahrhunderts«, sagt Keller. »Es wäre zum Beispiel gut, einen internationalen Wettbewerb für den Potsdamer Platz auszuschreiben, damit nicht einfach Industrieunternehmen wie Mercedes-Benz von sich aus entscheiden, da ein Haus hinzusetzen. So was hat ja historische Tragweite.«

Der Gedanke, daß wichtige Dinge frei von staatlicher Planung geschehen könnten, behagt ihm sichtlich nicht. Im Saal nebenan beginnt der Hausmeister, die Stühle in Reih und Glied zu stellen. Dietmar Keller schaut diesem Tun wohlwollend zu, ohne in seinem Redefluß zu stocken.

»Die Künste in unserem Teil Berlins hatten Ersatzfunktionen«, sagt er auf die Frage nach der zukünftigen Entwicklung von Literatur und Theater. »Die haben gemacht, was die Medien hätten leisten müssen. Ich glaube, die Künstler müssen sich nun auf das eigentlich Künstlerische besinnen. Wir sollten keine politischen Aktualisierungen mehr machen, sondern Weltkolorit, Weltdenken, Weltgeist auf die Bühne und in die Literatur bringen.«

»Käme das nicht einer Flucht aus kritischer Kunst in vermeintliche Ewigkeitswerte gleich?«

»Nein, ganz und gar nicht. Eine kritische Literatur wird es weiterhin geben, weil die Politiker auch weiterhin Dummheiten machen werden. Aber die Politiker werden nicht mehr nur Dummheiten machen, weshalb auch die Literatur in Zukunft nicht mehr allein von den Dummheiten der Politiker wird leben können.«

Der Hausmeister erscheint in der Tür. Er will abschließen. Dietmar Keller zieht sich sein Jackett wieder über, greift mit der Linken nach seinem Attachékoffer und mit der Rechten die Hand des verblüfften Mannes:

»Auf Wiedersehen, und entschuldigen Sie bitte, daß wir Sie aufgehalten haben.«

136

Man sieht dem Mienenspiel des Hausmeisters an, daß Dietmar Keller der erste deutsche Minister ist, der sich auf diese Weise von ihm verabschiedet.

21

BÖSER ZAUBER Der neue Reichskanzler will reden, und ganz Deutschland soll lauschen. Es ist seine erste Radioansprache. Allein in dem Berliner Studio, ohne die Begeisterung seiner Anhänger, Auge in Auge mit dem monströsen runden Mikrofon – so kann er nicht sprechen. Gehemmt steht der Mann mit dem Schnauzbart da. Er über- **»Man wird halt wieder** legt. Abrupt dreht er sich um, geht zur Tür, reißt **Lieschen Müller.«** sie auf und befiehlt seine Getreuen herein. Jetzt fühlt er sich wohl, jetzt kann sich sein berüchtigtes Talent frei entfalten, jetzt redet nicht er, jetzt redet es aus ihm.

Pathetisch beklagt er das »erschütternde Schicksal, das uns seit dem November 1918 verfolgt«:»Das Erbe, das wir übernehmen, ist ein furchtbares«, ruft er. Seine Parteigänger lauschen begeistert, wie er den einen das Blaue vom Himmel herunter verspricht und den anderen droht; der »geistigen, politischen und kulturellen Nihilisierung einen unbarmherzigen Krieg« ansagt und die »Wiederherstellung eines geordneten Volkskörpers« ankündigt.

»Nun, deutsches Volk«, wirbt er schmeichelnd, verlangend, fordernd, »gib uns die Zeit von vier Jahren, und dann urteile und richte uns!«

Irgendwo am anderen Ende der Verbindung, aus einem Ungetüm von Empfangsapparat, kommen seine Worte bei einer jungen Schauspielerin an, einer spröden blonden Schönheit, Tochter eines Kreuzberger Arztes, der am vornehmen Moritzplatz praktiziert. Sie ist ein Star der Berliner Theaterwelt, kein Vamp, keine Diva, sondern das Ideal des netten Mädels von nebenan, berühmt als zarter Wirbelwind und zerbrechliche Kratzbürste.

»Sie ist die Verkörperung unserer Stadt«, hat vor Jahresfrist der Kritiker Rudolf Arnheim, ein anderer Emigrant in spe, ihr Spiel gepriesen: »Wenn die Orgel braust und der Pfau sein Rad schlägt und der Tenor schluchzt – und wenn wir... Neunzehnhunderteinunddreißiger müde abwinken: ›O Freunde, nicht diese Töne!‹, dann klingt nach einer kleinen Pause eine klare, silberne, gütige Stimme. Grete Mosheim.«

Ende Januar 1933 kommt sie von einem längeren Erholungsurlaub aus dem Ausland zurück. Auf dem Weg nach Berlin macht sie zusammen mit ihrer Mutter bei Verwandten auf dem Land Zwischenstation. Der Onkel schaltet das Radio für die Rede des gerade vereidigten Reichskanzlers ein, und plötzlich scheint der jungen Schauspielerin die Heimat verändert, als läge ein böser Zauber über ihr.

Grete Mosheim hat von dem Mann noch nie gehört. Er heißt Hitler und ist ihr auf den ersten Ton unsympathisch. Sein Gekeife, das über den Äther bis in die Wohnungen der Provinz dringt, erschreckt sie. Mit Politik hat ihr Widerwillen nichts zu tun, sie begreift gar nicht so recht, worüber der Mann geifert. Ihr Abscheu ist ästhetischer Natur, und nicht nur sie findet das Gebrüll widerlich.

»Eines Tages schreit einer aus dem Radio. Er schreit immerzu, jetzt darf er reden, und jetzt wird er reden, und jetzt muß er reden, und er redet eine ganze Stunde«, erinnert sich Wolfgang Graetz an das Jahr 1933, in dem er sieben Jahre alt war: »Ich frage: Warum schreit denn der Onkel so?, aber niemand weiß es.«

»Hier bleibe ich nicht«, sagt Grete Mosheim zu ihrer Mutter. »Ich gehe weg, das mache ich nicht mit.«

Die Mutter versteht sie nicht – bis zu diesem Tag hat sich das behütete Mädchen nie um etwas anderes als um ihren Beruf gekümmert.

Begonnen hat Grete Mosheims Karriere Mitte der zwanziger Jahre. Damals teilte sie ihren Schauspiellehrer mit einer anderen Elevin namens Marlene Dietrich. Seine beiden

Schülerinnen werden ihr Leben lang Freundinnen bleiben. Zunächst jedoch machte nur die zierliche Arzttochter Karriere. Die Dietrich, eine große, kräftigere, fast männliche Frau, hatte noch ein paar Jahre um den Durchbruch zu kämpfen. Erst 1930 fiel sie mit dem »Blauen Engel« erfolgreich auf die bald berühmten Beine. Die Ufa zögerte, ihr einen langfristigen Vertrag zu geben – der rechte Medienzar Hugenberg mochte den Film nach dem Roman dieses ekelhaft demokratischen Schriftstellers Heinrich Mann nicht leiden und wollte ihn sogar unter Verschluß halten. Doch Hollywood umschwirrte LolaLola wie eine ganz fette Motte das Licht und kaufte sie aus Berlin weg. Daß die Dietrich nie wieder zurückkehrte, dafür sorgten dann die Nazis.

Ihre Freundin Grete Mosheim hingegen hatte es am Anfang einfacher. Schon 1926, mit siebzehn, stand sie zum erstenmal auf einer Bühne, entdeckt von Max Reinhardt, der wie kein anderer in den zwanziger Jahren das deutsche Theater formte. Der »große Zauberer«, wie ihn die Zeitgenossen nannten, hatte den naturalistischen Inszenierungsstil überwunden, er realisierte sinnliche Theaterphantasien, erweiterte die Guckkastenbühne zum Zuschauerraum hin, inszenierte opulentes Welttheater in riesigen Sälen, Zirkusarenen, im Freien. Innerhalb weniger Jahre schuf er ein Bühnenimperium, das auf dem Höhepunkt seiner Machtentfaltung allein in Berlin zehn Theater umfaßte. Ihm verdankte es die deutsche Hauptstadt, daß sie zum Zentrum der internationalen Theaterwelt geworden war. Zu Beginn von Grete Mosheims Karriere hieß es: Wer gut ist, kommt nach Berlin, an eine der Reinhardt-Bühnen.

Jetzt, sieben Jahre später, vernichten die Nazis, was er geschaffen hat: »Max Reinhardt Goldmann«, hetzen sie, »schuf einen neuen krankhaften Typ, bildete Schauspieler in seiner Schule heran, die nur etwas waren oder werden konnten, wenn Sprache oder Darstellungsart irgendein Gebrechen aufwiesen... Die sorgsam aufgebaute Kultur deutscher Theaterkunst wurde zerstört...«

140

Zwei Wochen nach dem Reichstagsbrand sitzt der Theaterkönig in einem Abteil des Nachtzugs nach Wien, den Hut in die Stirn gezogen und in das Studium einer Zeitung vertieft, hinter der er sein Gesicht versteckt.

»Beim Fliehen befand man sich in guter Gesellschaft«, sagt der Schriftsteller Hans Sahl, der mit demselben Zug die Stadt verlassen mußte.

Das nette Mädel von nebenan: Grete Mosheim am Anfang ihrer Karriere (1926)

141

Auf den Berliner Bühnen wird noch eine Weile Reinhardts Theater gespielt, denn manche seiner Schüler und Entdeckkungen bleiben, machen Karriere. Die besten aber verlassen wie er das Dritte Reich. Einige, auch Grete Mosheim, werden nach dem Krieg zurückkehren. Für den großen Zauberer ist es eine Reise ohne Wiederkehr. Er wird 1943 im New Yorker Exil sterben.

In diesem Frühjahr 1933 bringt fast jeder Tag Erlebnisse, die Grete Mosheim erschrecken und verletzen. Freunde und Kollegen erhalten Berufsverbot, fliehen, weil sie um ihr Leben fürchten müssen. Auf den Straßen herrscht der uniformierte Mob. Als besonders schlimm empfindet Grete Mosheim die Unfähigkeit der meisten nichtjüdischen Freunde und Verwandten, die Gefahr zu erkennen.

Eines Tages etwa sitzt sie mit ihrer Mutter im Café *Kranzler* Unter den Linden. SA-Trupps marschieren, Fahnen schwingend, vorbei. Die uniformierte Horde stimmt das Horst-Wessel-Lied an und zwingt die vornehme Kuchen-Gesellschaft, sich zu Ehren des Nazi-»Märtyrers« zu erheben.

»Ist ja wunderbar«, sagt die harmlose alte Frau, »wie unterm Kaiser.«

Niemand versteht, warum sich die junge Schauspielerin so aufregt. Man versucht, sie zum Bleiben zu überreden.

»Ach, liebe Grete«, argumentieren die Freunde, »das ist Unsinn. Deine Mutter ist doch . . . Du bist ja nur halbe Jüdin. Und außerdem, der Hitler kann nicht dauern, vielleicht sechs Monate . . .«

Grete Mosheim bleibt eigensinnig.

»Vielleicht wird es so kommen«, sagt sie, »aber vorläufig gehe ich erst mal weg.«

Ziel ihres Exils ist England. »Ich will Wasser zwischen mich und Hitler bringen.« Denn sie ist überzeugt: »Der macht Krieg und erobert ganz Europa.«

Diesen Gedanken läßt sie sich nicht ausreden. Allen guten Argumenten zum Trotz, die man ihr entgegenhält, löst sie ihren lukrativen Vertrag. Am Ende der letzten Vorstellung – sie tritt zusammen mit Rudolf Platte in einer Operette auf – spielt das Orchester: »Muß i denn zum Städtele hinaus…« Am nächsten Tag verläßt die junge Schauspielerin mit dem sicheren Instinkt »vorläufig« ihre Heimat. Zwanzig Jahre müssen vergehen, bis Grete Mosheim wieder auf einer Berliner Bühne stehen wird.

22

UNTER DEM MEERESBODEN Eine zierliche alte Frau mit einer Kleinmädchenfigur kommt mir, ein wenig schräg gehend, durch die Hotelhalle entgegen. Sie verbreitet sofort die Aura des Geheimnisvollen. Die Hand, die sie mir reicht, ist blaß und schmal und federleicht wie eine getrocknete Blume. Das maskenhaft starre Gesicht lächelt um die Mundwinkel, die Haut liegt so eng an, daß sich die Schädelknochen mehr als erahnen lassen.

Grete Mosheim tritt auf, und die Welt, in diesem Fall das Berliner Hotel *Kempinski*, wird zur Bühne. Plötzlich herrscht die Atmosphäre eines exklusiven Wartesaals erster Klasse. Ginge es mit der rechten Phantasie zu, müßte uns die Raum-Zeit-Maschine ihrer Persönlichkeits-Kunst jetzt in die Welt des alten Europa versetzen, auf den Perron eines Jugendstil-Bahnhofs etwa, wo jeden Augenblick die Abfahrt des *Orient-Expreß* bekanntgegeben wird.

»Setzen wir uns dort drüben hin«, sagt sie und zeigt in eine stille Ecke der Lobby. Die große alte Dame des deutschen Theaters, achtzig Jahre alt und seit bald fünfzig Jahren amerikanische Staatsbürgerin, lebt in New York und besucht Deutschland nur gelegentlich.

Sie geht ein paar Schritte voran, und ihre Gesten, ihre Stimme, die schiere Gegenwart ihrer Person verzaubern; noch ein maskenhaftes Lächeln, und wirklich, unsere Faurt im *Orient-Expreß* beginnt. Wir betreten den Salonwagen,

143

sinken in die weichen Polster und spielen ein bitteres Salon-stück. Gegeben wird: Das Leben ist ein Spiel, in dem sich verzeihen und vergessen läßt.

Wie sie vom Aufstieg der Nazis bis zum Januar 1933 nichts bemerken konnte? »Ich war damals völlig unpolitisch.« Die alte Frau lacht schüchtern wie eine Zehnjährige, die man ohne ihre Hausarbeiten erwischt hat. »Man muß sich heute schämen, daß das möglich war.«

»Fiel Ihnen der Abschied schwer?«

Nein, meint sie, das Exil am Anfang jedoch sehr. Kurz zuvor ist ihre erste Ehe mit dem ebenfalls emigrierten Schauspieler Oskar Homolka in die Brüche gegangen. Nun muß sie den (vorläufigen) Niedergang ihrer Karriere erleben:

Publikumsliebling: Grete Mosheim beim Fußballspielen mit ihrem damaligen Ehemann Oskar Homolka (rechts) und Theo Matejko (1930)

144

»Wenn ich ständig daran denken muß: Habe ich das Wort auch richtig ausgesprochen? – dann ist es doch schon aus. Aber ich mußte eben immer aufpassen, denn der französische Akzent hört sich sehr charmant an, der schwedische auch. Aber der deutsche klingt nur komisch, leider.«

Es ist früher Nachmittag, und Grete Mosheim bestellt einen Tee. Sie ist hauchdünn, furchterregend zart und wirkt dabei so unzerbrechlich, wie das sprichwörtliche Rohr im Wind.

»Haben Sie Berlin sehr vermißt?«

»Nein, für mich war Deutschland unter dem Meeresboden versunken.«

»Wie haben Sie das überstanden, von einem Tag auf den anderen alles aufzugeben?«

»Ich will Ihnen eine komische Geschichte erzählen.« Grete Mosheim lehnt sich zurück und beginnt zu sprechen.

Während der *Orient-Expreß* durch die Landschaft der Erinnerung rattert, verschwimmt das Bild zu einer Blende in das Jahr 1932.

23

IN VEREHRUNG Grete Mosheim ist der Liebling der Berliner. Ihre Bühnenchansons werden Schlager, und die Filme, in denen sie mit neusachlichem Charme als kesses, emanzipiertes Depressionsmädel auftritt, sind Kassenhits. »Es ist schwer«, schreibt Hans Sahl in seinen Memoiren, »einem jungen Menschen verständlich zu machen, was das Theater uns einmal, was es der Welt bedeutete. Es war der Ort, wo Probleme, die alle angingen, behandelt wurden. Es war Ausdruck einer Zeit, die eine Antwort suchte...«

Grete Mosheim, der jugendliche Bühnen-Star aus Kreuzberg, genießt die schillernde Lebendigkeit Berlins, die nur noch einen historischen Augenblick dauern wird. In den schicken Treffpunkten wie dem Romanischen Café oder dem Café des Westens mischen sich die Szenen, verschwimmen die Grenzen zwischen Elitekultur und populärer Unterhaltungskunst. Schauspieler und Literaten, Wissenschaftler und Nachtclubsängerinnen, Philosophen und Produzenten, Verleger und Journalisten, Komponisten und Regisseure – sie alle sorgen gemeinsam dafür, daß Berlin in den späten zwanziger Jahren die fortschrittlichste und die dekadenteste, die gewagteste und die bedeutendste Metropole der Welt wird. Berlin ist, wo die Moderne lebt.

Bei aller Kontaktfreudigkeit gibt es jedoch eine Gruppe von Neu-Berlinern, die von den anderen weitgehend gemieden wird – die Emigranten.

In der deutschen Hauptstadt leben Tausende von Weißrussen, die nach der Oktoberrevolution ihre Heimat verlassen mußten. »Alle behaupteten irgendwie, daß sie Großfürsten und Großfürstinnen seien«, erinnert sich der spätere Hollywood-Emigrant Walter Slezak – und daran, daß viele »Anstellungen als Türsteher und Klosettfrauen in den unzähligen Nachtlokalen« fanden. Einer der Flüchtlinge ist Vladimir Nabokov, der mit dem amerikanischen Roman »Lolita« Weltruhm erlangen wird, ein anderer Vladimir Horowitz. Die Emigranten haben eigene Treffpunkte, die meisten ihrer Berliner Kollegen halten zu den vertriebenen Künstlern und Intellektuellen Distanz.

»Da gab's ein Café, wo die sich trafen, und da ging man drumherum, da kam kein Deutscher rein. Fremde blieben Fremde«, sagt Grete Mosheim.

Einen dieser Fremden lernt sie dann kennen, den Schauspieler Michail Tschechow, Neffe des russischen Dramatikers Anton Tschechow und zukünftiger Großvater von Vera Tschechowa. Sein Akzent läßt ihn lange keine Arbeit finden, bis Max Reinhardt ihn für die Jazz-Komödie »Phaea« engagiert, mit 300 000 Mark Herstellungskosten eine der teuersten Produktionen dieser Jahre.

»Eine kleine Sehnsucht« singt die Mosheim in diesem Stück, einem der ersten übers Filmemachen. Das Lied ist eigens für sie geschrieben worden, von Friedrich Hollaender, der Marlenes Welthit »Ich bin von Kopf bis Fuß auf Liebe eingestellt« komponiert hat und den die Nazis wie die Mosheim, wie Marlene, wie Max Reinhardt ins amerikanische Exil treiben werden.

In der Nebenrolle als Kellner stört Michail Tschechows russisches Sprachholpern nicht, schlagen sich doch damals im Berliner Alltag viele russische Emigranten mit solchen Jobs durch. Als »Phaea« abgesetzt wird, ist Tschechow wieder arbeitslos.

»Ich werde nach London gehen«, sagt der akzentbeladene Schauspieler zur Mosheim, »mal sehen, ob es da etwas für mich gibt.«

Zum Abschied schickt er ihr einen Strauß Blumen. »In Verehrung« steht auf der beiliegenden Karte, die von einer kleinen goldenen Krone geziert wird.

Im Tempo der Zeit: Grete Mosheim am Steuer ihres Chrysler (1928)

»Süß!« denkt die junge Schauspielerin, und: »Es ist ja entsetzlich, der arme Mann.«

Sein Schicksal ist ihr völlig fremd. Noch kann sie nicht nachempfinden, was es heißt, Emigrant zu sein, ein Heimatloser unter lauter Inländern. Zwei Jahre später aber trifft auch sie in London ein. Außer ein paar Theaterleuten und Kritikern kennt hier kaum einer ihren Namen. Zudem beherrscht sie die englische Sprache bloß sehr gebrochen. Gleich allen Flüchtlingen erlebt sie nun, jeden Tag ein bißchen mehr, die Schrecken der Emigration, Armut und Not, das Ausgeliefertsein, die Wehrlosigkeit gegenüber den bürokratischen Schikanen der Ausländerbehörden: die Erfahrung, als ein Stück überflüssiges Fleisch behandelt zu werden, dessen Überleben an einem Paß und ein paar Stempeln hängt.

Mit wenig Mut und noch weniger Geld sitzt die Ex-Berlinerin kurz vor ihrem dreißigsten Geburtstag in einem Londoner Künstlercafé, zusammen mit ein paar Freunden, die wie sie aus Deutschland geflohen sind. Die Stimmung am Tisch ist gedrückt. Geld durfte jeder nur eine geringe Summe mitnehmen. Die wenigsten haben Arbeit gefunden, viele besitzen nicht einmal eine Arbeitserlaubnis.

Zur Überraschung der jungen Schauspielerin kommt nach einer Weile ein Ober und bringt eine Visitenkarte. Sie wird von einer goldenen Krone geziert: »In Verehrung...«

24

AMEISEN IM GLÜCK »Da saß er am Nachbartisch, der Tschechow. Er ein Emigrant, ich ein Emigrant.«

Der Kellner serviert den Tee, Grete Mosheim beugt sich in den Polstern vor und kontrolliert das Gedeck.

»Zu heiß«, sagt sie, »ich möchte Eis, fünf Stück!«

Der Kellner, ein älterer Mann, den man sich gut in Uniform vorstellen kann, sieht sie erstaunt an. Ihr bestimmter

Blick bringt seinen schon geöffneten Mund zum Schweigen. Als er gegangen ist, spricht sie weiter.

»Oft muß ich seitdem daran denken, wie wir uns in Berlin gegenüber den russischen Flüchtlingen verhalten haben. Jeder erzählte einem ja, was Tolles er einmal war. Sie trafen kaum einen *taxidriver*, der nicht Admiral gewesen war in Rußland. Wir haben kein Wort geglaubt, nur darüber gelacht. Und nachher ist es uns deutschen Emigranten in Amerika nicht anders ergangen.«

Grete Mosheim allerdings hatte das Glück einer schönen Frau. 1936 lernte sie in London ihren zweiten Mann kennen. Mister Gould erblickte die Schauspielerin zuerst auf der Bühne, in einem mittelmäßigen Stück in einer mittelmäßigen Rolle. Er war begeistert, er war Multimillionär, und Grete Mosheim war froh, nicht mehr fürs Geld spielen zu müssen.

»Ich habe beschlossen: nie wieder. Ich kann in einer anderen Sprache nicht Theater spielen. Es wird nie was draus.«

Damals vielleicht rollte der *Orient-Expreß* zum erstenmal vorbei, und die mittellose Emigrantin stieg ein. Die Schauspielerin gab ihre Karriere auf, entschädigte sich mit Luxus, tröstete sich mit Weltreisen. Auf Bühnenbrettern geschult, wurde sie ein Erfolg auch auf dem glatten Parkett der internationalen Gesellschaft.

Doch der Krieg, den Grete Mosheim schon so lange befürchtete, rückte immer näher.

»Ich habe meinem Mann angst gemacht«, sagt Grete Mosheim und lächelt mit allem Recht zur Bosheit. Mr. Gould, seit Jahr und Tag ein Amerikaner in London, willigte erst nach einigem Drängen ein, nach Amerika zurückzugehen. Gerade rechtzeitig vor dem »Blitz« der deutschen Luftwaffe siedelte das Paar nach New York über.

»Warum sind Sie eigentlich, nachdem Sie Deutschland verlassen mußten, nicht gleich in die USA, nach Hollywood gegangen?«

»Ach, wir wußten in meiner Jugend gar nichts von Amerika. Das schien ungeheuer weit weg, das war überhaupt nicht vorstellbar. Bis Amerika – so weit reichte meine Phantasie nicht. Eher würde ich heute auf den Mond fliegen, wenn mich jemand mitnähme, als daß ich damals nach Amerika wäre.«

»Und umgekehrt: War Deutschland für die Amerikaner genauso fern, oder wußten sie, was hier vorging?«

»Ach, mein Gott, die hatten keine Ahnung von der Situation. Die haben es einfach nicht geglaubt, wenn ich ihnen davon erzählte.« Die Mosheim hebt ironisch ihre Stimme: »Nein, es ist ja alles übertrieben, Hitler ist ein guter Mann.« Sie schluckt leicht und spricht dann mit normalem Tonfall weiter. »Darunter habe ich sehr gelitten. Es war unmöglich, einen Menschen davon zu überzeugen, was sich abspielte. Es war schrecklich.«

Grete Mosheim rührt in ihrem Tee, schaut auf den Dampf, der emporsteigt, und winkt dem Kellner, der ihr mit einer lahmen beschwichtigenden Geste antwortet. Die alte Dame strahlt mehr Energie aus als alle umstehenden Kellner zusammen. Der *Orient-Expreß* rollt weiter.

»Sie lebten nach Ihrer Heirat in sicheren Verhältnissen. Konnten Sie anderen helfen?«

»Wo es ging, habe ich es getan. Aber wenn man einen reichen Mann hat, ist man noch nicht selber reich. Ich hatte nur ein Taschengeld, und mein Mann besaß gar kein Verständnis für uns Emigranten, er hätte nie einen Dollar hergegeben. Wie gern hätte ich viel mehr geholfen!« Ihre Eltern immerhin konnte sie aus Deutschland herausholen.

In New York mieteten die Goulds eine fürstliche Suite im *Plaza*. Das Hotel liegt am Central Park, dort, wo New York am schönsten, wenn auch nicht am billigsten ist. Ein anderer Luxuszug, große, schöne Abteile, herrliche Aussicht.

»Ich habe immer im Hotel gewohnt, seit ich mein Elternhaus verließ. Ich wollte nie eine Wohnung haben.«

Als Mrs. Gould war die Mosheim eine vielbeschäftigte Dame der New Yorker Society, die Sonntagabende jedoch reservierte sie den Mit-Emigranten, den zahlreichen Freunden und Bekannten, die sie in New York wiedergetroffen hatte.

Allwöchentlich versammelten sich so geflüchtete deutsche Künstler im *Plaza*, dessen Räumlichkeiten für die meisten sonst unerschwinglich waren. Zu den Gästen zählten der Schriftsteller Franz Werfel und seine Frau Alma, die Witwe Gustav Mahlers; der Regisseur Erwin Piscator und der Dirigent Bruno Walter, Marlene Dietrich, Alfred Polgar und, nach der Besetzung Frankreichs durch die Nazis, Jean Gabin. Nachdem die USA in den Krieg eingetreten waren, kamen auch oft Max Reinhardt und sein Sohn Gottfried, der es in Hollywood zum Assistenten des MGM-Chefs Louis B. Mayer gebracht hatte und nun in New York bei einer Nachrichteneinheit diente.

»Die Mosheim hatte im *Plaza* eine wunderschöne Wohnung, mit eigenen Möbeln sogar«, hat mir Gottfried Reinhardt erzählt, als ich ihn in Los Angeles traf. »Aber sie lebte da wie in einem goldenen Käfig.«

Ihr »Jour fixe« am Sonntagabend war das wöchentliche Hauptereignis des deutschen Exils in New York – sehr zum Unwillen von Mr. Gould, der das Heimatland seiner Frau nicht mochte und die barbarische Sprache nicht verstand.

»Nur einmal in der Woche durfte sie sich Deutsche einladen, sonst mußte englisch gesprochen werden«, sagte Gottfried Reinhardt. »Ihr Mann, der so ein richtiger Mogul war, stand dann immer am Fenster und starrte raus. Das machte ihm keinen Spaß, dem Mister Gould.«

»Was habt ihr euch wieder gestritten!« klagte er manchmal, wenn die Emigranten-Runde auf deutsche Art besonders fröhlich, also besonders laut, gefeiert hatte. Und fröhlich ging es meist zu.

»Es war ja für viele ein trauriges, ein schweres Leben. Aber jeden Sonntag, da wurde alles vergessen«, sagt Grete Mosheim, und ihre Augen strahlen in der Erinnerung. »Wir haben Klavier gespielt und waren vergnügt...«

»Was war das für ein Gefühl, wenn Sie im *Plaza* saßen und hörten, Berlin wird bombardiert?«

»Schlechte Frage. Ich hatte noch Verwandte in Berlin. Aber mir war alles recht, solange nur der Hitler beseitigt wurde. Wir alle hofften, daß jemand den Kerl umbringt.«

»Haben Sie darüber gesprochen an diesen Abenden?«

»Ach, nein, meistens ging es um nichts Ernstes. Jeder war glücklich, mal rauszukommen . . . Gut hatten es ja die wenigsten.«

»Einige sind im US-Exil auch sehr erfolgreich gewesen«, wende ich ein, »Franz Werfel etwa, dessen Roman ›Lied von Bernadette‹ verfilmt wurde und dessen Stück ›Jacobowsky und der Oberst‹ mit einigem Erfolg am Broadway lief.«

»Ja, aber gerade der Werfel hat immer gesagt: ›Wenn das noch lange so weitergeht, dann kann ich nicht mehr schreiben, denn wenn man von den Wurzeln der Sprache entfernt ist, trocknet sie ein.‹«

Nach dem Sieg der Alliierten teilte sich die Front der Emigranten: in die wenigen, die zum frühestmöglichen Zeitpunkt zurückkehren wollten, und die vielen, die an ihrem alten Schwur festhielten, nie wieder einen Fuß auf deutschen Boden zu setzen.

Grete Mosheim verschlug es erst Anfang der fünfziger Jahre, nach ihrer Scheidung von Mr. Gould und mehr einer Laune folgend, als einem Plan gehorchend, in ihre verlorene Heimatstadt.

»Ich war in Paris und sehr unglücklich aus privaten Gründen und dachte: ›Na, nun setz dich aufs Flugzeug und sieh dir mal Berlin an.‹ Ich hatte keine Ahnung, daß mich hier noch jemand kennen würde, daß die alle den goldenen zwanziger Jahren nachtrauerten. Wir haben damals vor Hitler Theater gemacht, wie wir's eben konnten. Daß das so herrlich war, habe ich erst 1952 erfahren.«

Der Kellner trägt das Eis herbei. Es sind drei schmelzende Stücke auf einer Untertasse.

»Jetzt ist der Tee schon kalt«, sagt die Mosheim.

Wir freuen uns über Ihr Interesse, das Sie einem Buch aus dem Rasch und Röhring Verlag entgegenbringen.

Wenn Sie uns diese Karte mit Ihrer Adresse einsenden, werden wir Sie gerne laufend über unsere Neuerscheinungen informieren.

Herr/Frau
Name, Vorname _____

Straße _____

Ort _____

Diese Karte entnahm ich dem Buch

Wodurch sind Sie auf dieses Buch aufmerksam geworden?

☐ Empfehlung eines Bekannten
☐ Rat des Buchhändlers
☐ Buchbesprechung
☐ Rundfunksendung
☐ Anzeige
☐ Prospekt
☐ Schaufensterauslage
☐ Interesse für den Autor

Vielen Dank für Ihre Bemühungen und viel Spaß beim Lesen.

Rasch und Röhring Verlag

Rasch und Röhring Verlag

Hoheluftchaussee 95

2000 Hamburg 20

Der Blick, mit dem der Kellner die alte Dame bedenkt, ist eher triumphierend als entschuldigend.

»Da bringen Sie mir halt einen frischen Tee«, sagt die Mosheim, und es klingt zu meiner Überraschung fast versöhnlich. Sie schaut dem Kellner in die Augen, bis der nicht mehr standhält, dann erst sagt sie: »Und das Eis gleich dazu. Fünf Stück bitte!«

Keine zwei Minuten später steht beides vor ihr.

Für den Neubeginn ihrer Karriere spielten der Zufall und das Leben im Hotel weiter eine wich-

Comeback: Grete Mosheim und ihr Berliner Zeitschriftenhändler (1955)

tige Rolle. Kurz nach ihrer Ankunft in Berlin traf Grete Mosheim in der Halle ihres Hotels den englischen Schriftsteller Christopher Isherwood, der bis 1936 in Berlin gelebt und während des Hollywood-Exils engen Kontakt mit vielen deutschen Emigranten gehalten hatte. Isherwood sprach die Schauspielerin an, die er in den frühen dreißiger Jahren so sehr bewundert hatte:

»Mrs. Mosheim, you got to play in my play.«

Das Stück, in dem sie auftreten sollte, trug den Titel »Ich bin eine Kamera«, beruhte auf Isherwoods »Goodbye To Berlin«-Geschichten und erzählte vom Deutschland der dreißiger Jahre, von den Nazis, vom Untergang einer Welt. Grete Mosheim wünschte sich Isherwood für die Rolle der Sally Bowles, die zwanzig Jahre später in »Cabaret«, der Verfilmung der Musicalfassung, Liza Minnelli spielte.

»So kam es dann. Und es wurde eine herrliche Zeit.« Grete Mosheims Gesicht bleibt nahezu unbeweglich, aber ihre Stimme ist voller Freude. »Ich habe Berlin wieder so heiß geliebt, mit Trümmern und allem.«

»Sie hatten lange auf keiner Bühne mehr gestanden – nichts verlernt, nichts vergessen?«

»Nein, das ist wie mit dem Radfahren, das kann man nicht verlernen. Schon bei der ersten Probe war mir, als wäre ich nie weggewesen. Die Jahre, in denen ich hier Theater spielte, wurden die schönsten meines Lebens.«

Grete Mosheim, die in Berlin bald wieder »die Mosheim« hieß, feierte Erfolg auf Erfolg, knüpfte mühelos an ihre Berliner Vor-Hitler-Karriere an. Später faszinierten ihre Verkörperungen älterer, morbid-fragiler Frauengestalten – in Dürrenmatts »Besuch der alten Dame« etwa und in »Harold and Maude« – auch nachwachsende Publikumsgenerationen.

Im Hintergrund beginnt ein Klavierspieler mit stiller, melancholischer Musik zum Nachmittagstee. Grete Mosheim lehnt sich zurück. Es fällt schwer, sie nicht mit ihren Rollen zu verwechseln: ein wenig lasziv und skurril, naiv und vergeistigt, zart, aber niemals wehrlos.

»Manchmal denkt man«, sagt sie amüsiert mit herber Stimme, »das kann gar nicht alles nur ein Leben gewesen sein.«

Die Fahrt im *Orient-Expreß* nähert sich ihrem Ende. Wir sprechen vom Schicksal anderer Emigranten. Der eine ist tot, ein anderer liegt im Sterben, erzählt sie.

Und ein dritter, mit dem sie im Berlin der frühen dreißiger Jahre Theater gespielt hat, berichte ich ihr, genießt sein Alter als amerikanischer Multimillionär.

»Nein, wirklich!« sagt die Mosheim, und es klingt eher begeistert als erstaunt. »Die Menschen sind doch wie die Ameisen: Welche kriegen einen Tritt und sind tot, und andere, wupps, werden da ins Glück geworfen.«

Plötzlich strahlt das starre, maskenhafte Gesicht der Mosheim wie das einer Schauspiel-Elevin, die auf den ersten großen Durchbruch hofft.

»Alles Zufall«, sagt sie.

An diesen Gesichtsausdruck erinnere ich mich, als einige Monate später ein Tagesschausprecher, kurz vor der Wetterkarte, meldet, daß die große Schauspielerin am 29. Dezember 1986 in New York gestorben ist, im Exil, in das sie – in der Sprache des Rassenwahns eine »Halbjüdin« – getrieben wurde und das schließlich ihre Heimat war.

»Ach, mir ging es ja noch gut«, hatte sie am Ende unserer Begegnung die Summe ihres Lebens gezogen. »Es ist ja so vieles eine Frage des Geldes.«

Dabei hatte sie mit den Schultern gezuckt und dann mit einem Blick, der nicht in die Gegenwart sah, zögernd nach Worten gesucht.

»Das einzige im Exil... es weiß natürlich niemand, wer man war, und manchmal vergißt man es selbst: War ich eigentlich Schauspielerin? War ich einmal ein Star?«

Und während der *Orient-Expreß* uns endgültig in die Wirklichkeit einer Berliner Hotelhalle entließ, hatte sie mir plötzlich in die Augen gesehen und gesagt:

»Man wird halt wieder Lieschen Müller.«

25

TEMPO, TEMPO Im Berliner Abseits der siebziger und achtziger Jahre ließ sich Kultur langsam angehen, selten groß im Geschäft, dafür ganz bei der eigenen Sache, ein wenig ärmlich, aber nicht erbärmlich, kleinkariert und aufgeblasen, hochsubventioniert und mäßig versteuert. Doch mit dem *Fin de Millennium* droht der Abbruch der alten Entziehungen. Politik und Industrie investieren wieder in die aufgemauerte Halbstadt – obgleich vorerst primär Sehnsüchte, Hoffnungen, Begierden –, und die Erwartung liegt nahe, daß das soziale und intellektuelle Leben bald ihren schnelleren und rücksichtsloseren Rhythmen gehorchen wird. Nach den Umwälzungen in der DDR geht daher wie im Osten auch im Westen Berlins die Angst vor einer Kolonialisierung durch bundesdeutsches Kapital und Personal um.

»Ob die Verfassung gebrochen wird oder der Hundekot nicht abtransportiert, alles hat man auf demselben Niveau und mit derselben Erregung verhandelt.«

Droht das Aus, fragen sich viele im aufgescheuchten Kiez, nicht nur für die Biotope im Todesstreifen, sondern auch für Sozio- und Kultope, die sich in ihrem Schutz entfalten konnten? Wird mit der großen marktwirtschaftlichen Abräume das Aufräumen im Ost-West-Subventions-Babylon beginnen, und werden die Ureinwohner mitsamt den zugereisten Aussteigern, die Life-Style-Flüchtlinge, Nischenbesetzer, die alternativen Freaks, die Vor- und Langsamdenker, die sich in Berlin Ost wie West versammelt haben, werden sie überrollt von einer Kapitalflut, in deren Kielwasser Innovation und Modernisierung, kurzfristige Profite und technokratische Effizienz hereinbrechen? Wird die rasante Berg-und-Talfahrt auf dem Weg zur deutschen Hauptstadt den Verdrängungswettbewerb so lange verschärfen, bis es zu eng ist für die Alternativen und die Armen; für Ausländer und Inländer, die ihre Utopien nicht begraben wollen, für alle, deren Leben auf billigen Mieten und teuren Träumen beruht?

»Die intellektuelle Szene hier hatte einen gewissen altmodischen Charme«, meint Yaak Karsunke,»wir haben nicht Geiselgasteig vor der Tür, und nicht jeder ist gerade dabei, Fernsehserien zu schreiben oder Baby Schimmerlos zu spielen. Die Kultur ist nicht so glitzernd, man kann nicht soviel abstauben. Dafür fehlte bis jetzt einfach das Kapital.« Karsunke, ein kantiger, kurz- und grauhaariger Mann Mitte Fünfzig, ist seit 1984 Mitglied des PEN-Präsidiums. Im vergangenen Jahr hat der renommierte Lyriker mit »Toter Mann« seinen ersten Kriminalroman veröffentlicht, dessen Handlungsort, die Westberliner Kulturnische, binnen Jahresfrist nicht mehr existieren dürfte.

»Gut, wir haben eine reichhaltige Fußkrankensammlung«, sagt Karsunke, der die nächsten fünf Jahre als Gastprofessor an der Berliner *Hochschule der Künste* lehren wird, »einen Haufen Leute, die jeden Abend in derselben Kneipe sitzen und erzählen, daß sie morgen das große Bild oder den großen Roman anfangen werden. Aber aus diesem Künstlerproletariat kommen einzelne, die es ohne diese Szene nicht geschafft hätten. Wenn man das Subventionsbiotop ökonomisch austrocknet, geht viel verloren.«

Karsunkes Arbeitszimmer, möbliert in der üblichen Mischung aus dunklen antiken Stücken und hellen neuen Bücherregalen, liegt im vierten Stock eines Hinterhofhauses, nicht weit vom unteren Ku'damm. Die Sonne ist hinter den grauen Mauern verschwunden.

Lange hat Karsunke, ein »gräßlicher Lokalpatriot«, in München und Frankfurt gewohnt:»Was mich in dem Vorurteil bestätigte, daß man nur hier leben kann.«

Als ich ihn bitte, seine Liebe in Worte zu fassen, muß er kaum Anlauf nehmen:»Berlin ist stets eine rauhe, realistische Stadt mit einer großen sozialen Breite gewesen, eine Stadt mit Gegensätzen, nicht so eine verpupte Idylle wie viele Städte im Süddeutschen.«

Aber ist das wirklich eine Beschreibung West-Berlins vor der Maueröffnung, schwingt da nicht Erinnerung mit?

»Die große, von starkem Leben durchpulste Stadt war der deutschen Vergangenheit fremd«, beschrieb Golo Mann die Weimarer Zeit,»Berlin war ganz Gegenwart, das Amerika Deutschlands«; Walter Mehring dichtete:»Die Linden lang, Galopp, Galopp, mit der Uhr in der Hand, mit dem Hut auf'm Kopp; keine Zeit, keine Zeit, keine Zeit!«; und ein dritter Emigrant, der Regisseur und Produzent Gottfried Reinhardt, behauptete schlichtweg im Gespräch:»Ach, wissen Sie, das amerikanische Tempo, das gab es ja nur bei uns in Berlin.«

Markenzeichen des Stadtcharakters wie Schnelligkeit und Schlagfertigkeit, Ungeduld und Reaktionsvermögen haben zum Teil bis in die sechziger Jahre hinein überlebt. Der Bau der Mauer und der Abzug kompletter sozialer Schichten ließ jedoch allmählich Insel-Idyllik aufkommen. Ganz unberlinisch, aber fest im Geiste der Provinz und durchaus intelligent als Fortschrittskritik begründet, nistete sich die Langsamkeit ein.

Daß die großstädtische Atmosphäre von Schwindsucht ergriffen war, nicht zuletzt unter dem Einfluß der»schwäbischen Mafia«, die sich hier alternativ niederließ, räumt Yaak Karsunke auf Nachfrage gerne ein.

»Wenn die Szene in Kreuzberg sich empört, daß man nicht länger im Schatten der Mauer lebt, sondern daß plötzlich Durchgangsverkehr stattfindet – so unangenehm das sein mag, diesen Kleingärtnern geschieht's recht. So was gehört halt mit zu einer Metropole. Der Tempoverlust, den Berlin erlitten hat, der wird vielleicht jetzt wieder aufgeholt.«

In politischer Hinsicht besitzt die Hauptstadt-Zukunft allerdings nichts Tröstendes:»Eine Unmenge Großsprecherei und faulen Zauber.«Zum Beispiel:»Warum müssen wir hier unbedingt eine Olympiade haben? Um den Erfahrungswert zu überprüfen, daß drei Jahre nach einer Berliner Olympiade der nächste Weltkrieg ausbricht?«

Von den kulturellen Segnungen einer Hauptstadt-Werdung verspricht sich Karsunke, der die»allgemeine Besoffenheit« dieser Vereinigungswochen sehr nüchtern sieht, ebenfalls wenig. »Warum sich am intellektuellen Klima etwas verbessern soll, wenn ein Haufen Beamte und Bundestagsabgeordnete hierherziehen, das kann mir kein Mensch glaubhaft erklären. Nur weil die Herren dann im Reichtstag regieren, werden wir doch nicht Respekt vor deren Intelligenz bekommen.«

Vorteile sieht er lediglich in der fernen Möglichkeit, daß in einer Metropole Berlin eine ordentliche, das heißt Nichtnur-Springer-Presse entstehen könnte. Und in der noch ferneren Möglichkeit, daß wir Westler neben den Schwächen des Ostens wieder die eigenen erkennen.

»Aber das sind Sachen, über die denkt der dicke Mann in Bonn nicht nach, weil das ohnehin nicht seine Stärke ist, dieses Nachdenken.«

In der DDR genoß Karsunke, der im heutigen Ost-Berlin geboren wurde, lange Zeit Einreiseverbot. Es hinderte ihn daran, einem extravaganten Billigvergnügen zu frönen, dessen letzte Stunde nun für alle Berliner geschlagen hat:

»Ich fand es ungeheuer spannend, mit der S-Bahn gegen ein geringes Eintrittsgeld die Systeme wechseln zu können.«

Diese Neigung teilte er nicht nur mit Westberlinern, sondern auch mit zahllosen DDR-Emigranten, die sich in den vergangenen Jahrzehnten in der Stadt niederließen, direkt vor der alten Haustür, ein Ohr gewissermaßen an der Mauer. Schon an ihnen, den Dissidenten, konnte man – das System prägte selbst seine Widerständler – Züge der Deformation durch den preußisch-autoritären Obrigkeitsstaat beobachten. Die Nahkampfstudien, die im Getümmel nach dem Fall der Mauer unvermeidlich wurden, bestätigten die schlimmsten Befürchtungen.

»Vierzig Jahre Training, das wirkt. Zu verlernen, was an Gehorsam und Anpassung reinerzogen wurde, ist nicht einfach. Das Erschreckendste sind die Kinder. Nichts wie: ›Ja, Papa, nein, Mama.‹ Gräßlich folgsam allesamt!«

Ihren Niederschlag findet derlei Gehorsamsverinnerlichung noch in der »Melange aus Kritik und Anpassung«, im unablässigen »Ja-Aber« jener Künstler und Intellektuellen, die ausgerechnet im verordneten Rück- und Stillstand Humanität verwirklicht sehen wollen: »Diese Legende, daß es in der DDR so menschlich und warm war! Ein paar hunderttausend Stasi-Mitarbeiter garantieren natürlich eine unheimliche Intimität...«

Die Unfähigkeit zur Freiheit, die viele Autoren drüben an den Tag legen, beobachtet Karsunke mit Sorge. Er erzählt von einem Treffen in der Ostberliner *Akademie der Künste:*

»Ich war deprimiert zu sehen, wie alle um ihre Pfründe fürchten. Schriftsteller, so alt wie ich, rufen sich zum kulturellen Erbe aus und beanspruchen Denkmalschutz für die eigene Person.«

»Man fühlt sich«, gebe ich zu bedenken, »halt von allen Autoritäten verlassen.«

»Weil die drüben keine antiautoritäre Revolte hatten«, sagt Karsunke fast grimmig. »Denen fehlt in der Hinsicht einiges ...«

»Viele haben darauf vertraut, daß sich auf Dauer an den Verhältnissen nichts ändern würde...«

»Ja, die dachten, sie hätten lebenslänglich, und deshalb gab's auch keine Therapiegruppen, die auf das Leben unter anderen, freieren Bedingungen vorbereiteten. Jetzt beginnt das große Absaufen, die Angst vorm Ende der Zensur und die Angst vorm freien Markt.«

»Betreffen die Ängste drüben nicht auch die Infragestellung der Rolle als Schriftsteller? In demokratischen Gesellschaften stehen Autoren nun einmal nicht im Zentrum der Auseinandersetzungen.«

»Klar, wir sind hier nicht wichtig. Mit zwei Anspielungen konnte man drüben den Staat so ärgern, daß der einen verbot. Offenbar die höchste Form der Anerkennung: Kaum habe ich zwei Stasi-Leute vor dem Haus, schon bin ich ein bedeutender Schriftsteller! So leicht so berühmt wird man nun nicht mehr. Bloß, man kann die Stasi nicht wieder einrichten, nur damit die Kollegen drüben keinen Bedeutungsverlust erleiden.«

»Der lange Lernprozeß, der ansteht«, frage ich, »was glauben Sie, wie der...?«

»Tja, da glaube ich gar nichts. Wir können das kaum nachvollziehen«, meint Karsunke. »Drüben haben sie gelernt, Sachen für normal zu halten, wo wir uns an den Kopf fassen. Wenn sich nun weiter alles so schnell ändert, wird das sicher eine Sorte Kulturschock erzeugen.«

»Die intellektuelle DDR-Identität, die sich jetzt radikal in Frage geschockt sieht, basierte ja auf dem Weimarer Erbe«, sage ich, »dem antifaschistischen Widerstand, dem von der Partei kanonisierten Teil des Exils – so, wie seit den sechziger Jahren die fortschrittliche bundesdeutsche Identität sich auf den eben nicht-kanonisierten Teil des ›Anderen Deutschland‹ stützte, die Psychoanalyse, die Vertreter der Kritischen Theorie, vor allem Marcuse, Adorno und Benjamin, das Ganze gemischt mit ein bißchen jungem Lukács und altem Bloch...«

»... viel Stoff zum Abarbeiten...«, lächelt Karsunke.

»Wobei die Frage sich aufdrängt, ob diese Tradition für ein schon wieder neues, vereinigtes Deutschland überhaupt noch entscheidende Bedeutung besitzt. Was bis gestern unsere unmittelbare Vergangenheit war, aus der wir lernen konnten, ist das durch die Ereignisse nicht plötzlich in historische Ferne gerückt und zu einer interessanten, aber abgeschlossenen Epoche geworden wie Sturm und Drang oder Vormärz?«

»Nein, das sehe ich nicht so«, sagt Karsunke mit Nachdruck. »Da liegt ein Potential für die Zukunft, das in der Weimarer Republik und im Exil entwickelt wurde und bis heute gar nicht richtig erkannt worden ist. Irgendwann werden wir dahinterkommen, daß man nicht jeden neuen Martin Walser lesen muß, daß man besser wieder einen Roman von Heinrich Mann liest. Einfach, weil der nicht so provinziell ist, sondern im Grunde viel moderner. Und was die

161

Leute in der DDR betrifft, die kriegen schließlich jetzt erst eine Chance, sich realistisch zu informieren. Das heroische Bild vom Exil, das denen gemalt worden ist, hatte ja nur einzelne Berührungspunkte mit der Wahrheit.«

»Sie haben nicht zufällig eine spezielle Hoffnung, was die untergehende DDR-Kultur betrifft?«

»Doch, habe ich.« Karsunke lacht: »Daß eines Tages frischer Wind durch das Berliner Ensemble weht. Denn dabei wird mehr Staub aufgewirbelt werden als beim Abriß der Mauer.«

26

KOPFBAHNHOF Im Alltag der ungewohnt offenen Stadt halten sich die Unannehmlichkeiten mit den Sensationen die Waage. Endlich, nachdem Berlin so lange gleich und grau aussah, haben die Augen etwas zum Schauen. Allein das dichte Gedränge im Frühjahr eins nach dem Fall der Mauer weckt Großstadtgefühle. Die Staus auf den Straßen und die langen Schlangen vor den Billig-Läden rund um den Bahnhof Zoo bieten, wenn man sie mit Muße aus dem Abseits betrachten kann, durchaus eine Art Augenschmaus, ein wimmelndes und zugleich recht stilles Gegenbild zur vertraut-unruhigen Geräuschkulisse, zu den irgendwo quietschenden Bremsen, den in der Ferne verheulenden Polizeisirenen, dem Donnern der Düsenflieger, die sich gen Tegel herabsenken.

Das übermäßige Frühlingswetter, das von Februar bis Mai die Stadt in südliche Stimmung taucht, tut ein übriges, die Berliner Schnauzen milde zu stimmen. Man läßt die eingefallenen Ostler sich austoben und geht seinen eigenen Geschäften nach, die in der Regel noch wenig mit dem gewonnenen Neuland zu tun haben.

Zu den Ausnahmen im Bereich der Kulturproduktion gehört eine Firma, die unweit vom Olivaer Platz residiert. Am

Portal des gründerzeitlichen Eckhauses beißt sich ein blauer Schriftzug sehr schön mit dem giftigen Grün der Eingangstür. »Allianz-Film« steht über dem Torbogen. Was die Zusammenarbeit mit der staatlichen Ostberliner DEFA betrifft, dürfte man hier seit Jahren über die größte Erfahrung verfügen.

Geschäftsführer ist Norbert Schneider. Ein Chefbüro wie das, in dem er mich empfängt, konnte nur im alten West-Berlin überleben. Die Einrichtung scheint aus dem Fundus eines in Konkurs gegangenen Tourneetheaters ersteigert, frei nach dem Motto: Was man in einem Film nicht sieht, darf auch nichts kosten. Doch eine Modernisierung nach westdeutschem Vorbild steht ins Haus.

»Wenn wir erst mal Computer haben«, spottet Schneider, dem mein Blick über den zukünftigen Sperrmüll nicht entgangen ist, »werden wir natürlich die alten Möbel nicht mehr behalten können.«

Schneider kam 1981 als Programmdirektor des SFB nach Berlin. Er traf auf ein soziales »Feuchtbiotop«, wie er sagt, dessen »insulare Immobilität« und »implosive klaustrophobische Ungeduld« ihn verblüfften: »Ob die Verfassung gebrochen wird oder der Hundekot nicht abtransportiert, alles hat man auf demselben Niveau und mit derselben Erregung verhandelt.«

Über die heraufziehende Entprovinzialisierung der Stadt ist Schneider unverhohlen erfreut.

»Das ist eine schwierige Leistung, die im Moment der Phantasie abverlangt wird. Berliner Alltag bedeutete ja Immobilität in einer sehr mobilen Gesellschaft. Alle Anspannung war nach innen gerichtet. Teilweise war das so, daß manche Szenen außer sich selbst nichts mehr hatten, daß gewissermaßen der Wärmetod drohte. Und nun kann, was aufs sorgfältigste abgeteilt war, mit dem, was draußen existierte, zusammengeführt werden. Aber bis die richtige Offenheit nicht nur in die Ost-, sondern auch in die Westberliner Köpfe kommt, diese Umpolung wird eine Weile brau-

163

chen. Ein Personenaustausch, ein Zufluß aus der Bundesrepublik könnte das beschleunigen.«

Am schnellsten gehen die Veränderungen in geschäftlicher Hinsicht. Die staatliche Ostberliner DEFA, langjähriger Partner der »Allianz«, scheint am Ende. Die Subventionen werden wegfallen, und niemand weiß, wie sich das Ex-DDR-Publikum verhalten wird.

Noch ist das Kino dort eine der wichtigsten Freizeitvergnügungen. Ein Unterhaltungskrimi wie »Der Bruch« mit Götz George, von der »Allianz« co-produziert, lockte drüben 800 000 zahlende Zuschauer an – in der dreimal so großen Bundesrepublik lediglich ein gutes Zehntel.

Derlei Elend droht nun auch im Kino der bisherigen DDR. Doch nicht nur der abzusehende Ausfall von Subventionen und das Weglaufen des eigenen Publikums bringen die DEFA und damit die Ostberliner Filmproduktion in Kalamitäten.

Was an Materiellem in den Studios vorhanden ist, zeichnet sich durch Rückständigkeit aus. Das größte Kapital der DEFA besteht in der Kompetenz ihrer Mitarbeiter, in deren Ausbildung und Erfahrung. Dieses Kapital aber zerstreut sich durch Abwerbung in alle westlichen Winde und mit ihm die vielberufene »Identität des DEFA-Films«, die sich reichlich beinhartem Didaktik-Schrott voll hölzerner Langeweile verdankt, aber eben auch mancher schwierigen, gründlichen Arbeit, wie sie sich eine auf Refinanzierung angewiesene Produktion nicht leisten könnte.

Angenehmere Folgen zeigt die Wende für das, was im Westen der Stadt von einer Filmindustrie noch übriggeblieben ist.

»Die psychologische Stigmatisierung«, sagt Schneider, »mit der man als Berliner Produzent herumgelaufen ist, nimmt ab. Früher war die Stadt eine Art Kopfbahnhof. Eigentlich hätte am Flugsteig in Frankfurt ein Sackgassenschild stehen müssen, schon wegen des Abenteuerdrucks, unter den einen die Pan-Am-Flüge setzten: Geht er, geht er nicht, wenn ja, wann? Wollten wir Geschäfte machen, hatten wir aus unserem Mauer-Bau herauszukommen und nach Köln oder Mainz zu fliegen. Jetzt reisen die Leute auch mal bei uns an.«

Welche Rolle die Filmindustrie in einem Gesamt-Berlin spielen wird? Mein Gegenüber lächelt maliziös. »Große Erwartungen hegen natürlich alle. Und sie zeigen zumindest insofern Wirkungen, als man in München bereits ziemliche Nervosität an den Tag legt.«

Nicht zu Unrecht, wie Schneider meint. Ein modernes Studio könne man heute auf die grüne Wiese stellen. Das eigentliche Problem liege in der Infrastruktur. Künstlerisches und technisches Personal, Autoren und Produzenten, Regisseure und Kameraleute aber wird es in einem ungeteilten Berlin in großer Zahl geben.

»Wenn Berlin zur kulturellen Hauptstadt oder gar zur politischen werden sollte«, hofft Norbert Schneider, »wird eine starke Konzentration stattfinden, eine Versammlung von Kapital und Kreativität, die durchaus Ausmaße wie in den zwanziger und frühen dreißiger Jahren annehmen könnte, als Berlin ein Zentrum der europäischen Filmindustrie war. Bevor der fürchterliche Aderlaß, das erzwungene Massenexil, die Ufa tief in die Krise stürzte ... Man hat das damals natürlich politisch abgerettet, weil nicht sein sollte, was nicht sein durfte ... Jedenfalls, die Voraussetzungen für einen Wiederaufstieg sind heute, anders als nach 1945, in Berlin wieder vorhanden. In einem Klima der Kommerzialität könnten wir zu einer echten Herausforderung für andere internationale Filmzentren werden, selbst für Hollywood.«

»Berlin«, pflegte man unter geteilten Bedingungen zu spotten, »ist *nach* wie *vor* die bundesdeutsche Filmstadt Nummer eins: *nach* München sowie *vor* Duisburg.«

Noch ist nicht ausgemacht, ob diese Zeiten wirklich vorüber sind. Begonnen aber haben sie zweifelsfrei 1933 mit der Übernahme des deutschen Films durch Goebbels.

166

27

DIE NACHT DER VERHINDERTEN GENIES Im Hotel *Kaiserhof* herrscht Hochbetrieb. Was im deutschen Film Rang, Namen und Einfluß hat – und nicht bereits geflo- »**Heil dir, Gustav!**« hen ist –, fährt an diesem 28. März 1933, einem Dienstagabend, am Stammsitz der neuen nationalsozialistischen Herren vor.

Bis sich die Nazis in der Reichskanzlei und den Ministerien etabliert haben, liegt hier, noch innerhalb der Bannmeile des abgebrannten Reichstags, das Zentrum der Macht. Von einem Balkon des *Kaiserhofs* aus, wo Hitler und sein Gefolge auf einer ganzen Etage zum Wochenpreis von zehntausend Reichsmark residieren, haben Goebbels und SA-Chef Röhm am 30. Januar den Fackelzug ihrer Anhänger abgenommen. Hier empfängt Hitler die Wirtschaftsführer, die ihm höchst spendabel huldigen. Und hier gedenkt Joseph Goebbels, seit Mitte des Monats Reichsminister für »Volksaufklärung und Propaganda«, den Vertretern der politisch wichtigsten Kunst die Leviten zu lesen – vor allem den »jüdisch infizierten Gruppen der Filmindustrie«.

Unter den Gästen, die sich zu der mit Spannung erwarteten Rede im *Kaiserhof* versammeln, ist eine junge Sängerin, geboren im von der Weltgeschichte verschluckten k.u.k. Ungarn. Sie verfügt gleich über zwei Einladungen.

Die erste, adressiert an Gitta Alpar, gilt einem Star, der gerade neu am Operetten- und Filmhimmel aufgegangen ist. Vor vier Jahren war sie noch eine unbekannte Schülerin der Budapester Akademie. Dann entdeckte sie Erich Kleiber, Generalmusikdirektor der Staatsoper und später ebenfalls Hitler-Emigrant, und holte sie nach Berlin. Hier hörte Richard Tauber sie und war von ihr begeistert. »Schön ist die Welt«, singt Gitta Alpar jetzt an seiner Seite und verdient an einem Operetten-Abend soviel wie vorher in einem Monat an der Oper.

Der Traum-Tenor und seine Gesangspartnerin feiern

Triumphe, wie sie heute in diesem Genre unvorstellbar erscheinen. Ihre allabendlichen Auftritte im *Savoy* sind auf ein Jahr im voraus ausverkauft. Zwei Musikfilme, »Gitta entdeckt ihr Herz« und »Die oder keine«, haben den Ruhm der Alpar über Berlin hinaus verbreitet. Zu ihren Bewunderern zählt auch Charlie Chaplin, der sie Anfang 1932 in ihrer Garderobe mit einem Veilchenbukett beehrte.

Ein Jahr später, an diesem Abend, der ihr Leben für immer aus der vorgezeichneten Bahn werfen wird, ist Gitta Alpar auf dem Höhepunkt ihrer Schönheit – eine der dunkeläugigen künstlichen Blondinen, die die Männerwelt begeistern, eine würdige Vorfahrin von Marilyn Monroe und Brigitte Bardot. Und eine der letzten Operettendiven, von der man noch ohne allzu große Übertreibung sagen kann, daß ihr eine Stadt zu Füßen gelegen hat.

Die zweite Einladung, die Gitta Alpar ins Hotel *Kaiserhof* geführt hat, lautet auf Frau Fröhlich. Seit zwei Jahren ist die Wahlberlinerin mit Gustav Fröhlich verheiratet, fürs Publikum der Prototyp des ehrlichen netten Deutschen von nebenan. Seine Rolle in Fritz Langs »Metropolis« machte ihn berühmt. 1930 lockte ihn ein lukratives Angebot nach Hollywood. Er hat sich dort nicht zurechtgefunden und ist zurückgekehrt. Nach einer Superpleite als »ernsthafter« Schauspieler in Max Reinhardts Inszenierung des »Prinzen von Homburg« ist er zusammen mit seiner Frau Hals über Kopf nach Ägypten geflohen. Nun versucht der ehrgeizige Schauspieler, sich mit den NS-Kulturbonzen zu arrangieren.

Im *Kaiserhof* sitzt das Ehepaar Fröhlich an einem Tisch mit den schönen Männern des deutschen Films, Willy Fritsch, Willi Forst und Hans Albers. Von ihrem Platz aus sieht Gitta Alpar viele andere berühmte – und »jüdische« – Gesichter, Grete Mosheim etwa und Lucie Mannheim, Fritz Lang und Erich Pommer.

Um Punkt acht Uhr betritt der neue Minister, flankiert von einer Leibgarde Braunhemden, den Saal. Mit Befriedigung kann er feststellen, daß ein nicht geringer Teil der Anwesenden SA- oder SS-Uniformen trägt. Gewiß, es sind die Unbekannteren, die kleineren Lichter, die an diesem Abend zu glänzen wagen. Doch so manchem von ihnen wird bald eine steile Karriere beschieden sein.

»Ich bin dankbar für die Gelegenheit«, beginnt Goebbels, der als dritter Redner ans Pult tritt, »mich über die Situation des deutschen Films und die zu vermutenden Zukunftsaufgaben des deutschen Filmschaffens aussprechen zu können...«

Bei den ersten Sätzen nimmt er die Armbanduhr ab und legt sie vor sich auf das Rednerpult. In seiner Ansprache beschränkt er sich, diesmal noch, auf höfliche Lügen und versteckte Drohungen.

Deutlicher hat er die menschenverachtenden wie kunstfeindlichen Ziele seiner Politik bereits im *Völkischen Beobachter* verkünden lassen: Das deutsche Kino will er »judenrein«, eine »Generalsäuberung des Filmwesens von unseriösen, untauglichen und rassefremden Elementen« soll stattfinden.

Seine willigen Helfer haben ausgerechnet, daß im Jahr zuvor achtundvierzig Prozent aller Filme von »jüdischen Regisseuren« inszeniert und gar siebzig Prozent der Manuskripte von »jüdischen Autoren« verfaßt wurden. Dieser »rassische« Umstand hat natürlich die Filme, ihre Handlung

In guten Zeiten: Gustav Fröhlich und Gitta Alpar vor dem Zehlendorfer Standesamt (1932)

169

und ihre ästhetische Gestaltung, ebenso nachhaltig beeinflußt wie die Frage, mit welcher Schuhgröße die Regisseure und Drehbuchautoren an die Stoffe herangetreten sind, und so wundert es kaum jemanden in der Zuhörerschaft, daß Goebbels' jüngster Lieblingsfilm »Der Rebell«, den er in seiner Rede ausdrücklich lobt, von dem Regisseur Kurt Bernhardt und dem Produzenten Paul Kohner stammt – zwei prominenten Vertretern jener mißliebigen »filmjüdischen Elemente«, die Goebbels zu verjagen gedenkt.

Nun nämlich, nach dem Anbruch des Dritten Reichs, soll die Zeit vorbei sein, da es »Filmjuden« möglich war, »die niedrigsten Instinkte der Menschen zu reizen und volkszersetzendes Gift in den krank darniederliegenden Volkskörper zu spritzen«. Ankündigungen dieser abstrus-obszönen Art haben Unruhe in die Filmwirtschaft gebracht, richtiger: kostspielige Ruhe. Ausländisches Kapital ist abgezogen worden, in einigen Studios hat man die Arbeit abgebrochen. Goebbels' *Kaiserhof*-Rede dient daher auch der Beschwichtigung. Das hindert ihn allerdings nicht, an diesem Abend anzudeuten, wer mittelfristig seiner Politik zum Opfer fallen wird: »Der Publikumsgeschmack«, behauptet er ganz nebenbei und in leicht wirrer Sprache, sei »nicht so, wie er sich im Inneren eines jüdischen Regisseurs abspielt. Man kann kein Bild vom deutschen Volk im luftleeren Raum gewinnen. Man muß dem Volke aufs Maul schauen und selbst im deutschen Erdreich seine Wurzeln haben.«

Nachdem Goebbels seine Rede beendet hat, nimmt er die Uhr vom Pult und zieht sie sich wieder übers Handgelenk. Zum Abschluß des offiziellen Teils wird das Horst-Wessel-Lied gespielt. Nur wenige singen die Nazihymne mit. Jene, die in den nächsten Wochen flüchten werden, denken natürlich nicht daran. Und die meisten derjenigen, die bleiben und auf die freigewordenen Plätze nachrücken wollen, müssen den Text erst noch lernen. Immerhin, sich zu Ehren des Nazi-»Märtyrers« zu erheben, scheint nahezu allen opportun. Eine schöne Frau aber bleibt demonstrativ sitzen.

»Der Herr ist mir nicht vorgestellt worden«, sagt Gitta Alpar.

Goebbels' Rede hat nicht nur Ängste, sondern bei vielen auch Hoffnungen geweckt. Von der inszenierten Hochstimmung der Nazimitläufer sticht das Verhalten der Operettendiva gefährlich ab. Rachsucht und Neid und nicht zuletzt das ganz normale Mittelmaß wittern Chancen.

»Da kam ein Schauspieler, der bislang nicht gerade durch besondere Begabung aufgefallen war«, erinnert sich der Schriftsteller Curt Siodmak, »strahlte mich an und sagte: ›Jetzt sind endlich wir einmal dran.‹«

Siodmak, der aus seinem kalifornischen Exil nicht zurückgekehrt ist, lacht böse auf, als er von den Reaktionen auch der Nicht-Nazis erzählt: »Als hätten die Juden die unbegabten Leute daran gehindert, Genies zu sein.«

Auf die programmatische Rede folgt der gesellschaftliche Teil der Veranstaltung. Leutselig wendet Goebbels sich an Fritz Lang und seine blonde Frau Thea von Harbou. In wenigen Tagen wird er »Das Testament des Doktor Mabuse«, Langs neues Werk, wegen Anti-Nazi-Tendenz verbieten lassen: »Dafür gelangt«, wird die offizielle Ankündigung der Ufa lauten, »›Blutendes Deutschland‹, der Film der nationalen Erhebung und dem deutschen Volk gewidmet, zur Uraufführung.«

Gleichzeitig offeriert Goebbels dem renommierten Regisseur jedoch die Leitung des deutschen Films, gepaart mit der »Ehren-Arier-Würde«. Und Fritz Lang wird wissen, was zu tun ist. Er wird sich von Goebbels ebenso freundlich, wie er jetzt im *Kaiserhof* mit ihm parliert, Bedenkzeit ausbitten, um holterdiepolter den Zug nach Paris zu besteigen.

»So schwammen wir noch eine Weile weiter«, schreibt Willy Haas, Herausgeber der »Literarischen Welt« und bald Indien-Emigrant, über diese Tage der politischen wie moralischen Entscheidung im Frühjahr 1933, »immer sozusagen zwischen Konzentrationslager, Bankrott und Flucht.«

Während Goebbels sich an diesem Abend im *Kaiserhof*

zum erstenmal im Glanz der Filmstars sonnt, drängt Gitta
Alpar ihren Mann zum Gehen. Da kommt ein Bote des
Reichsministers und bittet Herrn und Frau Fröhlich zum
persönlichen Gespräch. Widerwillig folgt Gitta Alpar ihrem
Mann. Als sie schon in Sichtweite des Gastgebers sind, tritt
plötzlich jemand aus der uniformierten Eskorte vor:
»Sie nicht, Frau Alpar!«
Spätestens von diesem Punkt an gibt es zwei Versionen
der Ereignisse.

28

»UND HAT GESAGT NICHT EIN WORT« Gitta Alpar ist
die Lady in Pink. Sie trägt ein sehr durchsichtiges rosa Kleid,
rosa Dessous, eine rosa Brille, ihr Gesicht bedeckt dickes
rosa Make-Up, und sie benutzt rosa Kleenex-Tücher, um
sich vorsichtig damit die rosa Haut abzutupfen. Selbst das
schwere Parfum, das den abgedunkelten Raum erfüllt,
scheint rosa zu riechen.

»Schade, daß Sie mich nicht in Palm Springs besuchen«,
sagt sie. »Mein ganzes Haus dort ist eingerichtet in Pink.«

Gitta Alpar macht, als ich sie treffe, gerade Urlaub in Bel
Air, dem exklusiven Stadtteil von Los Angeles, zu dessen
luxuriösen Eigenschaften das vollständige Fehlen von Fuß-
wegen gehört. Die Anekdoten von deutschen Emigranten,
die ahnungslos einen Spaziergang unternehmen wollten
und prompt von der Polizei verhaftet wurden, sind Legion.

In Kalifornien schien schon vor einem halben Jahrhundert, als die Hitler-Flüchtlinge eintrafen, die schöne neue
Welt keine Utopie, sondern Gegenwart. Zu den monotonen
Klagen der Europäer gehörte die übers »unwürdige Alter« in
den USA, über den allgegenwärtigen Jugendlichkeitskult,
über die bunte Schminke im allgemeinen und über die auf
verrunzelter Haut im besonderen. Günther Anders etwa,
vom politischen Schicksal in Hollywoods größten Kostüm-

172

verleih verschlagen, erblickte in der Make-up-Mode die Selbstverdinglichung der Menschen, ihre Angleichung an Maschinen, die Verwandlung des alternden Körpers in alterslose Fertigware.

Gitta Alpar ist der lebendige Beweis dafür, daß die beschriebenen »unalten« Verhaltensweisen existieren – daß sie aber nicht schrecklich sein müssen, sondern schön sein können. Tiefer dekolletiert habe ich eine Frau über achtzig noch nicht gesehen, aber auch keine über sechzig, der es besser gestanden hätte. Hat sich die Zerbrechlichkeit der Diva zur Gebrechlichkeit gewandelt und mögen die Kräfte der Verführung auch geschwunden sein, der Überfluß an ungarischem Charme läßt sich größer nicht denken.

»Wie war das nun an diesem Abend im *Kaiserhof?*« frage ich sie.

»Nooh, gewiß nicht so, wie es steht in den Memoiren des Herrn Fröhlich«, loocht sie zurück, aber ihrem Gesicht ist nicht nach Lachen.

In seinen Lebenserinnerungen berichtet Gustav Fröhlich mit viel gewundenen Entschuldigungen über die Szene, die schließlich in die Scheidung des arischen Kerls von der jüdischen Sängerin münden wird: Als man seine Frau nicht vorlassen wollte, habe er es empört abgelehnt, Goebbels zu begrüßen, und sei selbstverständlich mit ihr nach Hause gefahren.

Ihre Version lautet anders; und Details, die mir belanglos erscheinen, sind ihr heute noch so wichtig wie vor einem halben Jahrhundert.

Denn es war der Abend, das verstehe ich nur langsam, der ihr Leben für immer veränderte. In dem abgedunkelten Innenraum steigt aus vielerlei Kleinigkeiten eine böse Vergangenheit auf, in der die Menschen moralisch versagten. Eine kalte, unfreundliche Welt aus schmerzenden Erinnerungen, während draußen der kalifornische Sommer strahlt, als wolle er uns verhöhnen.

»Pähh«, sagt Gitta Alpar und schildert ihren Gustav Fröhlich, in dieser und so vielen anderen Szenen, die tausendfach von ihr nachgelebt wurden, wieder und wieder.

Erst habe ihr Mann sie gedrängt, den einflußreichen Minister zu begrüßen, erzählt sie; und dann hilft er nicht, beschützt sie nicht vor Goebbels' Gardisten, sondern sieht zu, bis ihr ungarisches Temperament zur Selbstverteidigung übergeht und ihre Schuhe die Schienbeine des beleidigenden Braunhemdes bearbeiten.

Willi Forst und Willy Fritsch greifen schließlich ein, haken sie unter und führen sie hinaus: »Und mein Mann ist dagestanden und hat gesagt nicht ein Wort.«

Wie es weiterging, darin stimmen die Versionen wieder überein: Noch in derselben Nacht bestieg Gitta Alpar einen Schlafwagen erster Klasse nach Budapest – allein.

So manche häßliche Erfahrung auf dem widerstandslosen Weg der NS-Politik zur Endlösung hat ihr der rechtzeitige und aufrechte Abgang erspart. Wie hasenherzig die führenden Köpfe der Filmindustrie vor den Nazis kapitulierten, zeigte sich bereits am nächsten Morgen, ungefähr um die Zeit, da Gitta Alpar in Budapest eintraf.

Auf einer eilig einberufenen Vorstandssitzung der Ufa leisteten die leitenden Herren als Reaktion auf die *Kaiserhof*-Rede und noch ohne gesetzliche Not entschlossene Vorweg-Anpassung: »Mit Rücksicht auf die infolge der nationalen Umwälzung in Deutschland in den Vordergrund getretene Frage über die Weiterbeschäftigung von jüdischen Mitarbeitern und Angestellten in der Ufa«, heißt es im Protokoll, »beschließt der Vorstand grundsätzlich, daß nach Möglichkeit Verträge mit jüdischen Mitarbeitern und Angestellten gelöst werden sollten.«

Die Feigheit der Unpolitischen und Karrieristen in allen Lebensbereichen schuf der zu allem entschlossenen Brutalität der Nazis freie Bahn, die dann drei Tage später, am 1. April, zum Boykott jüdischer Geschäfte aufriefen, Läden demolierten, orthodox gekleidete Juden ungehindert auf offener Straße überfielen. In langen Fackelzügen marschierten

SA-Trupps in dieser Nacht durch die Städte und grölten das Lied, von dem nahezu jeder der Emigranten, die ich getroffen habe, erzählte: »Wenn das Judenblut vom Messer spritzt...«

Weiter ging es Schlag auf Schlag, von illegalen Ausschreitungen und Drohungen über staatlich gedeckte Vertragsbrüche und die Bücherverbrennungen bis hin zum offiziellen Berufsverbot für alle »nicht-arischen« Künstler.

Selbst Goebbels war verblüfft über das »atemberaubende Tempo«, mit dem die Nazis sich durchsetzten, so schnell, »daß man darüber kaum zur Besinnung kommt«. Zum 1. Mai mußte die NSDAP eine Aufnahmesperre anordnen, zu zahlreich drängten Opportunisten jetzt in die Partei.

Der sechsundachtzigjährige Max Liebermann, der aus Protest gegen die staatliche Barbarei die Ehrenpräsidentschaft der *Preußischen Akademie der Künste* niederlegte, brachte auf den Nenner, was über die Nazis und die Mehrheitsschar der Mitmacher zu sagen war: »Ich kann gar nicht soviel essen, wie ich kotzen möchte.«

Keinen Augenblick zu früh ist Gitta Alpar aus Deutschland geflohen. Seitdem ist mehr als ein halbes Jahrhundert vergangen, die alte Frau aber hat die Schmach der Vertreibung nicht vergessen. Bis zu dem Tag, da ich sie in Bel Air besuche, hat sie es noch nicht über sich bringen können, die Stadt ihrer größten Triumphe wieder zu betreten.

29

BILDERKAMPF Als Goebbels sich über den deutschen Film hermachte, genoß er international hohes Ansehen. Zwischen 1930 und der Machtübernahme florierte, wie stets zu Zeiten politischer und wirtschaftlicher Krisen, das Geschäft mit der Unterhaltungskunst. Bereits zu Beginn des Jahrzehnts, als Berliner Zeitungen die erste drahtlose Fernsehübertragung meldeten und die gerade erfundene Dauerwelle die Frauenköpfe eroberte, zählten die Kinos rund um den Erdball jede Woche zweihundertfünfzig Millionen Besucher. Um die tausend Spielfilme entstanden pro Jahr, im Deutschen Reich über einhundertvierzig, darunter allein 1930 internationale Erfolge wie »M«, »Westfront 1918« und »Der blaue Engel«.

Nur zwölf Monate allerdings sollte der Herr Propagandaminister nach 1933 benötigen, um den deutschen Film an den Rand des Ruins zu bringen, kommerziell wie künstlerisch. Das Schicksal der Crew des »Blauen Engel« gibt da ein gutes Beispiel. In die USA emigrierten: der Autor der Romanvorlage Heinrich Mann; die Verfasser des Drehbuchs Karl Vollmoeller und Carl Zuckmayer; der Komponist der Filmmusik Friedrich Hollaender; der Produzent Erich Pommer und natürlich Marlene Dietrich, die Hauptdarstellerin.

Dem gravierenden Verlust an Talenten folgte der geschäftliche Niedergang auf dem Fuß. 1932 hatten einheimische Produktionen noch dreißig Millionen Mark an Devisen eingespielt, nach sechsunddreißig Monaten nationalsozialistischer »Filmpolitik« betrug die Summe gerade noch ein Zehntel. 1932 kamen vierzig Prozent der Kosten eines Films durch Auslandseinnahmen wieder herein, 1936 waren es nurmehr fünf Prozent. Doch Goebbels hielt den Film im Spiel um die Macht für viel zu wichtig, als daß er sich allzusehr durch finanzielle oder gar künstlerische Erwägungen hätte hemmen lassen. Der Kampf um die kulturellen Bilder, um die Phantasien und die Träume der Menschen, war erstes Ziel der NS-»Kulturpolitik«. Für die politische Ausbeutung von kollektiven Ängsten und Sehnsüchten schien die junge, in Deutschland gerade drei Jahre alte Kunst des Tonfilms geeignet wie kein anderes Medium.

Daß dem Dritten Reich die Elite des Weimarer Kinos und damit die demokratischen Bilder davonliefen, nahm Goebbels gerne in Kauf. Für ihn stand fest, daß »der Nationalsozialismus sich den Film für die Durchführung seiner Propaganda dienstbar machen« mußte, denn er vermag eben

»ob seiner Anschaulichkeit und Lebendigkeit die Volksgenossen am stärksten zu beeindrucken«.

Die konzentrierte Aufmerksamkeit, die die Nazis dem neuen Medium schenkten, führte dazu, daß die Filmkünstler besonders schnell und besonders zahlreich emigrierten. »Kaum eine andere Sparte des deutschen Kulturlebens«, schreibt der Filmhistoriker Jan-Christopher Horak, »konnte während der Verfolgung jüdischer und politisch engagierter Bürger durch die Faschisten ihre erste und zweite Garde so geschlossen von Deutschland ins Ausland retten.«

Die Massenflucht traf die deutsche Filmkunst hart, härter etwa als die Literatur. Wenn auch meist unter elenden wirtschaftlichen Bedingungen, ließen sich im Exil Bücher immerhin auf deutsch für ein zukünftiges Publikum schreiben. Exilliteratur ist jederzeit möglich.

Exilkino dagegen ist so gut wie unmöglich. Die Umstände einer Filmproduktion, das notwendige Zusammenspiel vieler Menschen und großer Summen Geldes, das sich innerhalb kurzer Zeit amortisieren muß, erlaubten den Flüchtlingen kein Arbeiten für die Schublade, für ein »Deutschland nach Hitler«. Anders als die Mehrheit der emigrierten Schriftsteller, die auch im Exil Teil der deutschen Literatur sein wollten und konnten, mußten die Filmkünstler aufhören, deutsches Kino zu machen.

Ihnen, die in den zwanziger und frühen dreißiger Jahren den Weltruhm des deutschen Films begründet hatten, blieb nur eine Alternative: Entweder sie gaben ihren Beruf auf und brachten sich und ihre Familien mit anderen Jobs durch, oder sie stellten sich um und versuchten, ihre Absichten unter den Bedingungen der französischen, englischen und vor allem der amerikanischen Filmindustrie zu verwirklichen. So kam es, daß nach 1933 die bedeutendsten Werke deutschsprachiger Filmkünstler nicht nur im Ausland entstanden, sondern inhaltlich und formal auch weitgehend ausländische Filme waren.

Aus den besten Berliner wurden amerikanische Regisseure. Ihr Einfluß auf Hollywood ist unübersehbar. Vieles von dem, was heute als typisches Hollywood-Kino der dreißiger und vierziger Jahre gilt, ist ihr Werk. Neben Ernst Lubitsch und William Dieterle, die schon früher nach Amerika gingen, lebten und arbeiteten in Kalifornien die Hitler-Flüchtlinge Fritz Lang und Robert Siodmak, Anatole Litvak und Fred Zinnemann, Max Ophüls und Erich Pommer, Richard Oswald und Otto Preminger, Douglas Sirk und Henry Koster, Curtis Bernhardt, Michael Curtiz und am erfolgreichsten Billy Wilder, der seinen Namen nicht mehr »Wilder«, sondern »Weilder« aussprach.

Die Filme, die dank Hitler & Co. nicht in Großdeutschland gedreht wurden, sind uns, dem Nachkriegspublikum, aber keineswegs fremd. Mit Werken, an denen die Emigranten in Hollywood mitwirkten, bestreiten die Fernsehanstalten derweil einen wesentlichen Teil ihrer Sendezeit für Spielfilme, und die Krimis der »Schwarzen Serie« füllen unverändert die Nachtvorstellungen der Filmkunstkinos. Wenn wir diese Hollywood-Filme der Hitler-Emigranten heute sehen, rechnen wir sie ganz selbstverständlich zum amerikanischen, nicht zum deutschen Kino: »Schwarze Filme« wie »Double Indemnity« und »Sunset Boulevard«, Marilyn-Monroe-Komödien wie »The Seven Year Itch« und »Some Like It Hot«, allesamt von Billy Wilder; Western wie Fritz Langs »Western Union« und Fred Zinnemanns »High Noon«; Anti-Nazi-Klassiker wie »Casablanca« von Ex-Ufa-Regisseur Michael Curtiz, in dem neben Humphrey Bogart und Ingrid Bergman die emigrierten Schauspieler Paul Henreid, Conrad Veidt, Peter Lorre, Curt Bois, Hans Heinrich von Twardowski, Wolfgang Zilzer und Lotte Palfi mitwirkten.

Auf jeden Erfolgreichen kam aber mindestens einer, der seinen Beruf nicht weiter ausüben konnte, dessen Karriere durch die Vertreibung zerstört wurde. Schriftsteller, die dieses Klischee immer gescheut hätten, wuschen im Alltag des Exils Teller, Journalisten schlugen sich als Kellner durch oder fuhren Taxi, Schauspieler spielten Butler oder Babysitter, Regisseure überlebten als Hausmeister, Drehbuchautoren züchteten Geflügel.

Zu denen, die ihre Vertreibung, den Verlust ihres Publikums, nie ganz verwunden haben, gehört Gitta Alpar.

30

FERNE SERENADEN Die Lady in Pink sitzt am Pool, ein heller Farbtupfer in der grell untergehenden Sommersonne, gedankenverloren. Ihre Augen hinter der dunklen Sonnenbrille ruhen irgendwo zwischen dem azurblauen **Die Lady am Pool:** Himmel und dem fluorblauen Wasser. **Gitta Alpar**

Eine Freundin, die sie betreut, bringt nach einer Weile zwei Lhasa-Apso-Hunde, die ihrem Geschlecht entsprechend mit einer blauen und einer rosa Schleife versehen sind. Sofort lebt Gitta Alpar auf. Während sie mit den Puppen-Hunden spielt – »Ooh, ich liebe euch so!« –, erzählt sie von den ersten Jahren des Exils.

Neun Monate, nachdem sie Berlin allein verlassen mußte, hat sie in Budapest eine Tochter zur Welt gebracht. »Das war altmodisch«, sagt sie. »Achtundzwanzig Stunden hat es gedauert, und endlich war das Kind geboren. Wie man mich hinuntergetragen hat, sagt der Doktor: ›Sie müssen jetzt schlafen.‹ Da hab' ich gesagt: ›Nein, ich will erst meinen Mann anrufen.‹ Ich habe den Hörer zu dem weinenden Kind gehalten. Und mein Mann hat gesagt: ›Was ist denn das?‹ Und ich: ›Deine Tochter möchte dir guten Morgen wünschen.‹ Sagt er: ›Um Gottes willen, eine Tochter.‹ Das war Fröhlich, nach achtundzwanzig Stunden.«

Gitta Alpars Trauer und Verletztheit sind ungebrochen. Während sie spricht, sehe ich in die Sonne, die den steilen Hang hinunterfällt und deren Strahlen den Pool glänzen lassen, als sei das Wasser frisch lackiert worden, und für einen Augenblick denke ich, wie schön es wäre, wenn wir beide, die alte Frau und ich, hier in Kalifornien geboren wären, und nichts, aber auch gar nichts mit dieser Vergangenheit zu tun hätte.

Aber so schön und so neu ist unsere Welt nicht. Es gab in ihr viele Abende wie jenen im *Kaiserhof*.

Gustav Fröhlich blieb in Berlin, während nicht nur seine Ehefrau, sondern auch die meisten, die seinen Weg nach oben begleitet hatten, Deutschland verlassen mußten, sein »Männerfreund« Leonard Steckel, Wilhelm Thiele, bei dem er zur Untermiete wohnte, seine Filmpartnerin Dolly Haas, seine Regisseure Joe May und Max Reinhardt, Richard Oswald und Robert Siodmak, Berthold Viertel, Fritz Lang und Max Ophüls.

Zu den überraschenden Karrieren, die dem Exodus auf

dem Fuße folgten, gehörte der Aufstieg von Lida Baarova. Während sie mit Gustav Fröhlich zusammenlebte, wurde ihr eine Affäre mit dem »Führer« nachgesagt, und ihr tatsächliches Dauerverhältnis mit Goebbels führte dazu, daß der Schauspieler in den Verdacht der Zivilcourage geriet: Das unzutreffende Gerücht wird kolportiert, er habe den Rivalen geohrfeigt.

In Wirklichkeit machte Gustav Fröhlich nur eine schlechte Figur, der Kabarettist Werner Finck aber das Beste aus dem Gerücht. Über seinen Kommentar zur vermeintlichen Goebbels-Watschen lachte ganz Berlin: »Ich möchte einmal FRÖHLICH sein.«

Traumpaar-Publicity: Gustav Fröhlich und Gitta Alpar (vor 1933)

Unter großer Anteilnahme der Boulevardpresse wurde die unzeitgemäße »Mischehe« Fröhlich/Alpar geschieden. Die Operettendiva unternahm mit dem ebenfalls emigrierten Richard Tauber Tourneen quer durch Europa. Bei der Krönung des britischen Königspaars 1936 sang sie ihren größten Erfolg: »Ich schenk' dir mein ganzes Herz.«

»Das war phantastisch«, sagt sie, und ihr Gesicht strahlt bei der Erinnerung mit der Heftigkeit eines Backfischs. »Gerade bin ich herausgeschmissen worden aus Deutschland, das ich so liebte, und jetzt singe ich für die Queen und den King!«

Mit verzweifelter Wut stürzte sich Gitta Alpar in den Exil-Alltag. Feste, Auftritte, sie genoß das gerettete Leben als Rausch, als Tanz auf dem internationalen Vulkan. 1939, aus Südamerika kommend, machte sie auf dem Rückweg nach England Station in New York, als das Nazireich den Zweiten Weltkrieg begann. Deutsche U-Boote jagten die Passagierdampfer, Gitta Alpar saß in Amerika fest.

»Da habe ich mich gefragt: Wie oft kann mir das passieren? Erst muß ich von Deutschland weg, jetzt von England, wo mein Haus, all meine Sachen sind, und wieder bin ich heimatlos, allein mit meinem Kind.«

»Wie fanden Sie New York?«

»Ich wohnte an der Fifth Avenue, und da bin ich die eine Seite hoch- und die andere wieder zurückgegangen. Das reichte mir von New York.«

Sie reiste weiter nach Hollywood. Erich Maria Remarque und Marlene Dietrich, vorübergehend eines der prominentesten Paare der Filmkolonie, führten sie mit einem Dinner ein, an dem »ganz Hollywood« teilnahm. Doch ihrer Stimme hatte das aufreibende Leben geschadet, ihre Karriere neigte sich dem Ende zu. Einen kurzen Auftritt in einem Dietrich-Film absolvierte sie, und sie gab noch ein paar Konzerte mit ihrem Entdecker Erich Kleiber und dem ebenfalls emigrierten Emmerich Kálmán, dem Komponisten der »Csárdásfürstin«.

In Los Angeles, beim Spaziergang am Strand des Pazifischen Ozeans, traf sie dann einen Mann wieder, der ihr vor Jahren auf einer Skandinavien-Tournee schlicht und einfach vorgestellt worden war als »der reichste Mann Dänemarks«.

Der Kaufhaus-Baron, durch den Krieg von seinen europäischen Geldquellen abgeschnitten und vorübergehend leicht verarmt, heiratete die Operettenkönigin. Gitta Alpar zog sich von der Bühne zurück.

»Vermissen Sie Europa nicht manchmal?«

»Nun«, sagt die Pink Lady, »keine Woche vergeht, wo ich nicht bekomme Briefe für Auto-

Vertrieben aus Deutschland: Gitta Alpar und Richard Tauber (frühe dreißiger Jahre)

183

gramme aus Ungarn, aus Dänemark ... Es sind warme, wunderbare Briefe. Sie machen mich glücklich. Und ...« Ihre Augen beginnen zu leuchten: »... ich habe ein paar Serenaden gehabt von ungarischen Zigeunern.«

»Hier, in Amerika?«

»Oh, nein, richtig aus Ungarn«, Gitta Alpar loocht wieder: »Durchs Telefon.«

Die Pink Lady sitzt jetzt mit dem Rücken zur Abendsonne. Wenn ich sie anschaue, beginnen schnell die Augen zu schmerzen, und mein Blick verschwimmt. Ihre Gesichtszüge im flimmernden Licht erscheinen, einem ausgebleichten Zelluloidbild gleich, halb unscharf mit zu hellen Konturen, eine Weichzeichnung vom früheren Leben, die Jugend als Blendung: eine Diva, deren Welt so schön war.

»Erhalten Sie noch Post aus Deutschland?«

»Ach«, sagt sie, »ich kann nicht vergessen, daß man mich da rausgeschmissen hat.«

Als die Nazis an die Macht kamen, haben sich die Menschen, die sie kannte, geschieden in Freunde und Feiglinge. Gitta Alpar erinnert sich sehr gut. Versöhnungsangebote, die Gustav Fröhlich ihr nach dem Kriege machte, in opportuneren Zeiten, hat sie zurückgewiesen.

»Sehen Sie«, sagt die Lady in Pink, denn nur darüber will sie sprechen, »Willy Fritsch, Willi Forst und Hans Albers, die haben sich fabelhaft verhalten. Aber mein Mann ist gekommen und hat gesagt: ›Heil Hitler!‹ Und ich habe ihn angeschaut und habe gesagt: ›Heil dir, Gustav!‹«

31

DIE ODER KEINE »Der deutsche Film ist lebendig«, verkündet der Bonner Innenminister Friedrich Zimmermann am 13. Juni 1987 zur Überraschung der meisten Anwesenden, die sich im Berliner *Theater des Westens* versammelt haben: »Seine Vielfalt, um die ihn andere Länder offenbar beneiden, ist ungebrochen.« Und dann verleiht er der Lady in Pink, die zu dieser Gelegenheit einen weißen Hermelin trägt, das »Filmband in Gold für langjähriges und hervorragendes Wirken im deutschen Film«.

Zum erstenmal seit jener fernen Nacht im *Kaiserhof* hat Gitta Alpar wieder Berliner Boden betreten – und muß gleich der Rede eines deutschen Ministers lauschen. Die alte Dame nimmt es ruhig hin. Die Ehrung ist verdient, ihre Begründung klingt ein wenig zynisch: Besonders langjährig haben deutsche Minister sie ja gerade nicht wirken lassen.

Ein paar Stunden später aber, in dem großen Saal eines Kinos schräg gegenüber der Gedächtniskirche, ist Gitta Alpar wirklich glücklich. In ihrem Rollstuhl sitzt sie zwischen den Stuhlreihen und verfolgt mit lachendem Mund und vor der Brust gefalteten Händen das Geschehen: »Wir sind jung, und uns gehört das Leben, was Schöneres kann's nicht geben.« Die junge Schönheit, die das in diesem Film von 1932 singt, ist wild und blond und gutgelaunt. Für sie scheint das Leben kein Leiden bereitzuhalten. Ihren Text kann die Lady in Pink mitsprechen.

»So eine gibt's nicht wieder!« sagt ein begeisterter Herr um die Achtzig in der Reihe vor mir.

»Zuerst ist es irgendeine, dann ist es die oder keine«, singen die fröhlichen Menschen auf der Leinwand. Der große Komiker Max Hansen, bald auch ein Hitler-Flüchtling, umarmt seine blonde Partnerin. Die Lady in Pink schlägt vor Freude in die Hände. Die Aufführung ist eine bundesdeutsche Premiere, für die Gero Gandert gesorgt hat: Zum erstenmal seit 1933 läuft in Berlin »Die oder keine«, ein quirliger Musikfilm, der optimistisch den Sieg des Gesangs über das Böse feiert. Aus heutiger Sicht gleicht die Handlung einer Vorahnung auf das, was kommen sollte: Die Machthaber des Operettenstaates lassen Gitta Alpar, den ungebändigen Star, die Treppe des Palastes hinunterschmeißen, doch Sekunden später, nach erfolgreichem Umsturz, trägt man sie wieder hinauf. Im Triumphzug ins Happy-End.

Mehr als ein halbes Jahrhundert mußte vergehen, bis die Wirklichkeit die Film-Sekunden einholte. Jetzt, in dem halbleeren Ku'damm-Kino, fern dem offiziellen Deutschland, ist es endlich soweit: Das Publikum applaudiert stehend. Unglaubliche fünf, sechs, sieben Minuten lang.

Gitta Alpar wischt sich die feuchten Augen. Auch vielen der alten Leute, die da stehen und klatschen, klatschen und nicht aufhören zu klatschen, laufen die Tränen.

Triumphzug ins Happy-End: Gitta Alpar und Max Hansen in »Die oder keine« (1932) Dieser Abend ist Gitta Alpars später Triumphzug ins Happy-End. Heute geht eine Szene zu Ende, die 1933 begann und seitdem über ihrem Leben lastete. Für einen kurzen Augenblick gibt

186

es keinen Zweifel, wer damals die Zukunft verloren und wer sie gewonnen hat.

»Ich danke Ihnen.« Die Worte der Pink Lady ersticken in Freude. »Ich hätte nie gedacht, daß mir so etwas noch einmal passiert, in diesem Leben. Ich ... Ich bin ja so glücklich.«

32

HAUPTSACHE CURRYWURST Die verfrühte Wärme weckt, wie bestellt zum neunziger Tauwetter, die gegensätzlichsten Frühlingsgefühle, Euphorie und Wehmut, Liebeslust und Lebensmüdigkeit. Um den Olivaer Platz hat sich die schicke Pop- und Yuppie-Jugend zur Schau gesetzt, am oberen Ende des Ku'damms, rund um den Breitscheidplatz, bräunen sich die Touristen in den Straßencafés und staunen.

Benannt nach Rudolf Breitscheid, dem letzten Fraktionsvorsitzenden der SPD im Reichstag, einem Exilpolitiker, den die Nazis 1940 aus dem freien Teil Südfrankreichs entführten und ermordeten, ist die Betonfläche rund um die Gedächtniskirche eine der jüngsten Errungenschaften rigoroser Innenstadtverniedlichung. Die Steinlandschaft gleicht einem Abenteuerspielplatz für ältere Semester: eine plätschernde Brunnenplastik, genannt »Wasserklops«, verschnörkelte Lampen, fliegende Händler, die nach Jahreszeit wechseln, Straßenmusikanten, Pflastermaler. Hoch über dem Platz, im neunten Stockwerk des Europacenters, residiert die sozialdemokratische Senatorin für kulturelle Angelegenheiten.

»Ich fragte ihn nicht, weshalb er Deutschland verlassen hatte. Es gab dafür genug Gründe. Keiner von ihnen war interessant, denn jeder war ungerecht. Ein Opfer zu sein ist nicht interessant.«

»Dieses Blabla, das sich die Herren Hassemer und Keller da neulich im Literaturhaus geleistet haben, hilft uns nicht weiter«, sagt Anke Martiny. »Ich glaube an die Aufklärung. Über die Schwierigkeiten, die auf uns zukommen, darf man sich nicht mit nationalem Brimborium hinwegmogeln.«

Aus den Fenstern ihres Büros fällt ein theatralischer Blick auf den symbolträchtigen Platz dort unten, in dessen Mitte eine zerbombte Kirchenruine seit fünfundvierzig Nachkriegsjahren das blutende Herz der Stadt darstellt.

»Diese ›Wiedervereinigungs‹-Rhetorik«, sagt die Senatorin, »ist eine Diskussion der Leute, die sechzig und darüber sind, es ist nicht die Diskussion der Jüngeren. So habe ich das auch im Parteivorstand erlebt.«

Frau Martiny, selbst Mitte Vierzig, sitzt mit dem Rücken zu der großen Fensterfront. Hinter ihr brechen allmählich grelle Sonnenstrahlen durch den Berliner Morgendunst.

»Bestimmte Dinge waren für die Menschen drüben einfach nicht denkbar, weil das System diese Art von Denken nicht zugelassen hat«, sagt die Senatorin. »In der Bundesrepublik haben die Studenten- und Friedensbewegung viel aufgedröselt. Zu erkennen, daß der Kompromiß eine Kulturleistung ist, ein Denken in Kategorien, die nicht bloß Sieg oder Niederlage heißen, fällt den Deutschen ohnehin schwer, und die in der DDR haben das leider Gottes noch gar nicht denken können. Das wird zwei Generationen dauern, bis diese Konditionierung aufgebrochen ist, bis wir über ähnliche Erfahrungen verfügen, bis wir bei denselben Worten dieselben Bilder im Kopf haben werden.«

»Was kann daraus entstehen?«

»Jedenfalls keine gemütliche Atmosphäre.«

Es ist schon dunkel, als ich am nächsten Tag von einem Interview im Ostberliner *Palasthotel* über den Potsdamer Platz zurück in den Westen fahren will. Der Stau an dem neugeschaffenen provisorischen Grenzübergang, den es bis vor ein paar Wochen noch nicht gab und den es in ein paar Wochen schon nicht mehr geben wird, reicht zurück bis zur Friedrichstraße.

Mein Gesprächspartner war Frank Nietsch von der staatlichen DDR-Unhaltungs-Agentur »ComConcert«, ein Rock-Promoter in brauner Lederhose und weißen Turnschuhen, der früher selbst, wie er sagte, »gemuckt« hat. Später war der

Mittdreißiger für das historische Dylan-Konzert in Ost-Berlin mit verantwortlich, zuletzt hat er die erste Tournee von Lindenberg durch die DDR gemanagt.

»Mit der Systematik, die in den letzten Jahren unsere Arbeit bestimmt hat, ist es vorbei«, hat er mit einem mir seltsam ambivalent anmutenden Staunen gesagt: »Jeder kann sich ja jetzt seine Gitarre nehmen und einfach auf eigene Faust losfahren. Da gibt es nichts mehr zu genehmigen, ›die Reisefähigkeit herzustellen‹, wie das hieß...«

Ich wollte mit ihm über das Widerstandpotential des Rock 'n' Roll sprechen, über die subversive Rolle der ursprünglich amerikanischen, jetzt internationalen Popkultur: wie sie – Musik, Mode und Wertewandel im Verein – das autoritäre Regime der grauen alten Männer von innen heraus attackiert, gelöchert, ausgehöhlt hatte. Über die kulturelle Popolarisierung der DDR wollte ich mich informieren, über das Eindringen von West- gleich Welt-Kultur, an dem in der Bundesrepublik vor Jahrzehnten deutschsprachige Hollywood-Emigranten einen nicht geringen Anteil hatten. Aber demokratische Massenkultur, Life-Style-Revolte und buntes Stil-Chaos waren keine Themen, die meinen Gesprächspartner in diesen Tagen vor der ersten freien Volkskammerwahl interessierten. Immer wieder drängte es ihn zu abstrakten Ordnungsüberlegungen, die man bei einem Rock 'n' Roller nicht recht erwartet hätte.

»Irgendwie wird es weitergehen«, sagte er leicht klagend wie ein heimatvertriebener Rentner, »aber eben nicht mehr unter staatlicher Regie. Wir stecken in einer Übergangsphase, in Gründerjahren. Plötzlich gibt es so viele Leute, ich weiß gar nicht, wo die alle herkommen.« Für ein paar Sekunden sah er mich geradezu ratsuchend an: »Man spürt nicht, daß eine konkrete Ordnung entsteht. Das macht mir kein gutes Gefühl. Ich wünsche bloß, daß in der Zukunft alles ein bißchen mehr in geordnete Bahnen gleitet.«

Ob das nicht ungeheure Möglichkeiten seien, die sich da eröffnen? Als ich das fragte, hat Frank Nietzsch die Augen verdreht. »Die wirklich großen Geschäftschancen sehe ich nicht in Rock und Pop. Die Vertragsabschlüsse der letzten Zeit zeigen: Den großen Markt hat die Volksmusik.«

Daß er weiß, was er sagt, daß er recht haben dürfte, ist vielleicht das Schlimmste, denke ich, während die Wagenschlange Stück für Stück in der finsteren Trümmerlandschaft vorrückt, die vom deutschen Schlachtfeld wieder zur neuen Mitte Berlins werden soll. Bis zur Kontrollstelle dauert es eine gute halbe Stunde. Ich vertreibe mir die Zeit damit, die schwerbeladenen Laster zu zählen, die auf der Gegenfahrbahn aus dem Dunkel auftauchen – die Mauer kommt uns entgegen, unterwegs auf den Müll. »The times, they are a-changing...« – wenn auch in den Köpfen entschieden langsamer, als es notwendig wäre.

Als ich endlich den provisorischen Kontrollpunkt erreiche, stehen links und rechts am unbefestigten Straßenrand PKWs mit Westkennzeichen, die von den DDR-Grenzern nach alter Manier und unter Zuhilfenahme von grellen Scheinwerfern und Spiegeln durchsucht werden. Sicher ist es ein Zufall, daß von diesen Stichproben nur Fahrer betroffen sind, die eindeutig nicht deutscher Herkunft sind. Und sicher ist es auch ein Zufall, daß das bei meiner Einreise genauso war. Kein Zufall allerdings ist es, daß ich Minuten später im Angesicht des westlichen Lichtermeers unwillkürlich tief durchatme.

Den Rest gibt meinen DDR-strapazierten Nerven dann die Abendschau: Von zunehmender Fremdenfeindlichkeit im allgemeinen wird berichtet und im besonderen von tätlichen Angriffen Ostberliner Bürger auf eine afrikanische Begegnungsstätte im Westteil. Ein realsozialistischer Stammtischphilosoph propagiert dazu ungeniert vor laufender Kamera, daß nun, da die Wende in der DDR vollzogen sei, auch im Westen die »rein deutsche« Lösung angesagt sei – Ausländer raus, Ostler rein.

Ich höre ungläubig zu und denke, wieviel näher als dieser verhetzte Provinzler, der außer seiner »rein deutschen« Ost-

Kneipe wenig von der Welt will, mir meine Freunde aus Italien und Griechenland, aus den USA und der Sowjetunion, aus Chile und Polen sind.

Katja Mikulskaya zum Beispiel. Sie ist vierundzwanzig Jahre alt, hat in Moskau Architektur studiert und Kostüme für Avantgarde-Theater und Rockbands entworfen. Nach Berlin ist sie mit Mann und Kind gekommen, um auf dem internationalen Modemarkt Karriere zu machen.

An einem lauen Sommerabend, ziemlich genau ein Jahr, nachdem sie die UdSSR verlassen hat, und ziemlich genau ein Vierteljahr nach den ersten freien Wahlen in der DDR, die die Parteien des demokratischen Widerstands in die Minder- und die diktaturerprobten Altparteien SED-PDS und CDU zusammen in die absolute Mehrheit brachten, wird sie ihre erste West-Kollektion in der Boutique »Durchbruch« vorstellen.

Vor dem Laden in einer Ku'damm-Nebenstraße drängen sich Trauben von Menschen, und in den Räumen, deren durchbrochene Wände an den fast schon historischen Anblick der gefallenen Mauer gemahnen, ist kaum noch ein Stehplatz frei. Englische und französische, türkische und deutsche Wortfetzen schwirren durch den Raum – vor allem aber russische. Die Gemeinde der Moskau-Exilanten ist zahlreich erschienen: »Trotz seiner Europäisierung und Amerikanisierung wird Berlin eine östliche Stadt auch ferner sein, abhängig im Wesentlichen von der Geschichte des Ostens« – diese Prognose aus dem Jahre 1910 hat achtzig Jahre später nichts an Gehalt verloren.

»Erst war ich ein bißchen enttäuscht«, sagt Katja Mikulskaya, »weil Berlin nicht so ist, wie man sich in Moskau den Westen vorstellt. Im Vergleich zu Paris ist es fast noch eine östliche Stadt. Aber man lebt hier, anders als in Moskau, frei und international – auch wenn man, wie wir monatelang, kaum Geld hat. Und man lebt nicht so eng und furchtbar deutsch und furchtbar schick wie in München.«

Ihr Mann Anton, der Architekt ist, aber in Deutschland

nur als Hilfskraft arbeiten darf, stimmt ihr zu: »Die Beziehungen zwischen den Menschen sind unkomplizierter, die Leute positiver. Der Alltag ist bequemer, weniger aggressiv als in Moskau. In München aber fühle ich mich immer arm und schmutzig. Berlin ist kosmopolitischer und angenehm verwohnt, nicht so geleckt. Genau richtig zum Wohlfühlen.« Bis zur Öffnung der Mauer jedenfalls. Jetzt kriecht in Katja ein wenig Angst hoch. »Die Leute im Ostblock haben eine ganz andere Mentalität«, sagt sie, »die sind nicht so tolerant wie im Westen. Und in Ost-Berlin war es besonders furchtbar, grauenhaft, schlimmer noch als in Moskau. Überall Uniformierte. Kommunismus und Preußen gab eine böse Mischung. Die Russen sind mehr wie die Italiener, die trinken viel, essen viel und halten sich nicht an die Gesetze. Aber die Leute drüben waren immer gehorsam und so pessimistisch. Wenn beides jetzt zusammenkommt, wird das den Westen verändern.«

»Das Leben ist jetzt schon viel östlicher geworden«, meint Anton. »Nicht nur wegen der Schlangen vor den Läden. Ihr merkt das nicht so, weil ihr es nicht kennt. Wir sind im Kommunismus aufgewachsen, wir erkennen die Zeichen, das Verhalten, die Denkweise.«

»Man sieht sofort, wer aus dem Osten oder dem Westen ist«, sagt Katja. »Nicht unbedingt an der Kleidung. Man sieht es an den Bewegungen und daran, wie einer spricht.« Sie erzählt von Erlebnissen in der U-Bahn – »Die beiden Frauen aus dem Osten haben den Schwarzen einfach ausgelacht, weil er so schwarz war« – und von Gesprächen mit ihren Freunden, Franzosen, Amerikanern und Russen: »Wir überlegen, ob es nicht besser ist, wenn wir nach Paris gehen oder nach New York. Niemand von uns weiß so recht, was uns passieren kann . . . «

Vielleicht hat Katja recht; vielleicht aber ist sie nur schon zu sehr Berlinerin, angesteckt vom Leben in meiner geliebten Mauerinsel, diesem Käfig voller Narren, dieser Stadt der Extreme, die unentwegt zu Übertreibungen neigt, die aber im Zuge der Metropole-Werdung bei allem Tempo auch wieder mehr von der unerschütterlichen Ruhe und Toleranz des alten Berlin finden könnte. »Bestenfalls wird die Stadt werden wie Düsseldorf«, meint Anton. »Kleine Hochhäuser, viele BMW, gute Anzüge und ganz provinziell.«

»Und schlimmstenfalls?«

»Unbewohnbar.« Anton schaut traurig. Dann lächelt er: »Alle reden nur noch über die Vereinigung. Ich finde dieses Deutsch-Deutsch-Deutsch langsam öde. Aber keiner meiner deutschen Freunde hat, was das betrifft, noch Humor. Ich jedenfalls bin west-östlich satt, habe aber nord-südlich noch Appetit. Laßt uns zum Italiener gehen.«

»Natürlich müssen wir uns um Künstlerförderung kümmern, um die Theater, die Museen«, hatte Anke Martiny bei unserem Gespräch gesagt, »wichtiger aber ist, daß wir als erfahrene Demokraten eine kulturelle Erfahrung vermitteln gegen die Angst und die Unsicherheit, die Fremdenfeindlichkeit hervorbringen, wie sie in der DDR besonders sichtbar wird: Der Obere tritt den Unteren. Harmoniegekleistere hilft da nicht, das wird kein Sonntagsspaziergang. Viele werden sich dran stören, daß wir hier die unordentlichste Stadt Deutschlands haben. Aber darin liegt auch eine Chance. Als östlichste Stadt des Westens könnte Berlin ein intellektueller *melting pot* werden.«

Noch beruhigendere Auskünfte über die Zukunft der Stadt habe ich nur an einer Frittenbude vor dem Bahnhof Zoo erhalten: »Keine Ahnung, wa. Hauptsache, uns bleibt die Currywurst.«

33

ABFAHRT Der Reichstag schaut halbdunkel nach Westen, hinter ihm liegt im Sommer 1990 immer noch nichts als tiefe Nacht. Ein paar Meter weiter leuchtet das Brandenburger

Tor im Strahl der Scheinwerfer so hell, als ließe sich geschichtlicher Glanz in Watt messen. Den Weg in die lichterbunte City weist, einem säkularisierten Polarstern gleich, das blaue, langsam sich drehende Mercedes-Emblem über dem Europacenter.

An dem Abend... sahen wir den Reichstag brennen.»Es hat angefangen«, sagte ich zu Mackie,»die Nazis haben es erreicht. Es werden bestimmt sofort Massenverhaftungen stattfinden. Ich glaube, ich gehe heute besser nicht nach Hause.« Diese Nacht schlief ich bei Sonja Wronkow, die ich im Romanischen Café aufstöberte und um Unterkunft bat. Es war gut, daß ich nicht heimkehrte, denn mein Mitbewohner, der Maler Alois Erbach, und viele andere Künstler und Schriftsteller wurden in dieser Nacht verhaftet – einige sogar, bevor das Reichstagsfeuer ausgebrochen war. Göring mußte sich ein wenig in der Zeit geirrt haben.

Joseph Roth, der Romanschriftsteller Ernst Weiß und ich saßen in der Mampestube am Kurfürstendamm, in der Nähe des Bahnhofs Savignyplatz. Der Kellner, der Rowohlt so ähnlich sah, kam an den Tisch und sagte:»Der Reichstag brennt. Ein Taxi-Chauffeur, der gerade vom Brandenburger Tor kam, hat den Brand gesehen.« Ich ging ans Telefon und fragte einen befreundeten Nachtredakteur. Dann rief ich ins Lokal hinein:»Der Reichstag brennt. Wer hat es getan?« Von den Tischen, zwischen denen ich stand, kamen zwei Sätze:»Das haben die Nazis getan.«»Das haben die Kommunisten getan.« Die Antworten sind meist früher da als die Fragen... Am nächsten Tag waren Ossietzky, Mühsam und viele andere Freunde verhaftet.

Ich hörte im Radio, daß der Reichstag brannte. Mein Reichstag! Wo ich 1919 die Republik von Ebert und Scheidemann gegen die»bösen Spartakisten« verteidigt hatte!

Als ich eines Morgens aus dem Lehrter Bahnhof trat, sah ich mit Entsetzen, daß der Reichstag brannte. Auf dem Potsdamer

194

*Platz standen schon die Zeitungsverkäufer und verkauften die
Extra-Ausgaben. Ich rief meine Frau vom Büro an. Sie sagte, ich
solle nicht mehr nach Hause kommen ... Die SA führe in einem
Lastwagen die Dorfstraße auf und ab, die meisten seien betrunken
und schössen in die Fenster und Gärten ... Ein Nachbar, ein
abgedankter Polizist in dem Dörfchen Falkensee, wo ich wohnte,
hatte mich bei der SA angezeigt; ich brauche wahrscheinlich
nicht zu sagen, daß dieser Mann heute eine Zierde der kommunistischen Partei in Falkensee sein soll.*

Abgase und Fast-food-Gerüche wabern in der warmen
Luft rund um den Bahnhof Zoo. Das Flackern der Leuchtreklamen bricht sich in den Autofenstern. Stoßstange an
Stoßstange schieben sich Limousinen und Kleinwagen
aus einem guten Dutzend Länder an der Gedächtniskirche
vorbei.

*In unsere Gesichter strahlten die Reklamezeichen des westli-
chen Stadtteils. Ein Freudenmädchen in hohen Stiefeln ging prü-
fend an uns vorüber. Woher sie den Instinkt für die außerge-
wöhnliche Lage hatte, weiß ich nicht. Als sie zurückkam, sagte
sie, ohne uns anzuschauen, mit gedämpfter Stimme:»Wenn ihr
'ne Bleibe braucht, geb ich euch meinen Schlüssel.«...*
*Übrigens würde ich nicht fliehen! Ich würde mir Berlin nicht
nehmen lassen!*
*Eine halbe Stunde später ging ich zur Bahn, wo mein Koffer
beim Handgepäck verwahrt gewesen war, löste ihn aus...*

Vor dem häßlichen Zweckbau des Amerika-Hauses in der
Hardenbergstraße parkt der obligatorische Mannschaftswa-
gen der Polizei. Unter der Eisenbahnbrücke mischt sich das
Donnern der Züge mit dem dumpfen Bollern aus den Aus-
puffrohren. In dem Gestank und Lärm stehen ein knappes
Hundert Menschen Schlange, Wohnungssuchende, die auf
die Morgenzeitung warten, die hier ab Mitternacht zu haben
sein wird.

195

Der 1. April war ein Sonnabend. Die Sonntagsausgabe der Frankfurter Zeitung *erschien immer um ein Uhr morgens am Bahnhof. Ich kaufte sie mir, blätterte sie durch und sah durch reinen Zufall an irgendeiner verborgenen Stelle, daß am Montag, dem 3. April, alle Juden ihre Pässe abzugeben hätten. Nun muß ich sagen, daß wir auf das alles gefaßt waren. Wir hatten seit Mitte 1932 zwei gepackte Handkoffer in unserem Schlafzimmer stehen . . . die Gefahr war so offenbar, daß wir uns in den Sieben-Uhr-Zug nach Basel setzten mit den Kindern. Die Frage war nur: Weiß die Grenzkontrolle das mit der Ablieferung der Pässe? Oder kann ich mich auf meine deutsche Bürokratie verlassen? Wenn es heißt, am 3. April, dann ist es der 3. April – und wenn die gesamte deutsche Judenheit am 2. April ausreist, dann reist sie eben aus. Erfeulicherweise war es das letztere.*

Bis zur Abfahrt des Nachtzuges nach Paris bleiben nur noch wenige Minuten. In der Bahnhofshalle wimmelt es von Menschen. Gruppenweise lagern jugendliche Rucksacktouristen auf dem Steinfußboden, einige haben Thermomatten ausgerollt und versuchen zu schlafen. In den dunkleren Ekken, aus denen stechender Uringeruch dringt und die von der reisenden Mittelstandsjugend gemieden werden, haben sich Roma-Großfamilien niedergelassen, Flüchtlinge vor Pogromen im nachrevolutionären Rumänien. Kinder schreien, Säuglinge werden gestillt. Auf halber Treppe zu den Bahnsteigen bewachen Hunderte von polnischen Kleinhandelstouristen die Kisten-, Tüten- und Kofferberge, die sie um sich herum gestapelt haben. Vereinzelte Reisende hetzen aufgeregt durch den Menschen- und Gepäckwust. Fixer, Penner und Strichjungen, die um diese Uhrzeit hier das laute Sagen hatten, sind unverhofft in die Minderheit geraten.

Der Fall der Mauer hat dem Westberliner Bahnhof Zoo, fast drei Jahrzehnte lang eine zweigleisige Provinzstation unter Ostberliner Regie, ein halbtoter verdreckter Verkehrstrichter am Ende der westlichen Welt, neues Leben eingeflößt, und darauf ist man hier ebensowenig eingestellt wie überall in der Stadt. Mit Mienen, aus denen habituelle Verblüffung spricht, schlendern blauuniformierte Reichsbahn-Polizisten durch das Getümmel.

Aus einer Ecke dringt ein markerschütternder Schrei. Zwei Schupos, die in der Straße auf und ab patroullieren, beginnen im Laufschritt sich nach der Richtung des Schreis zu bewegen. Plötzlich ergreift einer den anderen an der Schulter, ihn am Lauf hemmend. Ich höre, wie einer zum anderen sagt: »Es hat keinen Sinn; helfen können wir doch nicht. Bleiben wir lieber hier.«

»Es ist fürchterlich« *– antwortet der andere.*

»Daß man so hilf- und machtlos dem Wüten der Banditen zusehen muß. Wozu sind eigentlich wir noch da?«

»Na ja, lange wird man ja auch uns nicht halten!«

Es klirren Scheiben: »Die roten Fetzen einziehen! – Ihr Schweinehunde! – Ihr Pack!«

Irgendwo in der Ferne ertönen einzelne Schüsse.

Der Zug ruckt an. Zeit zum Abschiednehmen bleibt nicht. Der Bahnsteig zieht sich fort, die Stadt fährt wie eine Gangway nach hinten ab. Das vertraute Stadtbild scheint aus der Zug-Perspektive plötzlich eigentümlich verzerrt. In Sekundenschnelle verfremdet sich vor meinen Augen Berlin. Schwer zu sagen, was dort draußen vorbeigleitet: Da wohl ist das *Theater des Westens,* ein Haufen Nachtschwärmer auf der Kantstraße, Savignyplatz, ein paar Flecken Dunkelheit. In den Fenstern der Wohnhäuser, an deren Rückseite wir vorbeirollen, brennt kein Licht. Mit jeder Minute Ratta-ta-tat verschwindet Berlin; wie ein Doppeldeckerbus, dessen rote Rücklichter in der Nacht verglühen.

Die Wahrnehmung zieht sich von der Außenwelt zurück. Die Geräusche im Zug dringen in den Vordergrund, die Gespräche vom Gang, aus den engen Nachbarabteilen.

»Ich bin von Brügge«, sagt eine Stimme mit Akzent.

197

»Schönes Seebad«, poltert ein bayrischer Bariton zurück, »aber Wasser Scheiße, alles kaputt.«

»Ja, wir haben Umweltprobleme«, sagt der Belgier.

Die ersten Jalousien werden heruntergezogen. Die Abfahrt geht zu Ende, die Reise beginnt, der Blick zurück wendet sich zögernd nach vorne. Links und rechts der Gleise taucht das bekannte Weiß der Betonplatten mit der Röhrenkrone auf.

»Scheißmauer«, läßt sich der Bayer vernehmen. »Aber am 1. Juli, Schluß. Keine Mauer mehr, keine Grenze ... Soll alles ein Deutschland sein, alles ...«

Seine Stimme verstummt abrupt. Zwei Vopos passieren die offene Tür meines Abteils. Eisiges und zugleich furchtsames Schweigen begleitet ihren Weg durch den Waggon. Dann höre ich die Glastür am Ende des Ganges schlagen.

»Die kannste vergessen«, sagt der Bayer. »Alle arbeitslos demnächst.«

»Die ökonomischen Folgen der Vereinigung ...«, setzt der Belgier an.

»Inflation!« unterbricht ihn der Bayer. »Das wird Problem. Weil, die brauchen da drüben vier Mann – vier Mann! –, wo bei uns nur einer!«

»Ich sehe da auch große Probleme«, sagt der Belgier mit viel Geduld in der Stimme und einem Akzent, der klingt, als lutsche er gleichzeitig einen riesigen Knödel. »Ganz Europa wird darunter ...«

»Erst Inflation«, ruft der Bayer enthusiastisch, »aber dann D-Mark wieder stärker. Immer stärker! Dann wieder D-Mark am stärksten, mein Lieber!« Er stockt, um ruhiger und auch versöhnlicher fortzufahren: »Und in zehn Jahren, Belgien, Luxemburg, Frankreich, Deutschland – alles E-Küh. Europa alles eins, alles E-Küh.« Wer all diese schönen Ecus besitzen wird, daran läßt seine Stimme bei aller Freundlichkeit keinen Zweifel.

Allmählich verplätschert das Gespräch der beiden ungleichen Europäer in eine Folge abebbender Geräusche, über die sich immer dichter der beruhigende, einschläfernde Rhythmus der Schwellen legt, das regelmäßige Ratta-ta-ta, mit dem der Zug die Reisenden vergessen machen will, was sie zurückließen.

»Ich fragte ihn nicht, weshalb er Deutschland verlassen hatte«, steht in Erich Maria Remarques Emigranten-Roman »Die Nacht von Lissabon«: »Es gab dafür genug Gründe. Keiner von ihnen war interessant, denn jeder war ungerecht. Ein Opfer zu sein, ist nicht interessant.«

Der Zug rast in eine lange, dunkle Nacht, durch die Lichtstreifen wie Blitze jagen und kurze Bilder in die Finsternis reißen, Sekundenblicke auf verlassene Fabrikanlagen in der zerstörten Landschaft längs der Gleise, menschenleere Straßen, Müll- und Schrotthalden. Ich schließe die Augen: Eine weite Grünanlage. Zarte Bäumchen hinter hohen Absperrgittern. Ein gewaltiges dreibögiges Portal, dem es das Haus weggerissen hat, eine rotschimmernde Ruine vor der Silhouette von Nachkriegshochhäusern. An der Kreuzung dahinter leuchtet ein weißes Hinweisschild: »Übergänge Prinzenstr./Friedrichstr.«.

Der Anhalter Bahnhof.

Abend für Abend drängeln sich hier, lange bevor die Nachtzüge einlaufen, Fahrgäste auf dem Perron. An der Sperre kontrollieren bewaffnete SA-Männer Tickets und Pässe.

Nie zuvor in ihrer Geschichte hat die Deutsche Reichsbahn ein solch illustres Publikum befördert. Und erst recht wird es später, nach diesen Wochen im Februar und März 1933, nie wieder zu einer vergleichbaren Ballung von Rang und Berühmtheit kommen.

Doch es sind keine fröhlichen Reisenden, die in diesen Tagen Berlin verlassen. Ihre Gesichter sind bleich, abweisend, ihre Lippen zusammengekniffen. Viele der Wartenden sind seit Jahren miteinander bekannt, aber kein Zeichen des Erkennens geht über ihre versteinerten Mienen. Niemand will Aufsehen erregen. Alle fürchten die Blicke der

Männer in den braunen Uniformen. Keiner auf den Bahnsteigen mag das Glück herausfordern, das gerade jetzt darin besteht, daß den Uniformierten weder der gute Name noch das prominente Gesicht der Reisenden etwas sagt. Der Fernzug rollt ein, vorweg die qualmende und stampfende Lokomotive. Die meisten der Wartenden drängen zur Ersten Klasse. Man fährt vornehm, auch wenn viele, die gerade das Notwendigste zusammengepackt haben, es sich eigentlich nicht leisten können. Das luxuriöse Ambiente, so hofft man, wird die subalternen Kontrolleure an den Grenzen ein wenig einschüchtern.

An der Sperre zum Bahnsteig kommt plötzlich Unruhe auf. Zwei Männer werden von der SA aufgehalten. Die Uniformierten verlangen die Pässe der Reisenden zu sehen.

»Hauptmann Frenzel von der Richthofenstaffel«, schnarrt der ältere der beiden. »Dieser Herr ...« – er zeigt auf seinen Begleiter, einen schmalen jungen Mann, der einen mittelgroßen Handkoffer trägt und äußerst schüchtern dreinblickt – »... steht unter meinem persönlichen Schutz. Ich verbitte mir jede außerdienstliche Einmischung!«

Die Posten haben eindeutige Befehle. Von einem Hauptmann Frenzel wissen sie nichts. Die SA-Leute, allesamt junge Burschen, schauen sich ratlos an ...

DRITTES KAPITEL

FALLE EUROPA

LEBEN AUS DEM HANDKOFFER Der Koffer, den Hans Sahl aus dem Schrank hervorzieht, ist alt und schäbig. Die Ecken sind eingebeult, die farblose Oberfläche ist zerkratzt und verzogen. Seit Jahrzehnten werden solche Koffer nicht mehr hergestellt. Auf sie stößt man allenfalls beim Stöbern im Gerümpel verstaubter Dachböden. Der Koffer, den Hans Sahl in der Hand trägt, faßt nicht, was ein Reisender heute zum Leben braucht. Aber er faßt ein Leben.

Vorsichtig legt der alte Mann den Koffer auf das Bett, das den Mittelpunkt des kleinen Raums in der New Yorker Westend Avenue bildet. Dann setzt er sich daneben und verschnauft einen Augenblick. In der Ferne heulen Polizeisirenen, von irgendwo dringt Rockmusik durch die Wände, die Klimaanlage rauscht leise ratternd.

»So bin ich nirgends zu Hause, ein Gast in fremden Kulturen.«

»Ich sitze in der Verbannung, noch immer«, sagt Hans Sahl, und sein freundliches Gesicht schaut fast bewegungslos. Das über ein halbes Jahrhundert währende Exil hat sein Verhalten geprägt, seine Mimik, die Gesten, mit denen er seine Worte begleitet. Die Weltgeschichte hat ihn zu einem Menschen gemacht, der sich im Vorläufigen einzurichten weiß.

Der alte Mann läßt die beiden rostfleckigen Schnallen hochschnappen und hebt den Deckel. Dicke Stapel angestoßener und zerknitterter Manuskriptseiten quellen hervor, zerfledderte Quarthefte, Notizbücher, deren Einbände sich gewellt haben. Lange und weit hat Hans Sahl diese Papiere durch die Welt getragen. Seine Flucht aus Europa hatte viele Zwischenstationen, jeder Halt war nur von kurzer Dauer. Die Handschriften in dem Koffer erzählen davon. Sie sind sein Leben in Worten.

Hans Sahl in seiner New Yorker Wohnung

»In den Monaten vor Hitler hat man sich in Berlin wie unter einer Glocke gefühlt, aus der die Luft gepumpt wurde«, sagt Sahl, während er eins der vielen Hefte herausnimmt und aufschlägt. »Das war ein Gefühl der Bedrohung, der Luftverdünnung, des Erstickens. Überall, auf der Straße, im Autobus, im Theater, spürte man, daß sich etwas Unglaubliches vorbereitete. In den Kulissen wurden lautstark Anstalten für ein Schauerspiel getroffen, und im Zuschauerraum machte sich Unruhe breit.«

Vorsichtig streichen Hans Sahls Finger über das vergilbte Papier: »Diese Tagebücher habe ich begonnen, als ich in Prag ankam. Ich mußte damals alles in Berlin zurücklassen, was nicht in den Handkoffer ging. Ich besaß einen Anzug und einen Paß und ein paar Manuskripte. Als Frenzel und ich auf die bewaffneten Posten am Anhalter Bahnhof zugingen, zitterten mir die Knie...«

34

»HABEN SIE SCHON MAL GEFLOHEN?« Der Terror wütet im Februar 1933 auf Raten. Jeden Tag ein bißchen und den nächsten Tag ein bißchen mehr. Zu viele ihrer Gegner leben noch in Berlin, als daß die Nazis alle auf einen Schlag beseitigen könnten. Die Schergen brauchen Zeit, die Menschenjagd zu organisieren, und sie brauchen gute Vorwände, um dem rudimentären Legalismus ihrer Verbündeten zu genügen. Den Opfern gibt das Gelegenheit, sich in falscher Sicherheit zu wiegen; weiterzumachen, als sei das Kabinett Hitler nur eine Stafette in der langen Reihe demokratischer Regierungen. Vorsichtige Anpassung könnte sie über die paar Monate retten, die der Spuk dauern wird, meinen manche und tragen statt schwarz-rot-goldener Bändchen schwarz-weiß-rote im Knopfloch. Andere denken an handfeste Gegenwehr.

Bei einem Treffen oppositioneller Autoren Anfang Februar schlägt Bert Brecht vor, die gefährdeten Schriftsteller sollten öffentlich gegen die Nazis auftreten und sich dabei von einer kräftigen Leibwache der *Roten Hilfe* beschützen lassen. Heinrich Mann lehnt lächelnd ab. Er ist sich nicht sicher, ob die Parteisoldaten ihn bewachen oder überwachen sollen. Ein paar Tage später, Mitte Februar, wird die *Akademie der Künste* ihn, den Präsidenten ihrer Sektion Dichtkunst, ausschließen; in Anwesenheit von Gottfried Benn und Alfred Döblin. Und in seinem *Deutschen Theater* inszeniert Max Reinhardt, den die Nazis den »Juden Goldmann« nennen, derweil »Das Große Welttheater« des Wiener Juden Hugo von Hofmannsthal – ganz unironisch.

Als meine Frau mit Hanna Solf zur abendlichen Generalprobe fuhr, es war am 27. Februar, blieb ihr Wagen in einem Menschenauflauf stecken, der Himmel flackerte rot. »*Der Reichstag brennt!*«

Das Reichstagsgebäude, unweit vom Brandenburger Tor, ging in Flammen auf. Wer hatte es angezündet?

»Die Kommunisten«, hieß es.

Das war grünes Licht.

Auf Antrag der Nationalsozialisten erläßt Reichspräsident Hindenburg bereits am nächsten Tag die Notverordnung »Zum Schutz von Volk und Staat«. Die SA hat nun freie Hand. Nicht nur die rechtsstaatlichen Prozeduren für Hausdurchsuchungen und Verhaftungen werden außer Kraft gesetzt. Die Pressefreiheit wird sang- und klanglos liquidiert, das Postgeheimnis aufgehoben, Versammlungen und Demonstrationen sind verboten, und für Brandstiftung sowie für den dehnbaren Tatbestand des Hochverrats wird die Todesstrafe eingeführt.

Die Verhaftungskommandos strömen mit lange vorbereiteten schwarzen Listen aus und jagen prominente Gegner der Nazis, Funktionäre der Sozialdemokratischen und der Kommunistischen Partei, kritische Intellektuelle und fortschrittliche Künstler, jeden, der sich einmal im Kampf gegen den faschistischen Mob hervorgetan hat. Aber nicht nur die linke und liberale Opposition wird ausgeschaltet, auch viele alte Rechnungen werden bei dieser Gelegenheit mit beglichen. Gezielte Unterdrückungsmaßnahmen und willkürlicher Terror gehen Hand in Hand.

»Man hörte zum erstenmal das Wort ›Emigration‹, das man bis dahin nur im geschichtlichen Sinne gekannt hatte oder wenn man vom kommunistischen Rußland, vom faschistischen Italien sprach«, erinnert sich Hubertus Prinz zu Löwenstein. Binnen Wochenfrist findet sich die deutsche Öffentlichkeit damit ab, daß die NS-Machthaber Folter und Mord als alltägliche Mittel der Machtausübung einsetzen. »Es war eine Entwicklung, die wir lange vorausgesehen hatten«, schreibt Arthur Koestler, »aber wie immer in solchen Fällen kam die Erfüllung unserer eigenen Prophezeiung als unheimliche Überraschung.« Protest regt sich in bürgerlichen Kreisen kaum. Klaglos kapituliert der »Anstand«, auf den sich die breite Mehrheit der Konservativen stets soviel zugute hielt.

Eines Morgens im März hämmert es auch an der Tür der Dachwohnung in der Ruhlaer Straße 12, unweit des Rosenecks. Sie wird von einem jungen Mann bewohnt, einem aufstrebenden Kritiker und Literaten. 1902 in Dresden geboren und in Berlin im großbürgerlich-jüdischen Milieu aufgewachsen, hat er an den Universitäten Leipzig und Breslau studiert und in Kunstgeschichte promoviert. Seit 1924 lebt der überzeugte Pazifist, der seine sich lichtenden schwarzen Haare streng zurückgekämmt trägt und nachhaltig von dem Reiz Gebrauch macht, den er auf Frauen ausübt, als freier Schriftsteller: »Ich wollte dichten, Lyrik, Erzählungen, Romane.« Doch zunächst einmal hat er sich zu einem der führenden Film- und Literaturkritiker der Weimarer Republik emporgeschrieben: »In der Filmkritik ging es Mitte der zwanziger Jahre noch ums Ganze. Wir kämpften ja um eine neue Kunstform. Da wurden die Grundsteine gelegt, neue

Kategorien entwickelt, Maßstäbe gesetzt. Ich habe versucht, den Film unter kunsttheoretischen Gesichtspunkten zu begreifen.«

Der junge Literat schreibt für den *Berliner Börsen-Courier*, den *Montag Morgen* und das *Tagebuch*. Seine Feuilletons und Essays verknüpfen die ästhetische Perspektive mit politischer, linker Aufklärung – ohne falsche Scham vor populären,»niederen«Gegenständen. Wie in der zeitgenössischen Kultur Ästhetik und Politik verschmelzen, so gehen sie auch in seinen Kritiken eine enge Verbindung ein. Bereits 1926 warnt er etwa in einer fünfteiligen Artikelserie über die »Klassiker der Leihbibliothek« vor der Zunahme rechtsradikaler und antisemitischer Propaganda, vor dem Haß, den diese Bücher lehren:»Das deutsche Volk liest nicht Thomas Mann und Alfred Döblin. Die Mehrheit der Lesenden liest die Klassiker der Schundliteratur, und die sind chauvinistisch, antisemitisch, totalitär. Ich habe fünfzig dieser Bücher durchgearbeitet, alle hatten sie Auflagen über einhunderttausend, und alle betrieben sie die Aufhetzung eines Volkes zu Haß, Mord, Krieg.«

Als der hellsichtige Alfred Kerr sich Anfang 1933 nach England absetzt, bietet man ihm, dem erst dreißigjährigen Hans Sahl, die Nachfolge an. Obendrein unterschreibt er in diesen Tagen den Vertrag zu einem Buch über den Stummfilm. Der junge Literat steht an der Schwelle zu einer großen Karriere. Die Machtübernahme Hitlers aber beendet alle Zukunftshoffnungen. Und nun, an diesem Märzmorgen, tritt ein, womit Hans Sahl seit Tagen gerechnet hat:

Sie hatten Ehrendolche und Revolver, schlugen mit ihren Stiefelabsätzen gegen die Tür und drohten, sie aufzubrechen, falls ich nicht öffnete. Ich beschloß, auf mein Frühstück zu verzichten, nahm Hut und Mantel und stieg, wie es in jenen Tagen üblich war, durch das Fenster auf das Nachbardach, beendete dort meine Garderobe, stieg durch eine Luke in das Treppenhaus des angrenzenden Gebäudes und begab mich auf die Straße.

»So haben Sie in dem Roman ›Die Wenigen und die Vielen‹ die Flucht Ihres Helden Kobbe beschrieben...«

»...und genauso war es auch«, sagt Hans Sahl. »Die Personen sind natürlich nicht komplett nach einem Modell gearbeitet. Da habe ich den Kopf der einen Frau genommen, den Unterleib der anderen und habe sie zusammengesetzt. Aber was in diesem Buch an historischen Details steht, stimmt alles.«

Dem Verhaftungstrupp entkommen, irrt Hans Sahl tagelang durch die Straßen, ohne Ziel, ohne Zuflucht. Viele Bekannte sind, weil selbst gefährdet, schon vor Tagen untergetaucht, vielen anderen ist in dieser Situation, in der es auf Leben und Tod geht, nicht zu trauen. Tagsüber scheint das dichte, anonyme Getriebe in der Innenstadt den besten Schutz zu bieten. Vom Ku'damm über Tauentzien und Potsdamer Platz, Unter den Linden entlang zum Alexanderplatz, durch das Zeitungsviertel, wieder zurück Richtung Westen. Hunderte von Verfolgten suchen auf Routen wie dieser die Zeit bis zum Abend herumzubringen, den Hut gegen Winterwind und Mitmenschen tief ins Gesicht gezogen. Jede Begegnung birgt ein Risiko; wo nicht Gefahr, da lauert doch Peinlichkeit.

»Was, Sie sind noch nicht verhaftet?« wird Herbert Weichmann von einem Bekannten begrüßt, der ihn Unter den Linden erkennt.

Um sich aufzuwärmen, besucht Sahl ein paar vertraute Cafés, die zu frequentieren eigentlich nicht opportun ist. In keinem wagt er länger zu bleiben. Nachts nimmt er wechselndes Quartier: »Türen öffneten sich auf vereinbarte Zeichen, eine Couch stand bereit, Fragen wurden nicht gestellt, Frauen, die man noch nie vorher gesehen, improvisierten ein Lager, und man sah ihnen zu, hilflos und ein wenig verlegen ...«

Berlin scheint verwandelt, eine kalte, bedrohliche Stadt, deren verschneites Straßenbild von Uniformen beherrscht wird und deren Bewohner, mißtrauische, verängstigte Menschen, sich in Büros und Geschäften hinter undurchdringlichen Mienen, in Bussen und Straßenbahnen hinter Zeitungen verstecken. Eine zerfallende Gesellschaft im Belagerungszustand, in der die meisten zusehen, wie sie zurechtkommen, indem sie über möglichst viel hinwegsehen. Der Sieg der Nazis und ihrer nationalistischen Verbündeten ist vollständig, aber ein fröhlicher, ausgelassener Sieg ist es nicht.

Keiner, der die ersten Monate der nationalsozialistischen Herrschaft 1933 in Berlin beobachtete, konnte das Moment tödlicher Traurigkeit, des halbwissend einem Unheilvollen sich Anvertrauens übersehen, das den angedrehten Rausch, die Fackelzüge und Trommeleien begleitete ... Die von einem Tag zum anderen anberaumte Rettung des Vaterlandes trug den Ausdruck der Katastrophe vom ersten Augenblick an, und diese ward in den Konzentrationslagern eingeübt, während der Triumph in den Straßen die Ahnung davon übertäubte ... Während sie alles gewannen, wüteten sie schon als die, welche nichts zu verlieren haben.

»Das klingt heute einfach: fliehen!« sagt Hans Sahl. »Aber wir hatten damals ganz bürgerliche Vorstellungen von der Kontinuität des Lebens und einer gesicherten Existenz. Und nun mußte man plötzlich weg aus seiner Heimat. Da saßen alle im *Romanischen Café* herum und fragten: ›Wie flieht man denn, zum Donnerwetter? Haben Sie schon mal geflohen? Wie geht das? Wohin überhaupt?‹ Wir waren wie gelähmt. Ernst Busch traf ich: ›Du bist noch hier?‹ Sagt er hilflos: ›Ja, wo soll ich denn hin?‹ Es war eine gespenstische Stimmung. Tja, wohin? Und dann fiel einem ein: Ich habe doch irgendeine Tante in Kalifornien, einen Onkel in Cleveland, und in Paris habe ich mal diese alte Ziege getroffen ... ›Mensch, hast du ein Schwein!‹ sagten die anderen. Und da telegrafierte man dem Onkel oder der alten Ziege und wartete auf Antwort. So war das, dieses Fliehen aus Deutschland. Etwas völlig Unheroisches.« Hans Sahl lacht leise. »Über Mangel an Abenteuern allerdings brauchte ich mich bald nicht mehr zu beklagen.«

Als der Abend des 15. März kommt, rettet er sich durch die klirrend kalte, lichterhelle Dunkelheit, vorbei am Bahnhof Zoo und vorbei an der Synagoge in der Fasanenstraße, zu einem Freund. Der macht sich sofort mit preußischer Präzision daran, die Ausreise zu planen. Viel süßer spanischer Rotwein wird in der Wohnung an der Hardenbergstraße getrunken, bevor die beiden schließlich aufbrechen.

»Ich ließ zwei Lieben hinter mir«, sagt Sahl, »das war eine Situation, die so oder so hätte gelöst werden müssen. Und was ich sonst hinter mir ließ? Mein Gott, die Sprache, die deutsche Sprache. Das war das Liebste, das war meine wahre Geliebte, meine Mutter, und auf die verstand ich mich auch.«

Die Vorstellung schloß um Viertel vor elf, um elf ging der Zug über Dresden nach Prag. Ich mußte weiter auf der Bühne stehen und schickte darum eine Kollegin, die schon frei war, zu L. K. ins Hotel, um zwei Handkoffer mit dem Nötigsten zu packen. Zum Glück befand sich der Bahnhof ganz in der Nähe des Theaters, und fünf Minuten vor Abgang konnte ich den Zug erreichen. Ich fand ihn voll besetzt mit flüchtenden Personen, darunter viele bekannte Namen: die Direktoren Bernauer und Meinhard, die seit Jahren eines der großen Theater leiteten, den feinen Essayisten Polgar, den Chefredakteur des Berliner Tageblattes, *Theodor Wolff, prominente Rechtsanwälte, Schriftsteller und Maler. Ein Aufatmen der Erleichterung ging durch den Zug, als er sich in Bewegung setzte. Mit zwei Handkoffern und den erlaubten zweihundert Mark pro Person zogen wir ins Ungewisse.*

Sahl und sein Freund werden an der Sperre zum Bahnsteig von SA-Leuten aufgehalten. Die Uniformierten verlangen, die Pässe der Reisenden zu sehen. Vor ein paar Tagen erst einem Verhaftungskommando über die Dächer entkommen, muß der mißliebige Literat fürchten, daß sich sein Name auf den Listen findet, in denen die Posten blättern. »Hauptmann Frenzel von der Richthofenstaffel«, schnarrt da plötzlich Sahls Begleiter, als befände er sich auf einem Kasernenhof.

»Wie flieht man denn?«: Etwas ratlos schauen die SA-Leute auf den Mann **Hans Sahl bei der** mit der befehlsgewohnten Stimme. Ihr Gegenüber **Abfahrt vom Anhalter** ist Mitte Fünfzig und trägt an seiner Zivilkleidung **Bahnhof** gut sichtbar den »Pour le mérite«, den höchsten **(März 1933)** preußischen Kriegsorden.

»Dieser Herr« – Frenzel zeigt auf seinen jungen Begleiter –
»steht unter meinem persönlichen Schutz. Ich verbitte mir
jede außerdienstliche Einmischung.« Die SA-Leute zögern, dann salutieren sie und geben den
Weg frei. Dank Frenzel, im Ersten Weltkrieg durchaus
Hauptmann und derweil im Zivilberuf Kunstprofessor und
Herausgeber der schöngeistigen Zeitschrift *Die Gebrauchs-
graphik*, passiert Hans Sahl die Sperre ohne Kontrolle. Hinter
ihr wartet der Nachtzug. Morgen um halb sieben in der
Frühe wird er in Prag eintreffen. In der Freiheit.

Sahl verstaut seinen Handkoffer in einem leeren Abteil
und schiebt das Fenster herunter. In einiger Entfernung
patrouillieren Posten, das Gewehr geschultert. Ein Dienstmann mit Uniformmütze und weißer Jacke rollt einen gläser-
nen Wagen heran. Genau in diesem Moment drückt Sahls
Lebensretter, der ordenbewehrte Professor Frenzel, auf den
Auslöser seiner Kamera. Einmal, zweimal. Die Fotos zählen
zu den seltenen Dokumenten, auf denen die Flucht aus
Deutschland festgehalten ist. Im Vordergrund bietet der
Dienstmann gutgelaunt seine Waren an: »Erfrischungen.
Belegte Brote. Zigarren, Zigaretten.« Für ihn ist es ein Tag
wie jeder andere. Im Hintergrund lehnt sich Hans Sahl aus
dem Fenster des Zugabteils; für ihn bedeuten diese Minuten
das Ende seines bisherigen Lebens. In den »Memoiren eines
Moralisten« hat er ein halbes Jahrhundert später die Szene
selbst beschrieben: »Es gibt ein Foto von mir, das Frenzel in
diesem Augenblick von mir machte. Es zeigt einen jungen
Mann, der zum Fenster hinaussieht. Er ist etwa dreißig Jahre
alt und hat schwarze, nach hinten gekämmte Haare. Er hat
die Hand über die Augen gelegt, als suche er jemanden, aber
das kann auch ein Scherz gewesen sein. Er lächelte, wie so
oft, wenn er ein wenig verlegen war, und er ist oft verlegen
gewesen und auch ein bißchen ratlos.«

*Ich fuhr zum Anhalter Bahnhof ... Sascha blieb noch zurück:
Sie hatte das Haus zu vermieten, die Koffer zu packen, vor allem*

die 5000 Bücher, ein Visum für Frankreich zu besorgen. Die
Bahnhöfe wurden schon bewacht ... Ich hatte Schlafwagen er-
ster Klasse ... Der SA-Mann, der meinen Paß kontrollierte, legte
die Hand an die Mütze, erhob die Augen nicht höher als bis zum
Knoten meines Schlipses, wo noch nicht viel zu entdecken war,
und berührte meinen Paß nur mit den Spitzen von zwei Fingern
am äußersten Rande. Ich wurde voller Reverenz respektiert, wie
es dem Inhaber eines solchen Coupés zukam. Ich hatte sehr große
Angst gehabt; nun folgte die Ära des Hasses.

»Frenzel«, sagt Hans Sahl zu seinem Freund, »sieh mich
an. Fällt dir nichts an mir auf? Nein? Hier ist ein Mann, der
im Begriff ist, den Staub des Vaterlandes von den Füßen zu
schütteln.«

36

UNTERWEGS Als habe das wirbelnde Chaos Berlins sie
weggeschleudert, rasen die Nachtzüge über dunkle Gleise
nach Prag und Paris, Basel und Budapest; aus den Kopf-
bahnhöfen, den wenigen Schlupflöchern der Stadt, heraus-
gestoßen in die Weite einer fremden Welt, vorbei an Silhou-
etten und verwischten Umrissen, quer durch das fast unsichtbare Land.

Der Blick aus den Fenstern der Abteile zeigt das eigene
Gesicht, dessen Konturen sich in den schwarzen Scheiben
spiegeln. Die lange, schlaflose Fahrt zerrt an den Nerven,
durch das Gedankengewirr huschen kurze Lichtstreifen,
blitzen Momentaufnahmen von verlassenen Fabrikanlagen,
menschenleeren Bahnhöfen, fernen Dörfern, in denen das
Leben normal weitergeht.

Unvorstellbar normal in Richtung Abgrund. Rattern für
Rattern zwingen die Gleise den Flüchtenden ihren Weg auf,
bannen sie in ihren Rhythmus, bis die müden Herzen im
Holpern der Schwellen schlagen.

Triumph und Befreiungsgefühle bis zu Niemandsland-Ängsten und einem grauen Verlorensein im Unbekannten. Bilder der Vergangenheit jagen sich, ballen sich, fließen wieder auseinander, verdichten sich zu neuen Erinnerungen, die wiederum von anderen verdrängt werden.

Der Fixpunkt aller Gedanken aber ist die Grenze. Die letzte Hürde vor der Freiheit. Lange wird sie erwartet, und dann bricht sie doch überraschend herein. Die Waggons rollen in eine Art Schlucht zwischen Bahndämmen, klaustrophobisch durch den trüben Morgendunst. Die Fahrt verlangsamt sich. Quietschend hält der Zug und nimmt türenknallend und abfahrtpfeifend die Kontrolleure auf.

Die Gespräche verstummten. Alle sahen zur Tür. Worauf warteten sie? Sie warteten auf die Grenze. Die Grenze ging durch den Zug. Man hörte sie sprechen. Sie kämmte den Zug durch, von der Lokomotive bis zum letzten Wagen. Sie war sehr höflich. Sie kam auf einen zu und sagte: »Ihren Paß, bitte!« Hinter ihr, in den vorderen Wagen, die sie passiert hatte, war man bereits in einem anderen Land. Aber hier war noch Deutschland. Hier konnte man noch erschossen und aus dem Fenster geworfen werden. Aber das würde nicht mehr lange so sein. Deutschland wurde immer kleiner. Jetzt bestand es nur noch aus dem Abteil, in dem ich saß. Gleich würde die Grenze zur Tür hereinkommen. Man hörte sie schon auf dem Gang. Sie trug schwere Stiefel, knarrende deutsche Lederstiefel...

Wie abrupt, hat man die Grenze hinter sich gebracht, die Wirklichkeit ihr Gesicht ändert! Die Häuser zeigen andere Fassaden, die Straßen andere Markierungen, die Reklamen werben für andere Produkte. Wer heute die Grenze überschreitet, unmerklich, als gäbe es sie nicht mehr, nach Belgien, nach Frankreich, der kann sehen, daß aus der Zugperspektive, trotz vierzig Jahren Trennung, die DDR der Bundesrepublik ähnlicher sieht als die westlichen Nachbarn.

WARTESAAL DRITTER KLASSE Der Weg ins Ausland
bedeutet, immer noch, die Annäherung an das andere, Barbarische. Verschlagen in die Welt, fern der Heimat fallen
Orte, kaum daß sie verlassen werden, dem Vergessen an-
heim; Stätten, die der Reisende zum erstenmal erblickt, haben eine Geschichte, deren Details er erst jetzt erfährt, obwohl sie seine Phantasie seit der Kindheit beschäftigten;
Gegenden, in denen er einst war, wecken Erinnerungen; die
Heimat, wenn er in sie zurückkehrt, ist fremd geworden.
Im abendländischen Kontext, seit der Odyssee, machte
Reisen, gleich wie beschwerlich oder gefährlich, stets einen
Sinn. Der Gewinn an Aufklärung, den das Denken der zeit-
vernichtenden Bewegung durch den Raum zuschreibt, verdankt sich wesentlich dem Wechselverhältnis zwischen
Her- und Ankunft, einer Dialektik von An- und Abwesen-
heit. Im Verlauf der Reise verwirren sich räumliche und
zeitliche Erfahrungen, die geographische Bewegung schiebt
Vergangenheit und Gegenwart ineinander und wird dadurch zu einem Medium der Selbsterfahrung.

Was für den privilegierten einzelnen die Reise, ist über
Jahrhunderte hinweg für das breite Publikum die Erzählung
von ihr. Mit Anbruch der Neuzeit entsteht eine nicht abreißen wollende Flut von Reiseberichten. An der Entwicklung
dieser Literatur läßt sich der historische Wandel ablesen: das
allmähliche Infragestellen der klassischen Bildungsreise;
das Aufkommen ethisch-politischer und sentimental-ästhe-
tischer Interessen, die in der Romantik und im Vormärz
jeweils einen Höhepunkt erreichen; schließlich in der Moderne die allmähliche Zerstörung des Zusammenhangs von
geographischer Mobilität und Erkenntnis.

Daß die meisten Weimarer Künstler und Intellektuellen
für die Reise, die sie 1933 anzutreten hatten, schlechter vorbereitet waren als ihre Vorfahren im Exil, die Oppositionel-
len des Vormärz und der gescheiterten 1848er Revolution,

auch darüber gibt die zeitgenössische Reiseliteratur Auskunft: Im ersten Drittel des 19. Jahrhunderts sahen die deutschen Bürger, bar jeden Nationalstaates, ihre moralischen wie politischen, kulturellen wie sozialen Vorbilder in den fortgeschrittenen Metropolen London und Paris. Dorthin reisten viele freiwillig als gebildete Touristen, dorthin mußten einige als politische Emigranten fliehen. Ihr Exil kam so einer Fahrt in die republikanische Zukunft gleich, die das liberale Bürgertum sich für Deutschland erhoffte.

Ein ähnlich klarer utopischer Horizont fehlte zu Beginn der 1930er Jahre. Die um Aufklärung bemühten Auslandskundschafter der ersten Nachkriegszeit hatten nicht nur ihren Blick den gewandelten Reiseerfahrungen des Industriezeitalters angepaßt: dem rasenden Panorama, zu dem die Welt sich aus dem Zugfenster wandelte, den haptischen Filmszenen, in die der Blick aus dem Automobil die Landschaft zerstückelte. Auch was die Reiseziele betraf, hatten Autoren wie Egon Erwin Kisch und Alfred Kerr, Kurt Tucholsky und Ernst Toller, Siegfried Kracauer und Walter Benjamin den Blick nach vorne nur zerstreut richten können.

Für den Fortschritt existierte keine einheitliche Perspektive mehr. Politische und technische Utopie, soziale und moralische hatten sich aufgespalten. Auf zahllosen Rußlandfahrten wurde besichtigt, was vermeintlich die menschenwürdigere Zukunft war, auf zahllosen Amerikareisen wurde beschrieben, was technisch Deutschland bevorstand. Und beides mit mal besser, mal schlechter verhüllter Ambivalenz. Die Stelle des Bildungsreisenden auf dem Weg nach Utopia hatten Zeitreisende eingenommen, die ihre Gegenwart nicht länger als Resultat von Tradition, sondern als Durchgangsstation auf dem Weg in eine Zukunft begriffen, die vor ihrem Eintritt allerdings selbst kaum zu begreifen war. Die weltenbummelnden Aufklärer, schreibt Anke Gleber über die Reiseliteratur der Weimarer Republik, schilderten »die amerikanischen Städte als Extreme der Moderne, Moskau als Labor der neuen Gesellschaft und die südlichen

217

Kleinstädte als Relikt einer verlorenen Stadtvergangenheit«.
Die Wirklichkeiten, die sie auf ihren Streifzügen erforschten, verstanden die Berliner Reporter-Flaneure so als Serie
historischer Muster; als Galerie geschichtlicher Entwürfe, in
der sich die eigene Gesellschaft bei ihrem Ab- und Aufbau
bedienen sollte.

Diese relativierenden zeittheoretischen Vorzeichen, unter
denen die vorherrschende Interpretation des Geographischen in den Jahren nach dem Ersten Weltkrieg stand,
erlaubte den großen Exodus, der über Tausende von Intellektuellen hereinbrach, nur als Rückschritt wahrzunehmen,
als Verzögerung der historisch »eigentlich« ausgerufenen
Abfahrt in die Zukunft. Die üblichen Fluchtziele Paris oder
London – und erst recht Prag, Budapest oder Wien – führten
keineswegs in ein gelobtes Ausland, dessen Verhältnisse in
toto für die Heimat ersehnt worden wären. Der auf Fortschritt bedachten Perspektive bedeutete das Exil Retardierung, Aufenthalt – eben Wartesaal, wie die von den Emigranten selbst am häufigsten gebrauchte Metapher lautet.

Hans Sahl, der die französische Hauptstadt gar einen
»Wartesaal dritter Klasse« schimpfte, erklärt denn auch
seine Haltung folgerichtig mit der relativen Rückständigkeit
der dortigen Verhältnisse, die er bereits in den zwanziger
Jahren ablehnend feststellte: »... als ich zum erstenmal nach
Paris fuhr und bemerkte, daß Berlin eben doch die fortschrittlichere, modernere Stadt war, während Paris noch
immer im 19. Jahrhundert lebte.«

Selbst der seltene Weg in die Zentren zeitgenössischer
Hoffnungen, nach Moskau oder New York, nach Palästina
oder Kalifornien, galt in der Regel als zweite Wahl. Die große
Utopie, auf die sich alle Sehnsüchte richteten, blieb die
eigene Vergangenheit: das Berlin der zwanziger Jahre. Mit
ihm konnte kein Exilort konkurrieren. Nicht nur die Heimat
war den meisten der intellektuellen Emigranten daher mit
der Vertreibung aus Deutschland abhanden gekommen.
Verloren schien für lange Zeit auch die Zukunft.

STILLE POST Der morgendliche Berufsverkehr rechts und links der Bahnstrecke nimmt zu, verdickt sich zum Stau. Hohe Mietkasernen mit verrotteten Fassaden säumen den Weg. An den schon südländisch anmutenden Hauswänden sind die Farbreste alter Reklamen zu erkennen, auf den brüchigen Balkonen flattert bunte Wäsche zum Trocknen. Ganz frisch leuchten die Graffiti an den hellen Betonmauern der neueren Wohntürme, die wie Findlinge zwischen die alten Gebäude gefallen sind. Wo noch freier Platz ist, verrotten Autowracks, verrosten Schilder, verfallen Schuppen, wachsen Schutthalden. Gewähren Autobahnen so gut wie keinen Einblick in den Alltag eines Landes, so bieten Eisenbahnlinien, diese landschaftfressenden Dinosaurier aus der Frühzeit der Industrialisierung, nur den unvorteilhaftesten. Allmählich verknoten sich die Schienenstränge zu dichtem Gestrüpp. Ein Gewirr von Oberleitungen zerschneidet den Horizont, dann schiebt sich zwischen Zug und Himmel das gläserne Gewächshausdach über den Bahnsteigen.

Am frühen Morgen rollte der Zug in Paris ein. Ich kletterte auf den Bahnsteig herunter und sah mich um. Die riesige Halle, Eisenbahngetöse, Menschenknäuel, dröhnender Lärm in fremder Sprache – und da kam, Gott sei Dank, meine Schwester Irene. »Du wirst sehen«, sagte sie, »hier ist alles ganz anders als zu Hause.«

Der Weg durch die *Gare du Nord* gleicht einer Initiation: aus der industriellen Schmutzzone am Rande der Gleise durch die luftige funktionale Glas- und Gußeisen-Architektur der endlos langen Bahnsteige in die repräsentative, von gewaltigen historisierenden Bögen gesäumte Halle, die den Ankommenden einen einschüchternden Vorgeschmack auf die in Ehren ergrauten Prachtbauten des 19. Jahrhunderts an den großen Boulevards gibt.

Als ich im Morgengrauen am Gare du Nord ausstieg, begrüßte
Eugène mich mit den Worten:
»Na, Lotte, willst du in Paris Ferien machen?«
Ich antwortete: »Das werden lange Ferien werden.«
Sie haben genau fünfzig Jahre gedauert.

Am Ausgang, wo vor den Tempelsäulen des Bahnhofs die Taxis wie Gläubige Schlange stehen, stößt der seit Stunden Eisenbahn-Tempo gewöhnte Blick gegen das sechsstöckige Paris. Nachdem die Reisenden tausend Kilometer wie in einem Aquarium durch eine geräusch- und geruchlose Landschaft geholpert wurden, überwältigen die fremden Reize ihre eingeschläferten Sinne. Von diesem freudigen Paris-Schock berichten die meisten der Flüchtlinge. Und auch davon, wie er im Überlebenskampf des Alltags verging.

In den Cafés auf dem Montmartre schmiedeten die Vertriebenen Pläne für die Rückkehr und konzipierten Werke für ein Deutschland nach Hitler. »In der Tat wurde außerordentlich viel geschrieben«, sagt Günther Anders: »Denn man wollte ja nach ›ein, zwei Jahren‹ mit neu formulierten Einsichten heimkehren.«

Von der kosmopolitischen Emphase der Weimarer Linken war in diesen ersten Wochen und Monaten des Exils wenig zu spüren. Wie um die Demütigung der Vertreibung zu verdrängen, wurde trotzig die Akklimatisierung in den Gastländern verweigert. Verwundert registrierten die französischen Kollegen, wie fest die Augen der Nazigegner gen Deutschland gerichtet blieben. Patriotischer, als die meisten daheim sich je gegeben hatten, begriffen sie sich nun als die »besseren Deutschen«, denen die Rettung der nationalen Kultur vor der Nazibarbarei oblag. In auch »sprachlicher Abkapselung«, wie der Literaturwissenschaftler und Frankreich-Emigrant Ernst Erich Noth erinnert, widmeten sich die geflohenen Intellektuellen mit aller Kraft der Pflege des »Deutschen Geistes«.

»Nach 1933 wurde Paris ein Vorort von Berlin«, schreibt Claire Goll. Nicht anders war es in Prag und Budapest, in Wien, London oder in Dänemark. »Unruhig sitzen wir so, möglichst nah den Grenzen / Wartend des Tags der Rückkehr«, dichtete Brecht. Auf ein längeres Exil stellte sich so gut wie niemand ein.

Später habe ich oft darüber nachgedacht, welche Gefühle mich damals bewegten. Heimweh, wie es jetzt schon viele Emigranten fühlten – nein, Heimweh hatte ich nicht. Angst? Noch nicht. Eher fühlte ich eine gewisse Unsicherheit. Und Neugier. Mein Leben, unser aller Leben, war nun so voller Geheimnisse.

Ich war frei – und allein. Die Zukunft war wie eine unendliche, mir unbekannte, unheimliche Landschaft.

In der Stadt wimmelte es nach Hitlers Machtübernahme von prominenten Emigranten. Walter Benjamin recherchierte in der *Bibliothèque Nationale* für sein Passagenwerk. Elsbeth und Herbert Weichmann waren als Korrespondenten für das *Prager Tageblatt* tätig. Siegfried Kracauer landete mit seiner Offenbach-Biographie einen kleinen Bestseller. Arnold Schönberg kam, sah die Lage und fuhr gleich weiter in die USA. Günther Anders, damals verheiratet mit Hannah Arendt, verfaßte seine »Pathologie de la liberté«, in der er verkündete, der Mensch sei zur Freiheit verurteilt. Jean-Paul Sartre las den Essay, übernahm den Gedanken und machte ihn zur Grundlage seiner Philosophie. Anders' Manuskript ging verloren.

Zugleich am besten und am schlechtesten kamen die Filmkünstler mit der neuen Situation zurecht. Am schlechtesten, weil sie im Gegensatz zu Lyrikern, Komponisten oder Malern nicht privat, auf eigene Rechnung oder unter Pseudonym arbeiten konnten, also in viel höherem Maße auf eine – praktisch nicht zu erlangende – Arbeitserlaubnis angewiesen waren. Am besten aber erging es den Regisseuren und Kameramännern, Cuttern und Drehbuchautoren, weil ihr

Talent sehr gefragt war und hoch bezahlt wurde. Filme drehten, trotz Arbeitsverbots und unter diversen Vorwänden und Decknamen, Erich Pommer und Seymour Nebenzahl, G. W. Pabst, Fritz Lang und Robert Siodmak. Billy Wilder gelang es gar während seines kurzen Paris Exils, zum erstenmal in seinem Leben Regie zu führen.

Nach ein, zwei Filmen, meist unter dem Namen eines französischen Freundes oder mit freien Beraterverträgen realisiert, kapitulierte jedoch das Gros der Filmkolonie vor der restriktiven Ausländerpolitik und verabschiedete sich in Richtung Großbritannien oder USA. Neue Hitler-Flüchtlinge rückten in das fünfstöckige, erst 1927 erbaute Hotel *Ansonia* in der Rue de Saïgon Nummer acht nach, heute ein vornehmes, frisch hergerichtetes Apartmenthaus, in dem 1933 eine erlauchte Gesellschaft junger Berliner Talente wohnte: Billy Wilder und Robert Siodmak, Friedrich Hollaender und Franz Waxmann, Curt Siodmak und Peter Lorre. »Daran erinnere ich mich«, sagt Hans Sahl. »Das war oben an den Champs-Élysées, im sechzehnten Arrondissement. Da stiegen die feinen Leute vom Film ab, mit denen haben wir nicht viel verkehrt. Bei denen ging es immer gleich um zehn-, zwanzigtausend Francs. Da konnten wir armen Schriftsteller nicht mithalten.« Gemeinsam mit den Dauermietern Gustav Regler, Johannes R. Becher und Joseph Roth frequentierte Sahl seit 1934 das Hotel *Helvetia* in der Rue de Tournon.

Gefördert noch durch die abweisende Haltung der ungastlichen Fremdenbürokratie, schuf sich die intellektuelle Emigration zügig eine provisorische Emigranten-Infrastruktur, eine Ghetto-Gemeinschaft, ein Netzwerk aus Wohltätigkeit und Kultur, aus Suppenküchen und Theatervorstellungen, aus politischen Organisationen und Zeitschriften. Mit dem *Schutzverband Deutscher Schriftsteller im Exil* und der *Deutschen Freiheitsbibliothek*, beide betreut von Alfred Kantorowicz, organisierten sich die linken Autoren. Leopold Schwarzschild redigierte das *Neue Tage-Buch*, Georg Bernhard, einst Chefredakteur der *Vossischen Zeitung*, gab das *Pariser Tageblatt* heraus, und KP-Organisator Willi Münzenberg gründete gleich ein dichtes Tarngeflecht von parteitreuen Zeitschriften und Verlagen.

Die literarische Welt, zur Inzucht ohnehin neigend, wurde im Exil, isoliert von der großen Masse der Leser, vollends zur geschlossenen Gesellschaft. In ihr bedeutete Schreiben Selbstvergewisserung und signalsetzende Positionsbestimmung. Die Exilpublikationen spielten so stille Post, sie reduzierten tendenziell die literarische Kommunikation auf ein internes Verständigungssystem zwischen befreundeten und verfeindeten Autoren – was die Umschlaggeschwindigkeit der Argumente und die Hitze der Debatten allerdings nicht minderte, sondern eher beförderte.

Die hektischen Aktivitäten dieser ersten Jahre charakterisierte Tucholsky aus der Distanz seines schwedischen Exils als »gespenstisch«, die gegründeten Postillen schimpfte er »Käseblätter«. Ernst Erich Noth nannte die Schriften »Missionsliteratur für längst Bekehrte, nämlich Emigranten«. Und Arthur Koestler, damals noch Mitarbeiter Münzenbergs, sprach im Rückblick von den Jahren »des großen antifaschistischen Kreuzzuges, der mit Pauken und Trompeten von einer Niederlage zur nächsten marschierte«.

Denn nicht Wochen, sondern Monate vergingen. Die großdeutsche Realität entzog den Phantasien von der schnellen Rückkehr jegliche Grundlage. Mit jedem Jahr saßen Hitler und die Seinen fester im Sattel. Das blinde Vertrauen der vertriebenen Intellektuellen, Künstler und Politiker auf den Widerstandsgeist des deutschen Volkes, auf ein Aufbäumen der Bevölkerungsmehrheit, auf einen Sieg des Anstands oder auch nur des gesunden Menschenverstandes erwies sich als wirklichkeitsfremd.

Nicht weniger enttäuscht wurden die allzu großen Hoffnungen, die sich mit Frankreich verbanden, dem *patrie humaine*, dem traditionellen Exilland für deutsche Intellektuelle, in dem schon Forster, Heine und Börne Aufnahme gefunden hatten. Die »Metropole der Freiheit« drangsalierte die Flüchtlinge mit der Verweigerung von Aufenthalts- und Arbeitserlaubnissen. Der Alltag der Emigranten hatte, wie Feuchtwanger schreibt, »nichts zu tun mit dem Paris der beflissenen, englisch- und deutschsprechenden Portiers, der Nachtlokale, der raffinierten Speisen und guten Weine, des Louvre und des Bois«. Ihr Paris war eine Stadt »voll von nissigen, überarbeiteten Polizeibeamten und schlechtgelüfteten Büros, das Paris müder, halbzerriebener Menschen, die sich, behindert durch die fremde Sprache, um Brot zum Essen, um Luft zum Atmen abrackern mußten«. Die geringen Summen, die die meisten aus Deutschland hatten retten können, gingen allmählich aus. Zur sich verschärfenden finanziellen Not trat der Statusverlust. Die einstigen Herren über Theater und auflagenstarke Zeitungen, die großen Namen des Feuilletons und der Politik, hier waren sie, von wenigen Ausnahmen wie Heinrich Mann abgesehen, nicht nur Unbekannte; sie waren auch ungewohnt macht- und einflußlos. Je länger es dauerte, desto mehr nagte das Exil am Selbstbewußtsein.

Der nicht enden wollende Kampf um gültige Papiere fraß zudem wertvolle Energien, die der – ohnehin verbotenen – Arbeit entzogen wurden. Das Motto der französischen Regierung laute »Egalité, Fraternité, Carte d'Identité«, spotteten die Emigranten bald bitter. In der bürokratischen Vernichtung von Lebenszeit und Schaffenskraft, wie sie im Umgang mit Asylsuchenden heute auch in Deutschland Praxis ist, liegt ein wesentlicher Grund für die eigentümliche »Unfruchtbarkeit« des Exils in Paris, für den befremdlichen Umstand, daß große Werke dort kaum entstanden.

»Das Land entsprach so gar nicht meinem Traum von der Französischen Revolution und den Menschenrechten«, schreibt die Filmhistorikerin Lotte Eisner. »Nicht nur galten wir bei unseren eigenen Volksgenossen als Ostjuden – die Franzosen selbst behandelten uns als feindliche Ausländer, als Méthèques.« Und Elsbeth Weichmann erinnert sich, daß die knapp dem Tode entronnenen Flüchtlinge auf die Franzosen »wie unheilverkündende Unglücksraben« wirkten. Die Fremdenfeindlichkeit ging so bald einher mit der atavistischen Neigung, den Boten für die überbrachte Nachricht verantwortlich zu machen. Schuld am sich verschärfenden Konflikt mit dem großdeutschen Nachbarn, hieß es, seien die Emigranten. Diese Ansicht verbreitete sich immer mehr in konservativen Kreisen – bis dann 1940 die Vichy-Presse ganz offen den Hitler-Flüchtlingen die Schuld sowohl für den Ausbruch wie auch für den Ausgang des Krieges gab.

39

EIN WAHRHEITSFANATIKER Die Hand des alten Mannes fährt wieder über die verblichenen Seiten. Die gelben Rollos sind halb gegen die Sonne heruntergelassen. Monoton wie Meeresbrandung rauscht die Klimaanlage, die in eines der Fenster eingefügt ist. Aus der Ferne hallt eine Sirene durch die New Yorker Häuserschluchten. Die Federn des Bettes, auf dem Hans Sahl sitzt, quietschen leicht, sobald er seine Position ändert.

»So war es in Paris«, sagt er schließlich in das Schweigen. »Von Anfang an. Für die Franzosen blieb ein *boche* ein *boche*. Die machten da keine großen Unterschiede zwischen Nazis und Nazigegnern.«

Dann nimmt er die Brille ab und reibt sich die Augen. »Ich kann meine eigene Schrift nicht mehr lesen.«

Seit einiger Zeit muß Hans Sahl seine Arbeiten diktieren. Er ist fast erblindet und deshalb auf Hilfe angewiesen. Er selbst, ein Meister der Ironie, präsentiert mir diesen Umstand ganz anders.

»Das Exil ist so traurig«, sagt er, »ich habe mir deshalb überlegt, wie ich Ihnen die Begegnung mit mir angenehmer machen kann. Für nachher habe ich ein schönes Mädchen bestellt.«

Er greift zu dem Koffer und nimmt ein anderes Heft heraus. Dann setzt er die Brille wieder auf. Ihre dicken Gläser lassen seine Augen unheimlich groß und unheimlich fern erscheinen.

Gegen Ende des Pariser Exils, nach dem Hitler-Stalin-Pakt und kurz vor Hitlers Überfall auf Frankreich, veröffentlichte Leopold Schwarzschild mehrere Artikel, in denen die Moskauer Schauprozesse attackiert wurden. Im Vorstand des *Schutzverbandes der Deutschen Schriftsteller* wurde daraufhin eine Resolution herumgereicht, in der Stalins Terror verteidigt und Schwarzschild, gänzlich wahrheitswidrig, als von Goebbels gekaufter Agent denunziert wurde.

»Ich war im Vorstand«, erzählt Hans Sahl, »zusammen mit Anna Seghers, Alfred Kantorowicz und Manès Sperber, damals ein leidenschaftlicher Parteikommunist. Und gemäß den Statuten konnte der Vorstand Erklärungen nur einstimmig abgeben. Sie brauchten meine Unterschrift. Nun wurde ich also bearbeitet. Mit allen Methoden. Das ging über mehrere Monate. Da kam extra einer aus Moskau. ›Wir befinden uns in einem großen Kampf der Ideologien‹, sagte der, ›Hitler will die Welt erobern, der Westen weicht zurück, nur eine einzige Hoffnung haben wir, und das ist die Rote Armee. Und hier sitzt einer unter uns, der es wagt, in einem solchen Augenblick der Sowjetunion in den Rücken zu fallen. Was soll mit ihm geschehen?‹ Und der Arbeiterdichter Hans Marchwitza sagte: ›An der nächsten Laterne aufhängen!‹ Das hat mich ziemlich zermürbt. Schließlich war der Schriftstellerverband für mich so etwas wie eine Heimstätte geworden.«

Nachdem Hans Sahl schweren Herzens seinen Austritt erklärt hatte – »Das war wie ein zweites Exil!« –, rief ihn Egon Erwin Kisch an. Die beiden verabredeten sich in dem Café *Mephisto* am Montparnasse.

»Lieber Freund«, sagte Kisch, »du weißt, ich habe dich gern, und die Partei macht furchtbare Sachen mit Leuten wie dir. Ich möchte nicht, daß dir das geschieht. Du hast eine

Dummheit begangen, du kannst dich nicht isolieren. Natürlich ist das *Tage-Buch* nicht gekauft worden von Goebbels, aber sieh mal, diese Kritik an Stalin ist untragbar für uns ... Wenn du also einen Entschuldigungsbrief schreibst, ist alles vergessen, dafür sorge ich.«

»Nein«, antwortete Sahl, »ich kann es nicht, ich mache da nicht mit.«

Kisch stand auf und sagte wütend: »Weißt du, was du bist?«

»Ich dachte, jetzt kommt: ›Lakai der Bourgeoisie‹ oder so etwas«, erzählt Hans Sahl. »Aber Kisch rief: ›Du bist das Schlimmste, was uns passieren kann, du bist ein Wahrheitsfanatiker.‹ Ich sagte: ›Ich danke dir, das ist ein schöner Abschied.‹ Zum Glück war ich nie Parteimitglied, sonst hätten sie mich nicht so glimpflich davonkommen lassen.«

War die politische Zersplitterung unter den Exilierten ein Stück Weimarer Erbe, so zeigte sich in der frühen Wendung gegen die stalinistische Gewalt ein Zipfel Zukunft. In der Auseinandersetzung mit der Kommunistischen Partei und ihrer verordneten »Vokabulatur« (Sahl) verbirgt sich die Erkenntnis, daß die machtgewordene Utopie des 19. Jahrhunderts sich im 20. für Befreiungs- und Aufklärungszwecke als untauglich, für Herrschaftszwecke jedoch als sehr tauglich erwiesen hat. Frühe Kritiker der parteikommunistischen Verwaltung des Denkens wie Arthur Koestler und Manès Sperber, Hans Sahl und Gustav Regler waren so Avantgardisten einer Einsicht, die einzuholen die europäische Nachkriegsgeschichte, gebremst von den Denkverboten des kalten Krieges, mehr als vierzig Jahre brauchte.

»Das reicht mir für heute!« sagt Hans Sahl. Er klappt das Heft zu, legt es zu den anderen zurück, steht auf, schließt den Handkoffer und trägt ihn in die Ecke, in der er seit Jahrzehnten steht. »Lassen Sie uns ein wenig frische Luft schnappen. Ich zeige Ihnen mal die Dächer von New York.«

Wir fahren mit dem Lift nach oben. Als wir auf das weite Flachdach treten, schlagen uns Lärm und Großstadtgeruch

entgegen. Ein brusthohes Metallgitter umzäunt die leere
Fläche, an deren Rand auf hohen stählernen Stelzen, gleich
einem gelandeten Rieseninsekt, ein runder Tank montiert
ist. Durch die feuchtheißen Schächte zwischen den Häusern
dröhnt der Verkehr, begleitet von einem wilden Gehupe,
das an italienische Spielfilme erinnert. Die Dächer der näheren Umgebung sind tiefer gelegen. So reicht der Blick frei bis
zu den steilen Wolkenkratzern von Manhattan, die erst den
ferneren Horizont begrenzen. Von irgendwoher weht Pizza-
Geruch herüber. Hans Sahl tastet sich bis zu dem Geländer
vor und schaut in die Ferne, als läge vor ihm ein endloser

Über den Dächern von Ozean.

New York: »Ich brauche nichts zu sehen«, sagt er, »ich erin-

Hans Sahl (1985) nere mich an alles.«

228

40

»WIR WERDEN EINEN WEG FINDEN.« Marseille im Sommer 1940 ist eine Stadt der Unwirklichkeiten. Zehntausende von Flüchtlingen, die meisten gerade den Internierungslagern entronnen, drängen sich in der größten Stadt des noch »freien« Teils von Frankreich. Deutsche und Österreicher, Tschechen und Ungarn, Holländer und Polen. Frankreich hat ihnen, wie widerwillig auch immer, Asyl vor den Nazis gewährt. Nun bedroht sie Paragraph 19 des Waffenstillstandsabkommens, der dazu verpflichtet,»... de livrer sur demande tous les ressortissants allemands désigné par le gouvernement du Reich«, mit der Auslieferung an die Gestapo. Sie würde für die meisten das KZ und den sicheren Tod bedeuten. Daß eine französische Regierung sich zu einem solchen Schritt entschließen könnte, haben viele der Flüchtlinge nicht glauben wollen und es versäumt, rechtzeitig das Land in Richtung Übersee zu verlassen.

Verzweifelt kämpfen sie nun um Passierscheine, Aufenthaltsgenehmigungen und Lebensmittelkarten, um amerikanische und mexikanische Einreisevisen, spanische und portugiesische Durchreiseerlaubnisse, um französische Ausreisegenehmigungen und um Schiffspassagen jeder Art und in jedes Land, das bereit ist, sie aufzunehmen. Die Hotels sind überfüllt, täglich strömen neue Menschenmassen in die Stadt. Die Gerüchte jagen sich wie die Gewalttaten, echte Papiere wecken falsche Hoffnungen, gefälschte Papiere erfüllen sie, die Menschen hungern, und der Schwarzmarkt blüht, Betrug und Hilfsbereitschaft machen sich erbitterte Konkurrenz.

Razzien sind an der Tagesordnung, aber ihre Termine werden häufig hinter vorgehaltener Hand gehandelt, denn viele französische Beamte leisten hinhaltenden Widerstand gegen die Anordnungen und Anforderungen der Deutschen und ihrer Marionettenregierung in Vichy. »Sie gaben einem Gelegenheit zu fliehen, bevor sie einen festnahmen«, beschreibt ein Augenzeuge die Praxis der Polizei. »Nahm man aber diese Chance nicht wahr, wurde man verhaftet...«

Die deutsche Gestapo, die italienische Ovra, die spanische Seguridad operieren offen, kaum behindert von den französischen Behörden. Ebenso offen können sich aber auch fünfzehn verschiedene Hilfsorganisationen, getrennt nach Konfessionen und Parteien, um das Überleben und die Flucht derjenigen kümmern, denen die Geheimdienste Tod und Vernichtung wollen.

Die hartgesottensten Europäer unter den Flüchtlingen sind es, die nun, da die Nazi-Falle um die Alte Welt zuschnappt und eine der größten Menschenjagden in der Geschichte beginnt, in Marseille festsitzen. Jene, die eine Flucht in die Neue Welt nur als letzte aller Möglichkeiten ins Auge fassen.

Es ist eine hervorragende Versammlung von Talent und Intelligenz, die sich in den Cafés der Cannebière trifft und Überlebenschancen diskutiert: führende SPD-Politiker wie die ehemaligen Minister Rudolf Hilferding und Rudolf Breitscheid, die beide ausgeliefert und von den Nazis ermordet werden; Wissenschaftler und Philosophen wie Siegfried Kracauer und Walter Benjamin, der sich nach einem gescheiterten Fluchtversuch an der spanischen Grenze das Leben nimmt; Schriftsteller wie Heinrich Mann, Alfred Döblin, Franz Werfel, Alfred Polgar, Anna Seghers, Leonhard Frank, Walter Mehring und Lion Feuchtwanger.

Einigen hundert Flüchtlingen wird die Flucht in die USA gelingen – zum Teil durch die von Kohner organisierten »Notverträge«, vor allem aber dank des *Emergency Rescue Committee*, das in Amerika auf Initiative von Thomas Mann und seiner Tochter Erika gegründet worden ist. Abgesandter in Marseille ist ein junger Harvard-Absolvent namens Varian Fry, der sich im Hotel *Splendide* niedergelassen hat, direkt am Fuße der großen Freitreppe, die hinauf zum Bahnhof führt.

Auf der Liste der besonders gefährdeten Personen, deren Rettung von dem New Yorker Komitee für vordringlich gehalten wird, steht der Name »Hans Sahl«. Auch er ist ein hartnäckiger Europäer.

»Amerika hatte keinen guten Ruf damals bei den deutschen Intellektuellen, keine gute Presse. Wenn einer in den zwanziger Jahren nach Amerika ist, hat man gleich gefragt: ›Wieso, was hat der verbrochen? Hat der was unterschlagen?‹ Amerika war für uns, wohin man ging, wenn man irgend etwas ausgefressen hatte. Selbst als wir alle im Lager von Nevers saßen und Steine klopfen mußten – wir waren also die Letzten, *the scum of the earth*, und die deutschen Truppen kamen näher und näher, und wir wußten, wir waren verloren –, da fragten wir uns: ›Wohin denn nur noch?‹ Einer sagte: ›Nach Amerika.‹ Und alle riefen: ›Nein, lieber sterben . . .‹«

Als die Nazi-Armeen vorrücken, wird das Lager, in dem Sahl nach Kriegsausbruch als »feindlicher Ausländer« interniert wurde, aufgelöst. Zehn Tage marschiert der Hitler-Flüchtling mit der Wehrmacht um die Wette in Richtung Marseille.

»Ich wollte früher dasein, kam aber leider immer zu spät an. Dann schaffte ich es endlich nach Marseille, und natürlich waren die Deutschen schon da. Sie durften nicht reinfahren, ihre Panzer warteten an der Stadtgrenze. Aber wir Flüchtlinge konnten rein und setzten uns in die ersten Cafés und freuten uns, daß unsere Verfolger mit den Panzern draußen nicht ins Café durften.«

Hans Sahls Situation ist verzweifelt. Er hat kein Geld, keine Papiere, keine Hoffnung. Jeden Augenblick kann er bei einer der zahllosen Razzien verhaftet und an die Gestapo ausgeliefert werden.

Da trifft er auf der Cannebière einen alten Bekannten aus Berliner und Pariser Tagen. Walter Mehring erzählt wortreich von einem jungen Amerikaner, der sie alle retten will. Sahl, der von Mehring schon oft mit skurrilen Scherzen hereingelegt wurde, hält die Geschichte für einen schlechten Witz, und Mehring hat alle Mühe, den ungläubigen Freund zu überreden, wenigstens im Hotel *Splendide* anzurufen.

»Yes, this is Mr. Fry. What's your name?«

»Ich sage: ›Hans Sahl...‹«

»Hans, I'm waiting for you. Come immediately to the Hotel *Splendide*!«

»Wir hatten die schönsten falschen Pässe«: eine Geheimsitzung der Fluchthelfer in Marseille (1940; Hans Sahl hinten links, ihm gegenüber Varian Frys Stellvertreter Daniel Bénédite)

»Das war wie im Märchen, was da passierte. Ich war am Ende der Welt angekommen. Ich hätte nur noch ins Meer springen können. Punkt. Aber nein, da ist plötzlich ein Herr Fry, ein junger Mann in Hemdsärmeln, der kommt aus Amerika, legt seinen Arm um mich und stopft mir Geld in die Taschen, bündelweise. Und sagt: ›Kauf dir einen neuen Anzug, und dann komm wieder. Wir werden schon einen Weg finden.‹«

Sahl wird Mitglied von Frys kleinem Fluchthel-

fer-Trupp, der auf nächtlichen Sitzungen im Hotel *Splendide* und später auch in einem Büro in der Rue Grignan alle denkbaren Varianten von Illegalität plant. Gefälschte Papiere werden in Auftrag gegeben, Visen bei obskuren Konsuln ferner Länder gekauft, konspirative Verstecke für Akten angelegt, Geld auf dem schwarzen Markt gewechselt, geheime Botschaften nach Amerika gesandt, eine Untergrund-Fluchtroute über die Pyrenäen organisiert. Fry und seine Leute arbeiten mit jedem zusammen, der den Flüchtlingen helfen kann: mit der Résistance, mit kleinen Schiebern, mit der Marseiller Mafia.

»Wir hatten die schönsten falschen Pässe, wahre Kunstwerke, ein echter Picasso war ein Dreck dagegen«, erinnert sich Sahl. »Der Fry war ein großartiger Mann, der das Prinzip hatte, daß die Reichen für die Armen zahlen sollten. Einmal kam ein jüdischer Bankier aus Berlin mit seiner Familie. Der brauchte vier Pässe. Da haben wir dem soviel abgenommen, daß wir gleich sechs Dokumente bestellen konnten, zwei für politische Häftlinge, die kein Geld besaßen.«

Nachdem Sahl bei einer Razzia verhaftet wird und nur durch einen Trick entkommen kann, wird es für ihn in Marseille zu gefährlich. »Ich bin ein harmloser Mensch, eher schüchtern. Aber immer bin ich in Geschichten geraten, wo es brenzlig wurde.«

Mit einem gefälschten dänischen Paß flieht Sahl Anfang 1941 über Spanien nach Portugal, im Gepäck eine präparierte Zahnpastatube, die er außer Landes schmuggeln und in Washington den Behörden übergeben soll. Sie enthält die geheime Liste der Personen, deren Auslieferung die Gestapo von der Vichy-Regierung verlangt.

»In Lissabon war ein schrecklicher Kampf um die Schiffsplätze. Eine Stunde vor Abfahrt eines kleinen portugiesischen Dampfers bekam ich noch ein Ticket und fuhr auf dieser Nußschale zwei unruhige Wochen lang nach New York.«

41

ZWISCHENDRIN »So lebte man! Es war ein Kriminalfilm, von morgens bis abends.« Hans Sahl lächelt ein wenig traurig und sehr freundlich. Er ist nicht verbittert, nicht verletzt. Er ist einfach amüsiert. »Das muß man Hitler lassen, es war furchtbar, aber man hat sich nie gelangweilt. Immer ging's auf Leben und Tod.«

Wir stehen auf dem Dach über der Westend Avenue, tosender Straßenlärm und heiße, feuchte Luft um uns herum, und der alte Mann erklärt mir die New Yorker Skyline, die vor uns liegt, die seine Augen aber nicht mehr sehen können. »Während man in der sonnenbeschienenen Dächerwelt von Manhattan umherwandelt, mit ihren auf eisernen Stützen stehenden Wasserreservoirs, ihren Luft- und Fahrstuhlschächten, ihren Luken, Röhren, Schornsteinen, Leitern, Antennen, spürt man, daß hier eine Welt endet, die Welt der Menschen unter uns, mit ihren Problemen, Ausdünstungen, Ängsten, ihrem ausweglosen Zusammenleben, ihrem Durst, ihren Begierden«, wird Hans Sahl im zweiten, 1990 erschienenen Band seiner Memoiren schreiben. »Hier oben ist man Europa näher.«

Heute, an dem Tag Mitte der achtziger Jahre, als ich ihn zum erstenmal treffe und Hans Sahl noch an dem Buch arbeitet, deutet seine Hand zielsicher in Richtung des *Empire State Building* oder des *Rockefeller Center*.

»Teiresias war vollkommen blind und konnte noch viel mehr erkennen«, wehrt er amüsiert meine Bewunderung ab. »Ich denke schon, ein bißchen hellsichtiger hätte ich manchmal sein können, nicht wahr.«

»Ganz gegen Ihre Absichten mußten Sie damals doch nach Amerika. Erinnern Sie den ersten Eindruck?«

»Wie im Kino war es«, sagt Sahl, und in seiner Stimme schwingt widerwillige Begeisterung. »Die hohen Häuser, die großen Autos, der Drugstore aus dem Chaplin-Film – das war alles sehr vertraut. Anzukommen war also einfach.«

»Und dazubleiben?«

»Fiel nicht leicht und nicht schwer. Die Verfremdung lag im menschlichen Umgang. Daß die sofort sagten: Hans. Die Umgangsformen, die Etikette, das war sehr neu. Aber auch die große Freundlichkeit, die Bereitschaft, den anderen gelten zu lassen. Sehen Sie, die Erfahrung des Kompromisses gehört hier zu dem ersten, was ein Kind auf der Schule lernt.«

»Wovon haben Sie ...«

»Um Gottes willen, fragen Sie mich nicht, wovon ich gelebt habe all die Kriegsjahre«, unterbricht mich Sahl. »Diese Frage stellt jeder, und ich kann sie nicht beantworten. Ich sage immer: Ich weiß nicht, wovon ich gehungert habe. Ich lebte von der Hand in den Mund. Aber ich habe dem Schicksal ein Schnippchen geschlagen.«

»Viele der Flüchtlinge hatten Schwierigkeiten, sich nach den Schrecken der Flucht wieder an den Alltag, die Normalität zu gewöhnen. Gelang Ihnen der Übergang mühelos?«

»O nein. Ich habe zum Beispiel eine Phobie gehabt. Unwillkürlich bin ich stehengeblieben bei jeder Uniform, und mein Herz schlug schneller. Das war peinlich, weil es hier in New York doch so viele uniformierte Berufe gibt, und die waren alle gefährlich für mich: der Portier, der Schaffner, der Postbeamte ... Das hat sich erst allmählich gelegt.«

»Wie kamen Sie mit der Sprache zurecht?«

»Die lernt man halt. Ich habe bald Kritiken auf englisch geschrieben. Heute träume ich manchmal auf englisch und manchmal auf deutsch, das wechselt. Die amerikanischen Träume sind allerdings meist recht puritanisch, die deutschen viel erotischer.«

Wieder in seiner Wohnung, führt mich Sahl in den *living room*, ein sparsam möbliertes Zimmer, das in seiner fast studentischen Kargheit an Berliner Wohngemeinschaften erinnert: altes Parkett, geweißte Wände, volle Bücherregale, ein paar gerahmte Zeichnungen. Nie wäre ich auf die Idee verfallen, in dem modernen Ambiente könnte ein Mensch

235

über Fünfzig wohnen. Hans Sahl holt uns Mineralwasser, dann läßt er sich in einen der weißen Gartenstühle fallen. Das angekündigte schöne Mädchen, eine seiner beiden deutschen Assistentinnen, ist inzwischen eingetroffen. Aus dem Nebenzimmer mit dem Bett und dem Koffer und dem Arbeitstisch dringt heftiges Schreibmaschinengeklapper herüber. Hans Sahl lächelt zufrieden.

»Da wird Literatur gemacht«, sagt er verschmitzt wie ein Junge, dem ein Streich gelungen ist: nach all den Jahren nun Dichten ohne Handarbeit.

»Sie seien immer noch im Exil, haben Sie gesagt. Aber fast Ihr halbes Leben sind Sie amerikanischer Staatsbürger...«

»Ach, je länger man hier lebt, um so weniger kann man sich einfühlen in die Mentalität der Amerikaner«, sagt Hans Sahl, Vater zweier Söhne, die nur englisch sprechen, und Verfasser eines literarischen Werks, das deutsch geschrieben und so gut wie nicht übersetzt ist. Eine gewisse Trauer **Hans Sahl (1985)** schwingt in seiner Stimme mit: »Die deutsche

Sprache ist meine Heimat, von den Kindesbeinen bis heute. Aber eine geographische Heimat kenne ich nicht mehr.«

Dieses Festhalten an der deutschen Sprache teilt Hans Sahl mit den meisten emigrierten Schriftstellern. »In der Tat hat es nur zwei Emigranten gegeben«, stellte Günther Anders für den wissenschaftlichen Bereich fest, »die sich als amerikanische Autoren haben etablieren wollen und können.« Er nennt Hannah Arendt und Herbert Marcuse. In der Literatur sieht es nicht viel anders aus: Arthur Koestler, Curt Siodmak, Felix Jackson und nur wenigen anderen ist es gelungen, sich eine neue Sprache zu erobern. Doch für die Mehrheit der Hitler-Flüchtlinge hat die Insistenz auf dem Deutschen erst in zweiter Linie mit literarischer Praxis zu tun. Zuvorderst verbindet sich, ganz unamerikanisch, mit der Frage nach der Sprache die nach der eigenen Identität.

Schon zwei Dichter-Generationen zuvor gab Theodor Fontane als Grund an, warum er trotz diverser Schwierigkeiten nicht in die Vereinigten Staaten umsiedelte: »Ich liebe die deutsche Kunst, das ist mein eigentliches Vaterland, und es aufgeben, hieße, mich selbst aufgeben.« Die Vorstellung einer »geistigen Heimat« jenseits einer politisch-geographischen Fixierung ist kein Produkt des Exils. Sie ist wesentlicher Bestandteil der deutschsprachigen Bildungstradition und rührt aus der jahrhundertelangen Zersplitterung des deutschen Sprachraums. In der feudalen Kleinstaaterei hatte Literatur zu stiften, was die Politik ihren Bürgern verweigerte: die Nation; Einheit und bürgerliches Zugehörigkeitsgefühl. Aus dieser spezifisch deutschen Ersatzfunktion von Sprache und Literatur – verstärkt durch die Assimilationsinteressen des jüdischen Bürgertums – versteht sich das klammernde Festhalten an der Muttersprache, wie es bei so vielen Emigranten zu beobachten ist. Waren die Flüchtlinge den deutschen KZs entkommen, der psychischen Verhaftung in der deutschen Kultur entkamen die meisten nicht.

»Die vertraute Fremdheit oder die fremde Vertraulichkeit wächst«, sagt Hans Sahl. »Die Verständigung mit Amerikanern fällt schwer, nicht mit Intellektuellen, mit denen kann ich über Nietzsche reden. Aber mir gelingt es heute noch nicht, mit einem Taxichauffeur oder einer Reinemachefrau herumzuscherzen. Ich habe nicht gelernt, mit gewissen Obszönitäten umzugehen, die gesagt werden müssen, um im Alltag durchzukommen. So ist Amerika eben keine Heimat. Wenn man hier zusammensitzt, muß man immer übersetzen. Nicht sprachlich, sondern von einer Kultur in die andere.«

Hans Sahl steht auf und beginnt in dem asketischen Ambiente auf und ab zu laufen, ein Mann, der sich nicht arrangiert hat, ein aufrechter Einzelgänger, ein Genie des gewohnheitsmäßigen Außenseitertums.

»Andererseits: Das Kosmopolitische ist ein Bestandteil des Amerikanischen.« Sahls Deutsch hat plötzlich einen recht starken Akzent: »Ich schätze diese Bereitschaft, jeden Moment dem Wunder zu begegnen und es einzubauen in ein vorhandenes, praktisches Weltbild. Wenn ich nach Deutschland gehe, stört mich, daß alle Menschen weiß sind. Und hier in Amerika erstaunt mich die Völkermischung, der kosmopolitische Hintergrund. So bin ich nirgends zu Hause, ein Gast in fremden Kulturen.« Sahl bleibt abrupt stehen und kehrt dann zu seinem Gartenstuhl zurück. Als er wieder sitzt, zwinkert er mir verschwörerisch zu: »Dissidenten aller Länder, vereinigt euch, wir haben nichts zu verlieren als unsere Heimatlosigkeit!«

Die Weltgeschichte hat Hans Sahl, der zu einer Generation zwischen den Kriegen gehört – zu jung für den Ersten, zu alt für den Zweiten –, zu einem Experten des »Dazwischen« gemacht: zu einem Mann, der vor den Nazis floh und sich vom Stalinismus lossagte; zu einem Mann, der sich, seit ihm die ideologische Heimat abhanden kam, zwischen den Fronten wohl fühlt; zu einem ewigen Emigranten, den fast neun Jahrzehnte Leben ins Niemandsland zwischen der Alten und der Neuen Welt verpflanzt haben; zu einem Exilschriftsteller, wie es die Älteren und Etablierteren nicht werden mußten. »Diese Autoren waren *auch*, in einer schmerz-lich-wichtigen Phase ihres Lebens und Schaffens, aber sie waren *nicht nur* ›Exilautoren‹«, konstatiert Ernst Erich Noth. Den Jüngeren, Unbekannteren erging es anders. Sie wurden nachhaltiger durch das Exil geprägt. Sei es, daß sie sich vollständig in die Gastländer integrierten, was in aller Regel dazu führte, daß sie aus der Literatur in andere Berufe, vorzüglich in die Wissenschaft, zu emigrieren hatten; sei es, daß sie, wie Hans Sahl, ins kulturelle »Dazwischen« fielen und zu lange Zeit unentdeckt blieben: in ihren Exilländern ebenso wie in Deutschland.

Im Nebenzimmer verstummt das Klappern der Schreibmaschine.

»Warten Sie«, sagt Sahl und läuft hinüber. Mit einem Blatt Papier in der Hand kommt er zurück. »Ich habe gestern ein Gedicht diktiert. Das habe ich für Sie abtippen lassen.« Er legt die Seite auf den Tisch und signiert sie.

»Lesen Sie das Gedicht zu Hause«, sagt er zum Abschied. »Es ist mal wieder wahnsinnig traurig, aber darunter mache ich es nicht mehr.«

»Dann –«, lese ich später, an meinem Schreibtisch in Berlin: »Warte, bis man deinen Namen / aufruft. / Stell dich an, / zuerst kommt dein Vordermann / dran, / und dann: / bist du gewesen, / wirst du gelesen, / dann –«

42

IM HAUS, DAS DOKTOR ISAY BAUTE Amerika liegt am Hüttenweg. Wer, von der Avus kommend, in Richtung Clayallee fährt, den begrüßt, wo der Grunewald endet, ein olivgrüner Panzer Baujahr 1941, metallenes Zeugnis der Befreiung und Verteidigung Berlins. Auf den Parkplätzen stehen Straßenkreuzer und *Compact Cars* aus Detroit. Die bunte Menschenmischung auf den Bürgersteigen deutet auf Vorfahren aus allen Teilen Europas und Afrikas, aus Asien und aus Mittelamerika hin. US-Militärpolizisten patrouillieren am Eingang zu dem Shopping-Center. In der Filiale der Deutschen Bundespost ist der Dollar die gängige Währung. Jeden Nachmittag um fünf Uhr wird feierlich das Sternenbanner eingeholt, und ein Posten des US-Konsulats trompetet dazu durch die Stille des Villenviertels »Old Glory Down«, Signale, wie man sie aus John Fords Kavalleriefilmen kennt.

Auf der anderen Seite der Clayallee bleibt von dem Hüttenweg noch ein kleiner Stummel. Dort liegt wieder Deutschland, und dort begegnet man auch der Vergangenheit. Nummer neun, ein zweigeschossiger Backsteinbau ganz am Ende der Straße, wurde 1931 fertiggestellt und »darf als *das* Beispiel für die Auffassung des Wohnens, der Geselligkeit, der Repräsentation der Jahre der Konsolidierung (nach 1926) gelten«, heißt es in »Berlin und seine Bauten«. Das Haus »ist in Konzeption, Form und Größe die Selbstdarstellung des reich gewordenen Bürgertums jener Zeit: eine solide Demonstration von Anspruch und Geltungsbedürfnis«.

Nur vier Jahre konnte allerdings der Bauherr Rudolf Isay, ein angesehener Wirtschafts- und Bergrechtler, in seiner Villa wohnen. Dann mußte er mit seiner Familie Deutschland verlassen, denn die Isays waren jüdischer Abstammung. Krieg und Holocaust überlebte Isay in Brasilien, wo er, fast fünfzig Jahre alt, als Kaffeepflanzer neu begann. 1951 kehrte er nach Deutschland zurück, wurde Honorarprofessor in Bonn und wirkte maßgeblich an der Reform des Bundesberggesetzes mit. 1956 starb Isay. Sein Haus am Hüttenweg, in das er nie wieder einzog, wurde nach der Befreiung Berlins als alliiertes Offizierskasino requiriert. Heute residiert dort das »Institut für Allgemeine und Vergleichende Literaturwissenschaft« der Freien Universität.

»Wir sitzen hier im Herrenschlafzimmer«, begrüßt mich der Institutsleiter in seinem Büro, »die Sekretärin arbeitet im Ankleideraum, einer meiner Kollegen im Damenschlafzim-

240

mer, die dazugehörigen Bäder befinden sich jeweils vor der Tür.«

Eberhard Lämmert, einer der renommiertesten deutschen Philologen, ist ein mittelgroßer, grauhaariger Mann Mitte Sechzig. Seine wissenschaftliche Tätigkeit, die in der Aufbauphase der Bundesrepublik begann, hat erheblich zur – auch internationalen – Rehabilitierung der durch die Nazizeit belasteten Germanistik beigetragen. Seine Karriere macht ihn zu einem herausragenden Repräsentanten der bundesdeutschen Hochschulen, nicht zuletzt auch, weil er als engagierter Demokrat über Jahrzehnte hinweg und mit großem intellektuellen und praktischen Einsatz für eine liberale Wissenschaftspolitik gestritten hat, unter anderem als Präsident der Freien Universität.

»Ich empfinde diese merkwürdige Mischung aus Luxus und Kargheit als ungemein stimulierend«, sagt er mit einer weiten Geste, die das gesamte ungewöhnliche Haus umfaßt. »Die nicht alltägliche Umgebung befördert einen nicht alltäglichen Umgang mit Literatur besser als ein bürokratischer Zweckbau. Und zugleich veranlaßt das wechselvolle Schicksal dieser Villa, die selbst ein Stück Kulturgeschichte ist, alle, die hier forschen und lehren, auch dafür zu arbeiten, daß sich die Schrecken unserer Geschichte nicht wiederholen.«

Faschismus und Krieg, die Kindheit und Jugend seiner Generation prägten, haben Lämmerts politisches Bewußtsein dauerhaft geschärft. »Die Teilung Deutschlands hat nicht in Jalta begonnen, sondern schon ein Jahrzehnt zuvor – sie ist das Werk der Deutschen selbst gewesen«, hieß es 1981 über das Exil in seiner Rede auf Lion Feuchtwanger. Und: »Nach dieser gewaltsamen Teilung ist es auch nicht mehr ohne weiteres möglich, eine zusammenhängende Geschichte der deutschen Literatur zu schreiben.«

Aus der Niederlage des NS-Regimes ergab sich dann eine zweite Teilung, nach neuen Kriterien. Daß Lämmerts bevorstehende Emeritierung nun mit der Aufhebung des literari-

241

schen und geisteswissenschaftlichen Schismas zusammenfällt, ist ein lebensgeschichtlicher Zufall, allerdings ein vielsagender. Seine Karriere umfaßt so die Nachkriegszeit gewissermaßen von ihrem Anfang bis zu ihrem Ende: 1948 hatte sich der Vierundzwanzigjährige, nach bestandener Schauspielprüfung und kurzem Bergbaustudium, in Bonn für Germanistik immatrikuliert. Von der zeitgenössischen deutschen Literatur, die ja zum größeren und wichtigeren Teil Exilliteratur war, kannte er aus der Schulzeit so gut wie nichts. Daß Autoren wie Heinrich oder Thomas Mann außerhalb des Dritten Reichs lebten, davon hatte er allerdings andeutungsweise durch einen nonkonformistischen Deutschlehrer gehört:»Der hatte uns spüren lassen, daß da ein ganzes Stück von dem, was eigentlich Unterrichtsstoff hätte sein müssen, schlicht weggerissen war.«

Vorlesungen über Exilliteratur standen, ganz im Gegensatz zur DDR, nicht auf dem Lehrplan der bundesdeutschen Universitäten, und sie sollten bis in die siebziger Jahre hinein eine rare Ausnahme bleiben.

Dafür aber gab es Ende der vierziger Jahre in den Hörsälen erregte Debatten um Thomas Mann und seine angeblich fragwürdige Schreibkunst.»›Prosaverätzer der deutschen Dichtung‹ wurde er geschimpft«, erinnert sich Lämmert. »Man hatte ja schon Heine einen Halbpoeten genannt, weil er ein ätzender Prosaschreiber sei. Da kam also ein Stück unguter deutscher Kulturtradition hoch.«

Zu Lämmerts akademischen Mentoren gehörte Richard Alewyn, ein prominenter Remigrant, der im Exil keine seiner Qualifikation entsprechende Stellung finden konnte und sich mit Sprachunterricht an einem Mädchencollege durchgebracht hatte:»Wir bewunderten seinen Gedankenblitz, wir hingen an seinem Munde und wußten doch, daß es sich nur in Glücksminuten wirklich lohnen würde«, erzählt Lämmert.»Mit Bündeln von kleinen Zetteln trat er ans Pult und sortierte und blätterte darin, bis plötzlich eine Assoziation einen phantastischen Bogen ergab, sagen wir mal von

Mallarmé zu Hofmannsthal. Dann brach das aber wieder ab, sei es, daß auf dem Zettel nichts mehr stand, sei es, daß ihm ein anderer Zettel in die Hände fiel. Als junge Studenten erlebten wir das als einen von der deutschen Geschichte mitgeprägten Zustand, dem wir deshalb mit Achtung, fast Erfurcht begegneten. Da lachte keiner hämisch, wenn der Mann plötzlich mal am Podium stand und gar nichts sagte. Einfach verstummte.«

Die in der bundesdeutschen Germanistik während der fünfziger Jahre vorherrschende morphologische Methode sorgte dafür, daß die Arbeit sich auf Einzelwerke konzentrierte und historische wie sozialgeschichtliche Zusammenhänge vernachlässigt wurden. Diese literaturtheoretisch begründete Flucht aus der Geschichte ermöglichte vielen Geisteswissenschaftlern, die sich in ihren Schriften mit Blut-und-Boden-Parolen hervorgetan hatten, zugleich die Flucht aus der eigenen Biographie.

»Meine sehr frühe Wendung, die Geschichte der Germanistik als eine deutsche Wissenschaft aufzuarbeiten, erklärt sich natürlich auch als Versuch, dagegenzusteuern«, sagt Lämmert.

Seit den Anfängen seiner Forschungstätigkeit beschäftigte ihn der Beitrag von Literatur und Literaturwissenschaft zur nationalen Identitätsstiftung und zum nationalistischen Wahn. Aus dem Interesse, nationale Begrenzungen und Verzerrungen zu beseitigen, verstand sich auch sein Einsatz für eine »Allgemeine und Vergleichende Literaturwissenschaft«, wie es sie in der Bundesrepublik noch nicht gab. An der Gründung des Berliner Instituts in den sechziger Jahren durch Peter Szondi war Lämmert entscheidend mit beteiligt. Nach Szondis Freitod – der Sohn jüdischer Eltern hatte Abtransport und KZ zwar überlebt, aber nie verwunden – wurde Lämmert in den späten siebziger Jahren sein Nachfolger.

»In diesen Monaten werden Sie zum zweitenmal in Ihrem Berufsleben Zeuge des Zusammenbruchs einer deutschen

Literaturwissenschaft. Wie sehen Sie die Zukunft der DDR-Tradition im vereinten Deutschland?«

»Ambivalent. Alles war ja dort nicht so schlecht, wie man es jetzt macht. Ich habe in den vergangenen Jahren bei uns in den Magisterarbeiten und Dissertationen einen starken Verlust der geschichtlichen Perspektive bemerkt. Vielleicht werden neue, erfrischende Impulse von drüben kommen, die uns anregen, wieder mehr historisch und sozialgeschichtlich zu arbeiten.«

»Mit devoten Huldigungen an die Führungskraft der Partei, die das eigene Denken und Beobachten ersetzen, hat allerdings unsere Auffassung vom Umgang mit Literatur wenig gemein. Werden nicht viele in der großen, wasserköpfigen DDR-Geisteswissenschaft Schwierigkeiten haben, sich aus ihrem Denkkorsett zu befreien, aus der, wie Alfred Kantorowicz formulierte, ›Zwangsbewirtschaftung des Geistes durch Unzuständige‹?«

»Gewiß. Aus einer Germanistik, die unzeitgemäß ist, können Sie nicht so schnell eine funktionierende Wissenschaft machen, wie sich eine veraltete Schraubenfabrik in die Gewinnzone bringen läßt. Hier müssen Menschen neues, eigenständiges Denken lernen.«

»Was also tun mit der DDR-Germanistik?«

»Das ist nicht zuletzt ein praktisches Problem der zahlenmäßigen Übergröße. Da beginnen die Verteilungskämpfe. Die westlichen Universitäten wehren sich verständlicherweise dagegen, sich den eigenen Nachwuchs durch diesen ungeheuren Überhang an DDR-Personal blockieren zu lassen. Allein die sozialen Bedingungen werden dafür sorgen, daß die Folgen der Vereinigung noch zwei Jahrzehnte zu spüren sein werden.«

»Und was wird aus der DDR-Literatur?«

»Tja, die Frage ist doch: Was wird man aus diesen Büchern in ein paar Jahren noch lernen können, außer, daß es eine unselige Zeit gewesen ist, die solche Konflikte geschaffen hat? Stildeformationen wird man studieren können, die sich nicht alle mit Camouflage entschuldigen lassen, Einödungen, das Steckenbleiben in Traditionalismen, weil Weiterentwicklungen kulturpolitisch nicht opportun waren. Ohne den falschen Vergleich mit der NS-Zeit strapazieren zu wollen – man kann prognostizieren, daß es dieser Literatur ergehen wird wie den Werken der ›inneren Emigration‹: Vieles wird nicht mehr interessant sein und weggelegt werden.«

»Die deutsche Vereinigung markiert für die Literaturgeschichtsschreibung eine drastische Zäsur, gewissermaßen das endgültige Ende all dessen, was mit dem Exil begann. Aber mit welchen Konsequenzen?«

»Also, die Rekonstruktion einer monolithischen Nationalliteratur wird es nicht geben. Die Vorstellung, daß so etwas existiere, ist überholt. Ich halte es für einen historischen Glücksfall, daß sich in dem Augenblick, da sich die Geschichte der getrennten deutschen Literaturen erledigt, sich auch die Geschichte einer rein deutschen Literatur überhaupt erledigt. Der Literaturverbraucher wählt nicht mehr national aus. Der Blick auf den Buchmarkt zeigt, daß wir inter- und multinational lesen wie nie zuvor. Und auf der Seite der Literaturproduktion halten erst recht keine nationalen Grenzen mehr. Literaturtheorie und Literaturgeschichtsschreibung werden sich darauf einstellen müssen, auch wenn das eine der schwierigsten Umkonstruktionen in der Geschichte der philologischen Wissenschaften werden dürfte.«

»Deutsche Literatur und Germanistik also nicht mehr als Mittel der Identitätsstiftung?«

»Ja. Oder wenn doch, dann als Mittel, eine andere Identität zu stiften. Soziale Gehalte bestimmten einmal stärker den Ruf nach der deutschen Einheit und der Identität als Nation als der nackte wirtschafts- und machtpolitische Wunsch, Territorien zu arrondieren. An dieses Erbe des 19. Jahrhunderts könnte die Literatur erinnern.«

Lämmert schaut auf die Uhr. »In einer Viertelstunde beginnt mein Hauptseminar«, sagt er entschuldigend. »Ein wenig muß ich mich noch vorbereiten.«

Als wir uns in der Tür verabschieden, gleich neben dem Bad, das Doktor Isay baute und das heute die Damentoilette beherbergt, frage ich ihn nach den individuellen Konsequenzen der geschichtlichen Ereignisse, nach dem zweifelhaften Vergnügen, es zum zweitenmal mit Kollegen zu tun zu bekommen, die von einem Teil ihrer Vergangenheit nichts mehr wissen wollen.

Lämmert, dessen Erzähltalent und Weltoffenheit nicht nur beeindrucken, weil beides hierzulande in wissenschaftlichen Kreisen selten ist, lächelt mit einer in langen Semestern geschulten Nachsicht. »Ach, ich habe schon in den fünfziger Jahren als junger Wissenschaftler darauf geachtet, mit wem ich es zu tun hatte, obwohl das manchmal nicht so einfach war. Heute befinde ich mich erst recht in der glücklichen Lage, mir die Leute aussuchen zu können, mit denen ich Umgang pflege.«

43

DMÜTIGUNG Die Stauprognosen für das letzte Juni-Wochenende konzentrieren sich auf den Süden der Republik. Die Mehrheit der Deutschen scheint auf die Autobahnen Frankfurt–Nürnberg und München–Salzburg, also außer Landes zu drängen.

Am Freitag wird Richard von Weizsäcker zum ersten Gesamtberliner Ehrenbürger seit vierzig Jahren ernannt. Erwartungsgemäß fordert er bei dieser Gelegenheit auch als erster führender CDU-Bundespolitiker die Bonner Eigenheimbesitzer auf, sie mögen sich zu Berlin als deutscher Hauptstadt bekennen.

Aber während die deutsche Metropole nur an sich und die Geschichte denkt, macht Westdeutschland weiter wie gewohnt. Die Blechschlangen gen Süden erreichen fünfzig Kilometer Länge. Nach Osten, nach Berlin, will kaum jemand. Nicht nur die Aktienmärkte zeigen sich von der für übermorgen, den 1. Juli 1990, anberaumten gesamtdeutschen Wirtschafts- und Währungsunion unbeeindruckt. Trost bietet den Schwitzenden bei Temperaturen bis zu dreißig Grad im nichtvorhandenen Schatten das Autoradio. An der Spitze der deutschen Hitparade rangiert Matthias Reims Haß-Hymne »Verdammt, ich lieb' dich«. Die Alliierten hören Zukunftsträchtigeres. »World in Motion« von der Gruppe »England / New Order« führt die britischen Charts an, »Step by Step« von »New Kids on the Block« die amerikanischen. Die Nachrichten zwischendurch werden wegen der Verkehrsmeldungen nicht ausgeschaltet. DDR-Premier de Maizière ruft seine Bevölkerung zu »mutigem Neuanfang« auf, Bundeswirtschaftsminister Haussmann hingegen warnt vor »hohen Erwartungen«. Beide sprechen nicht psychischen, sondern finanziellen Rat aus. Denn wieder werden Pfründe neu verteilt, Urteile kassiert, Posten vergeben, Enteignungen rückgängig gemacht. Die Depropriation der Depropriateure geht ihren parteigebundenen Gang.

Der Samstag bricht drückend schwül über Berlin herein. Die Vopos marschieren, soweit sie nicht noch Teile der Grenzeinrichtungen an Touristen zu verkaufen haben, kurzerhand nach Hause. Schon gegen Mittag gibt es an den Berliner Übergängen keine Kontrollen mehr. Im grünen Niemandsland zwischen den Mauern reiten Kinder auf Ponys, ihre Väter erklimmen die Wachtürme, und Rentner gönnen ihren Hunden freien Auslauf.

Die Innenstadt um den Zoo ist ein vergehendes Zentrum des illegalen Handels, ein sich lichtender Schwarzmarktplatz, auf dem Afrikaner und Polen, Jugoslawen und Zigeuner, Vietnamesen und Türken, West- und Ostdeutsche und auch ein paar Berliner letzte Geschäfte zu tätigen versuchen. Ein rast- und ratloses Gewimmel aus Menschen und Interessen, in dem die bevorzugte Erfrischung kühle Dosengetränke aus mit Eis gefüllten Putzeimern sind. Männer stehen mit dicken Geldbündeln in der Hand einsam da: Ostgeld, das niemand mehr will und für das man im anderen Zentrum der Stadt, dem Alexanderplatz und Unter den Linden, kaum noch etwas erwerben kann.

Denn die meisten Läden dort haben den ganzen Tag über geschlossen, in ihren Türen hängen Schilder, die den Konsumfreudigen auf den *Magischen Montag* verweisen. Hinter den verhängten Schaufenstern geht eifriges Umdekorieren vor sich. Wo die Verhüllungen einen Spalt freilassen, fällt der Blick auf leere Regale. Ein Land im Räumungsverkauf. Morgen wird tief durchgeatmet. Montag ist Neueröffnung.

Restliche DDR-Mark unter die Leute zu bringen ist an diesem Samstag vor Null kein einfaches Unterfangen. Kleinere Menschenschlangen weisen den Weg. Sie enden meist vor den Ladeflächen von Lastwagen mit Ost- und Kombifahrzeugen mit Westkennzeichen. Von ihnen aus wird ambulant abverkauft, was unbedingt weg soll: Hähnchen, die sonst auf den Sondermüll müßten; Erotika, deren Verkäufer allerletzte Lustverluste ausgleichen wollen, bevor die Währungsumstellung neue, weniger fleischliche Gelüste weckt; diverse Produkte des täglichen Verbrauchs in furchterregend trister DDR-Verpackung, für die in achtundvierzig Stunden kein Ostler mehr eine müde Westmark geben wird: »Det Zeug kannste echt fagessen, waah!«

Den Ostrand des Alexanderplatzes halten Übertragungswagen mit Satellitendishes, Wohnwagen der Filmcrews sowie Limousinen der Reporter besetzt. Die internationalen Medien warten auf die Niederkunft der neuen Währung, auf daß die neue Epoche sich in Bildern und Worten offenbare. Auf irgendein Wunder hoffen wohl auch die meisten, die sich auf dem weiten Rund des Alex drängen: *Cargo*-Kult nicht am Anfang, sondern am Ende der Aufklärung.

In sechs Gruppen teilt sich die Schar der Menschen: fliegende Händler, Journalisten mit und ohne Kamera, Schlangesteher, Tütenträger, Betrunkene sowie dunkelhäutige Ost-Ausländer, Vietnamesen, Afrikaner und Roma, die mit

Verachtung gestraft werden; besonders nachdrücklich von
den Betrunkenen. Die Stimmung ist aggressiv. Rottenweise
suchen die Verlorenen der deutschen Geschichte Rettung im
Haß auf die Gegenwart. Ein Schild verkündet:»Heute stehen wir vor dem Abgrund. Morgen sind wir einen Schritt
weiter.«

44

EIN MANN KEHRT ZURÜCK Wir könnten irgendwo sitzen, so, wie wir Kaffee trinken und Kuchen essen, unter
kleinen Tannen und hohen Fichten, umgeben von ultrama-
rinblauen und blutroten Sonnenschirmen, von blühenden
Sträuchern und gepflegten Kieswegen, inmitten von jungen
Familien und Gruppen grau- und steifgekleideter Rentner.
Ein Sommerwochenende irgendwo in der westlichen wohl-
ständigen Welt.

»Ich war lange nicht mehr hier«, sagt Hans Sahl **»Die deutsche**
und lächelt fein:»Bald sechzig Jahre nicht mehr. **Geschichte holt endlich**
Damals gehörte die Gegend zu meinen Jagdgrün- **ein, was wir schon im**
den.« Er bemerkt meinen fragenden Blick.»Selbst **Exil erfahren mußten.«**
wenn ich die Adressen noch wüßte«, grinst er,»die Frauen
wären doch für Sie viel zu alt ...«

Denn wir sitzen nicht irgendwo. Wir sitzen in einem
Gartenlokal am Rande des Berliner Grunewalds, ziemlich
genau in der Mitte zwischen der Isay-Villa und dem Haus in
der Ruhlaer Straße, über dessen Dachgarten Hans Sahl 1933
floh.

Fünf Jahre später sang ein achthundertstimmiger Arbei-
terchor:»Rettet den Menschen, rettet den Menschen, rettet
die Welt vor der Barbarei!« So endete im Mai 1938 in Zürich
die Uraufführung von »Jemand. Eine weltliche Kantate«.
Hans Sahl hatte das Oratorium, teils an der Matthäuspas-
sion, teils am Brechtschen Lehrstück orientiert, nach Frans
Masereels Holzschnittfolge »Die Passion des Menschen« ge-

schrieben. Der Aufführung wohnte der Autor illegal bei – als Emigrant, ohne Aufenthaltsgenehmigung, von der Abschiebung nach Nazideutschland bedroht.

Fünfzig Jahre später, im Sommer 1988, kam Hans Sahl wieder nach Zürich, eingeladen zu den Festwochen, um an der Wiederaufführung des Oratoriums teilzunehmen. Am Flughafen wurde er von einer mehr als drei Jahrzehnte jüngeren Frau aus Tübingen erwartet, die den halbblinden Ehrengast betreuen soll. Da sie Hans Sahl nicht kannte, hatte man ihr einen Illustrierten-Artikel über den Schriftsteller in die Hand gedrückt. Das Aufmacherfoto zeigte ihn auf einem Bett, neben sich einen alten Handkoffer voller Manuskripte und Notizbücher.

»Hoffentlich«, dachte die Frau, »hat der inzwischen einen besseren Koffer, sonst will ich gar nicht neben ihm gehen.«

Am Ende der Reise in die Zürcher Vergangenheit konnte Hans Sahl nicht nur einen überragenden künstlerischen Erfolg feiern: »Dreizehn Minuten stehende Ovationen!« Er hatte auch seine Betreuerin näher kennengelernt. Im Sommer darauf kam der siebenundachtzigjährige Schriftsteller in New York um eine Heiratserlaubnis ein. Die Trauung fand in einer kleinen Kapelle der *City Hall* statt.

»Haben Sie Ringe?« fragte der Standesbeamte.

»Wir hatten nicht«, sagen Hans und Ute Sahl wie aus einem Munde.

»Dann können Sie die Braut jetzt küssen!«

»In dieser Riesenstadt New York«, sagt Hans Sahl, »sitzen da plötzlich zwei Menschen, die sich lieben...«

Seine privaten Papiere und Manuskripte, die Tagebücher und Aufzeichnungen überließ Sahl um dieselbe Zeit dem Marbacher Literaturarchiv. Ein paar Tage nach der Hochzeit klingelten die Möbelpacker und verstauten den Inhalt des Handkoffers und alles andere, was er in den fünfzig Jahren seines amerikanischen Lebens geschrieben hatte, in dreiundzwanzig Umzugskisten, um sie auf den langen Weg nach Deutschland zu schicken.

250

»Als die Männer gegangen waren«, erzählt Hans Sahl, »saß ich in meiner halbleeren Wohnung und fürchtete mich ein wenig.«

Heute wohnt das Ehepaar in Tübingen, der Heimatstadt von Ute Sahl. Alle paar Wochen fahren die beiden nach Marbach, um in den Papieren zu recherchieren oder sich Fotos und Unterlagen gegen Quittung auszuleihen. »Das ist unheimlich. Als stünde da meine Urne. Denn alle, deren Sachen in den Regalen gelagert werden, sind ja tot.« Hans Sahl schüttelt sich in gespieltem Entsetzen. »Nur ich sitze noch herum und esse meine Wurst.«

»Wenn die Archivierung mal abgeschlossen ist«, sagt Frau Sahl, »wird man alles auf Knopfdruck abrufen können.«

»Ja«, lacht der alte Mann laut heraus, »die toten Dichter kommen dann auf Knopfdruck hervorgeschossen. Erst der Sahl und dann der Schiller, denn der liegt ja im Alphabet weiter hinten. Und alle kommen sie wahrscheinlich mit Hui . . .«

Beim letzten Besuch in dem Archiv, als Ute Sahl in eine der grünen Kisten mit dem Namen »Sahl« griff, ist sie auf ein Notizbuch gestoßen, das in Sütterlin geschrieben war.

»Ich konnte das nicht lesen und begann herumzustottern. Aber nach zwei, drei Worten fiel Hans alles wieder ein, er konnte das ganze Gedicht aus dem Kopf rezitieren . . .«

»Was man mit einem Bleistiftstummel geschrieben hat auf einem Block, für den man im Lager zwei Zigaretten tauschen mußte«, sagt Hans Sahl, »das vergißt man nicht.«

Die Rückkehr nach Deutschland ist ihm erst im dritten Anlauf gelungen. Den ersten Versuch unternahm er 1949, als er von New York in die Schweiz reiste, um an dem Film »Die vier im Jeep« mitzuschreiben. Bei einem Abstecher nach München traf er Hans Werner Richter und kam mit der *Gruppe 47* in Kontakt.

»Aber ich habe damals in Deutschland keinen Ansatzpunkt gefunden. Die Bewältigung Hitlers stand hier natürlich im Vordergrund; und was den betraf, hatte ich mich ja bereits 1933 entschieden. Den brauchte ich nicht mehr zu bewältigen. Wer sich aber schon mit Stalin auseinandersetzte, wurde damals in intellektuellen Kreisen scheel angesehen. Das klang nach kaltem Krieg, das hat einen verdächtig gemacht und in die Nähe der alten Nazis gebracht.«

»Die gab es ja reichlich und in einflußreichen Positionen. Wie konnten Sie damit umgehen?«

»Na, zunächst mußte man sie erkennen. Was aber gar nicht so schwer war. Die haben sich meist selbst verraten. Ein Beispiel: Sie sitzen auf einer Party. Es ist schön, man trinkt, Sommernacht, nette Gespräche. Plötzlich sagt der Gastgeber: ›Eigentlich war das doch ein Skandal, was man mit den Juden gemacht hat.‹ Das war ein Nazi, unter Garantie. Oder: Im Lokal tritt jemand auf einen zu und sagt: ›Ja, ich bin ja so froh, daß du durchgekommen bist. Du, das war ja eine Zeit, du kannst dir nicht vorstellen, was wir mitgemacht haben in den fürchterlichen Bombennächten.‹ Dann geht der weg, und die anderen sagen: ›Wie konnten Sie mit dem Mann so freundlich reden, der war Obersturmbannführer, einer von den Schlimmsten.‹ Das hat man bald durchschaut. Helle waren sie halt nicht besonders, die meisten jedenfalls nicht.«

»Wann sind Sie zum erstenmal wieder in Berlin gewesen?«

»Erst 1953, als ich das zweite Mal herüberkam, eigentlich entschlossen zu bleiben. Diesen ersten Abend werde ich nie vergessen. Es war Sommer, ich flanierte mit einem Freund den Kurfürstendamm hinunter, nachts um ein Uhr, und es war eine irrsinnig erotische Stimmung. Nicht Paris, Berlin ist ja die erotischste Stadt. Da standen diese typischen Berliner Huren, die es heute nicht mehr gibt, mit ihrem herrlichen Witz. Ich ging also auf die zu, ganz platonisch. Ich habe denen nur gesagt: Heimat. Heimat. Das war meine Scholle, diese Huren, diese Nacht auf dem Kurfürstendamm.«

Der Rückkehrer arbeitete als Journalist für verschiedene Rundfunkanstalten und Tageszeitungen, und er trug durch eine rege Übersetzungstätigkeit dazu bei, daß zeitgenössische amerikanische Autoren wie Thornton Wilder und Tennessee Williams im deutschen Sprachraum bekannt wurden. Für die eigenen literarischen Arbeiten konnte er jedoch über Jahre hinweg keinen Verleger interessieren.

»Ich habe lange warten müssen, um die Anerkennung zu finden, die ich jetzt bekomme«, sagt Hans Sahl. »Und zwar von einer anderen, einer jungen Generation. Jahre brauchte ich noch, um den zweiten Band meiner Memoiren unterzubringen. Kostbare Jahre, denn so viele habe ich nicht mehr.«

Warum der Exilroman »Die Wenigen und die Vielen«, nach dutzendfacher Ablehnung erstmals 1959 erschienen und von der Kritik hochgelobt, bis heute in keiner Taschenbuchausgabe vorliegt; warum Sahls Bücher noch Mitte der achtziger Jahre von deutschen Großverlagen in Serie abgelehnt wurden; warum der erste Band der Memoiren, 1983 in der Schweiz veröffentlicht, lange Zeit vergriffen blieb und der zweite 1989 erst mit Unterstützung der *Deutschen Akademie für Sprache und Dichtung* gedruckt werden konnte; diese Bücherschicksale scheinen auf den ersten Blick unverständlich.

»Mit der Einrichtung des Archivs seiner selbst«, heißt es bei Adorno über den Sinn von Autobiographien, »beschlagnahmt das Subjekt den eigenen Erfahrungsbestand als Eigentum und macht ihn damit wieder zu einem dem Subjekt ganz äußerlichen.« Hans Sahls Erinnerungen gehen, in ihrer Bedeutung für Nachgeborene, weiter: Sie beschlagnahmen deutsche Kulturgeschichte und entreißen sie so der Verfügungsgewalt von Instanzen, die sie mißachteten (West) oder verfälschten (Ost). Seine Memoiren bieten ein faszinierendes buntes Mosaik aus Erlebnissen und Anekdoten, Einsichten und Porträts. In der Versammlung meisterlicher Miniaturen wird eine Zeit lebendig, die für unsere Gegenwart reichlich Lehren bereithält. »Es gibt einen Schriftsteller (wieder) zu entdecken«, hieß es jüngst in einer Rezension des zweiten Bandes, »dessen Fähigkeit zu erhellenden Momentaufnahmen ohnegleichen ist, einen literarischen Brennspiegelschleifer ...«

Weshalb also wurden die Bücher so lange abgelehnt?

Hans Sahl lächelt.»Weil man es so genau nicht wissen wollte. Die deutschen Verlage haben das Buch nicht gedruckt wegen meiner harschen Kritik an den Parteikommunisten. Man mochte die Details nicht hören, die ich über Kisch, Becher und Anna Seghers berichte. Das schäbige Verhalten dieser Leute im Exil in Erinnerung zu bringen war nicht opportun. Wer die Wahrheit erzählte, wurde in die rechte Ecke abgeschoben. ›Ihr Antikommunismus, lieber Herr Sahl‹, haben die abgewunken, ›ist uns reichlich bekannt...‹«

»Sind Sie Antikommunist?«

»Quatsch. Warum sollte ich so dumm sein? Wenn ich den Stalinismus, seine Unmoral, seine Verbrechen bekämpfe, muß ich doch nicht die Utopie von Gleichheit und Gerechtigkeit aufgeben. Links und rechts, das ist eine totalitäre Alternative von gestern. Die hat sich überlebt. Letzte Überreste des 19. Jahrhunderts.« Hans Sahl macht eine müde Handbewegung: Recht behalten hat er, aber all die Lebenszeit ist verloren.»Na, heute erzählt der Walter Janka von seinem Schauprozeß in den fünfziger Jahren genau dasselbe; wie sich da der Becher und die Seghers verhalten haben und was die Parteiräson angerichtet hat. Überhaupt: Die deutsche Geschichte holt endlich ein, was wir schon im Exil erfahren mußten. Was ist Fortschritt, was Rückschritt? Alles nicht mehr so einfach. Ganz andere, neue Konstellationen zeichnen sich ab.«

Die Sonne ist untergegangen, und ein kühler Abendwind kommt auf. Während der Fahrt zurück zu seinem Hotel in der City schaut Sahl angestrengt aus dem Fenster.»Da ist die Ruhlaer Straße«, zeigt er.»Meine letzte Wohnung in Berlin.«

Am Olivaer Platz stoßen wir auf den Ku'damm und geraten in einen nach Zweitaktgemisch stinkenden Stau. Man sieht den Augen hinter den dicken Brillengläsern an, daß sie aus den verschwommenen Konturen des Straßenbildes Erinnerungen zusammensetzen, die unscharfen Signale zu Sinneinheiten fügen. Hans Sahl, zurück in Berlin, buchstabiert die Straßen, wie späte Gäste Namen auf einem dunklen Klingelbrett entziffern. Franz Hessel, der Berliner Spaziergänger, fällt mir ein. Am Ku'damm sollten die Deutschen das Flanieren lernen, verlangte er, »eine Art Lektüre der Straße, wobei Menschengesichter, Auslagen, Schaufenster, Café-Terrassen, Bahnen, Autos, Bäume zu lauter gleichberechtigten Buchstaben werden, die zusammen Worte, Sätze und Seiten eines immer neuen Buches ergeben«.

»Kannten Sie Hessel?« frage ich Sahl.

»O ja, sogar gut. ›Teigwaren leicht gefärbt‹.« Hans Sahl spricht den Titel des Buches genüßlich aus. »Der Hessel war ein feiner, sehr höflicher Mensch. Ich habe ihn sehr gemocht. ›Teigwaren leicht gefärbt‹. Das ist der ganze Mann.«

Wir sprechen über Hessels trauriges Begräbnis an einem kalten Regentag in Sanary-sur-mer, das die Einheimischen wegen der großen Zahl ungeliebter deutscher Emigranten »Sanary-la-boche« nannten. Sahl erzählt von dem Schriftsteller Hans Siemsen, der die Trauerrede auf Hessel hielt, und ich erzähle ihm von meiner Spurensuche in Sanary und Marseille.

»Ich war nie wieder in Frankreich«, sagt Hans Sahl. »Das ist für mich eine gespenstische Vergangenheit: Da habe ich mit dem gesessen, den haben sie an die Nazis ausgeliefert; und da mit der, die ist im Lager gestorben. Ich wollte nichts wiedersehen, und ich wollte kein Französisch hören, die Sprache, in der man uns beschimpft und ins Lager befohlen hat. Nach dem Krieg habe ich meinen Roman ›Die Wenigen und die Vielen‹ geschrieben, und damit war diese Sache für mich erledigt.«

In langen Reihen ziehen Jugendliche mit Rucksäcken durch die südlich heiße Berliner Innenstadt, vom Bahnhof Zoo in Richtung Potsdamer Platz. In der Nacht wird dort vor einer halben Million Menschen »The Wall« stattfinden, die Rock 'n' Roll-Version vom Fall der Mauern. Zehntausende sind aus allen Teilen der Welt dafür nach Berlin gekommen. Auch Hans Sahls jüngster Sohn ist eigens aus New York angereist. »Das gucke ich mir im Fernsehen an. Um hinzugehen, bin ich zu alt.« Sahl spielt mit den breiten roten Hosenträgern, die er über seinem knalligblauen Polohemd trägt. »Jedenfalls erkenne ich aus dem Verhalten der Leute mir gegenüber, daß ich wohl ziemlich alt bin. Als ich noch besser sehen konnte, habe ich das auch selbst im Spiegel bemerkt. Aber hier drinnen, im Kopf, fühle ich mich nicht alt. Ich bin immer noch neugierig auf das Leben.«

45

DIE ERSTE FRAU Hunderte von Volkspolizisten halten die Innenstadt besetzt. Auf der Friedrichstraße staut sich der Verkehr endlos, weil Unter den Linden in Richtung Stadtmitte gesperrt ist. Berlin vor der Revolution?

Auf dem Weg ins Zentrum der neuen Macht glauben sich meine West-Augen im Kino, in einem Spionagefilm aus der Zeit des kalten Krieges: Die breiten Fahrbahnen des Prachtboulevards wirken furchterregend tot. Die Leere, die der Verkehr gelassen hat, füllen Uniformen, so weit der Blick reicht. Befremdliche, russisch anmutende Uniformen. Am Straßenrand und auf den Bürgersteigen stehen Dutzende von olivgrünen Militärtransportern. Ihr plumpes, schweres Ostblock-Design läßt mir den Aufmarsch der »Schutztruppen« als Bedrohung erscheinen. Je tiefer ich in die Bannmeile des Parlaments vordringe, vorbei an Staatsoper, Humboldt-Universität und *Museum für Deutsche Geschichte*, je näher ich dem »Ballast der Republik« komme, wie der sächselnde Volksmund Honeckers Herzeige-Palast nennt, desto dichter wird der Kordon.

Der häßlich-protzige Klotz liegt zwischen Marx-Engels- und Liebknecht-Brücke an der Stelle, wo jahrhundertelang das Berliner Stadtschloß stand, bis Ulbricht es Anfang der fünfziger Jahre sprengen ließ. In dem getönten Glas zwischen den sechs Marmorrippen des Ende der sechziger Jahre fertiggestellten Neubaus spiegelt sich die Fassade des gegenüberliegenden stilgemischmaschten Doms. An seinem Portal wirbt ein Ausstellungsplakat für »Berlin in Krieg und Frieden«. Auf dem großen Platz zwischen Staatsratsgebäude und Unter den Linden parken zwischen Trabis und Wartburgs Dutzende dunkler Dienstlimousinen mit Kennzeichen aus Bonn und Umgebung. Die neuen Herren sind schon da.

In der weitläufigen Lobby lungern sehr junge, übergewichtige Männer in schlecht geschnittenen und viel zu engen Anzügen herum. In den Händen halten sie altmodische Walkie-talkies, ihre Jacken sind an den richtigen Stellen ausgebeult. Der Film hat gewechselt: Die Handlung spielt jetzt in einer südamerikanischen Bananenrepublik – Berlin doch nicht vor, sondern nach der Revolution?

Eine wirkliche Veränderung ist kaum zu erkennen. Noch immer funktioniert nichts. Obwohl seit langem angemeldet, fehlt mein Name auf der allesentscheidenden Liste. Ich schlage vor, das vier Stockwerke höher gelegene Büro anzurufen, in dem ich erwartet werde. Die jungen Wächter, kräftige Kinder der DDR, denen Verunsicherung in Mienen und Gestik geschrieben ist, schauen mich entgeistert an. Allein der Gedanke, daß so etwas technisch möglich sein sollte, scheint ihnen abenteuerlich. Ebenso meine Ungeduld.

Viel Zeit vergeht. Daß meine »Unpünktlichkeit« dann im Vorzimmer der Präsidentin niemanden wundert, überrascht mich nicht mehr.

»Völlig hemmungslos!« sagt Sabine Bergmann-Pohl. Die Dame im grellgelben Kostüm spricht schnell, laut und direkt. So reden Politiker nur in den Träumen ihrer Wähler – und in den Alpträumen ihrer Wahlkampfleiter. Ihr Tonfall dabei ist nach Ärzte-Manier forsch. »Ich habe mich heute im Fernsehen angeschaut und war wirklich erstaunt, wie hemmungslos ich bin.«

Ihre Berater scheinen das nicht anders zu sehen. Bei unserem Gespräch sind gleich vier »Aufpasser« zugegen: der Pressereferent, seine Assistentin, ein aus Bonn abgeordneter Berater im Rang eines Staatssekretärs sowie ein Kassettenrecorder, den der Pressereferent mitlaufen läßt, ganz unfrei nach Lenins Maxime: Vertrauen ist gut, Kontrolle ist besser. Daß meine resolute Gesprächspartnerin trotz alledem oder gerade deswegen wenig Rücksichten nimmt, macht sie auf Anhieb sympathisch.

In diesen Spätsommertagen ist Sabine Bergmann-Pohl als Präsidentin der Volkskammer zugleich amtierendes Staatsoberhaupt und damit die erste Frau der Gerade-noch-DDR. Vor einem Jahr aber war sie ohne jedes politische Amt und arbeitete als Ärztliche Direktorin in der Bezirksstelle für Lungenkrankheiten: »Viele Patienten sind gekommen und haben nicht gesagt: ›Mein Husten ist schlimmer geworden.‹ Die haben erzählt, was sie erlebt haben. Die Menschen waren einfach entnervt. Die Diskussionen wurden immer offener. Da war nackter, blanker Haß.«

Von dem tristen Büro aus, in dem wir jetzt sitzen, regierte damals der SED-Bonze Horst Sindermann. Wenig ist seitdem an dem hölzernen Biederlings-Ambiente verändert worden. Die vergilbten Stores machen den Raum miefig und den Blick auf die Außenwelt trübe. Fast so trübe wie die Perspektiven des Staates, den Frau Bergmann-Pohl repräsentiert. Wir sprechen über letzte Tage: über den Untergang des SED-Regimes vor einem Jahr, haarscharf am Blutbad vorbei, und über den aktuellen Schwanengesang der ersten frei gewählten Volkskammer.

»Auch heute gibt es«, sagt die blonde Frau mit dem entschlossenen Berliner Tonfall, »nackten, blanken Haß. Gegen mich und gegen die Regierung.«

Stur nachzuplappern, was die christdemokratische Parteiräson vorbetet, liegt der ersten Frau im Staat nicht. Nur in Um- und Aufbruchszeiten ist eine so ungewöhnliche Karriere möglich, wie sie der Vierundvierzigjährigen in den vergangenen Monaten gelungen ist: aus dem Nichts an die Spitze der demokratischen Macht.

»Frauen haben es immer schwerer, wenn sie in leitende Positionen wollen. Man nimmt sie nicht ganz ernst«, sagt Sabine Bergmann-Pohl mit einem deutlichen Seitenblick auf ihre Berater. »Im Parteivorstand zum Beispiel neigen die Männer dazu, wenn man etwas sagt, das zu wiederholen, nur mit anderen Worten. Ich frage mich immer: Wieso wiederholen die dich eigentlich? Aber das machen die, weil ja nicht sein kann, daß eine Frau mal etwas Gutes sagt.«

Eine Überspringerin ist sie keineswegs. Mitreißende Visionen, große Utopien sind nicht ihre Sache. Worum es auch gehen mag, sie sieht es praktisch. Wie zum Spott ihrer handfesten, bodenständigen Gesinnung haben ausgerechnet zwei unglaubliche Ereignisse ihr Leben geprägt: der 13. August 1961 und der 9. November 1989. Die Nachrichten vom Bau und vom Fall der Mauer hat ihr Commonsense-Verstand denn auch beide Male für unmöglich gehalten.

»Als Kind war ich jedes Wochenende bei meinen Großeltern in Kladow, in West-Berlin«, erzählt Sabine Bergmann-Pohl. »Und eines Morgens kommt meine Mutter ins Zimmer: ›Wir können nicht mehr zu den Großeltern.‹ Da habe ich gesagt: ›Das glaube ich nicht.‹« Erst der Anblick der Mauer belehrt sie darüber, daß die machthabenden Menschenfeinde mehr Phantasie besitzen als sie. »Ich habe meine Großeltern erst Jahre später, kurz vor ihrem Tod, wiedergesehen. Es war schrecklich. Verstehen konnte ich es nie.«

Nach dem Abitur 1964 will Sabine Schulz, wie sie damals heißt, Medizin studieren. Doch sie ist die Tochter eines Arztes, und nicht der einzelne, sondern seine Geburt, der negative Adel, zählt im spätfeudalen Reich des realen Sozialismus: »Ich mußte sechs Stunden vor der Tür warten, zit-

259

ternd und bebend, und als ich schließlich vor die Prüfungskommission kam, sagte der Vorsitzende: ›Sie kriegen sowieso keinen Studienplatz mehr, die Vierzig-Prozent-Quote
für die Intelligenz haben wir schon vorgestern erfüllt.‹«

Die abgewiesene Abiturientin ändert ihre Berufswün-
sche: »Ich glaube, ich wäre ein ganz guter Hotelmanager
geworden.« Aber wo ein Plan den Weg versperrt, findet sich
stets auch ein ebenso geplanter Umweg. Der Vater organisiert ihn. Zwei Jahre später, nach einem Praktikum in der
Gerichtsmedizin – »Ich konnte nächtelang nicht schlafen!« –,
beginnt Sabine Schulz das Studium. Geboren 1946, ist sie
ein gehorsames, fleißiges Kind der DDR. Ihr Leben geht
seinen sozialistischen Gang. »Ich muß Ihnen sagen, die Idee
des Sozialismus, daß die Menschen gleich sind, daß man
jeden fordern sollte nach seinen Möglichkeiten, die hat mir
gefallen. Aber sie wurde nicht durchgesetzt.« 1971 heiratet
die Studentin und heißt fortan Sabine Pohl. Drei Jahre später
wird eine Tochter geboren, wieder drei Jahre später ein
Sohn. Fachärztin für Lungenkrankheiten wird Sabine Pohl
1978, geschieden 1979. 1980 promoviert sie. Ein Jahr später
tritt sie der Blockpartei CDU bei. Bis zur Wende bleibt sie ein
recht einfaches Mitglied, engagiert in der Behindertenar-
beit. Das Angebot, Abgeordnete zu werden, lehnt sie ab.
»Für mich war das überhaupt kein Parlament.«

»Waren Sie selbst nie versucht, aus der DDR zu fliehen?«

»Einmal. 1973 durfte ich meine Schwester in der Bundesrepublik besuchen. Als ich hinterher wieder eingemauert
war, habe ich mich geärgert, daß ich nicht drüben geblieben
bin. Bei späteren Besuchen kam das nicht mehr in Frage. Ich
hätte es nicht einen Tag ohne meine Kinder ausgehalten. Ich
wäre verrückt geworden!«

»Eingemauert zu sein ließ sich leichter ertragen?«

Sabine Bergmann-Pohl zuckt mit den Schultern: »Sie geraten in so eine Art Trott, wo Sie nicht mehr darüber nachdenken.«

Den Fall der Mauer in der Nacht vom 9. auf den 10. November hat sie schlichtweg verschlafen. »Nachdem ich am nächsten Morgen durch meine Schwiegermutter davon erfuhr, habe ich zum erstenmal in meinem Leben Frühstücksfernsehen geguckt.« Am Wochenende machte sich dann die ganze Familie auf den Weg in den Westen. »Typisch, wie DDR-Bürger sind: den Rucksack auf den Rücken geschnallt, mit warmem Tee und Schrippen. Als wir losgelaufen sind, kamen noch unsere Nachbarn dazu, da waren wir schon zu acht. An der Bornholmer Straße bewegten sich Tausende von Menschen auf die Grenze zu, das können Sie sich nicht vorstellen. Wie auf einer Demo sind wir durch, die Polizisten guckten nur. Plötzlich standen wir im Westen. Da sind mir die Tränen gekommen. Und am Abend das Volksfest auf dem Ku'damm, es war phantastisch.«

»Und wie wird man, mit dem Rucksack zurück aus West-Berlin, Parlamentspräsidentin?«

»Erst mal wird man Abgeordnete. Ich bin so oft gebeten worden zu kandidieren, daß ich nicht mehr nein sagen konnte. Auf dem Landesparteitag bekam ich ja nur eine Stimme weniger als Herr de Maizière.«

Gewählt wird allerdings nicht mehr Sabine Pohl. Denn Anfang des Jahres hat sie ihren Lebensgefährten geheiratet, den Ingenieur Jürgen Bergmann. Zur ersten Frau kürt am 5. April 1990 die Volkskammer Dr. Sabine Bergmann-Pohl, eine Frau in geregelten Verhältnissen, die mit den sehr ungeregelten DDR-Verhältnissen fertig werden soll: »Daß ich durch Verfassungsänderung gleich noch amtierendes Staatsoberhaupt würde, das hat mir kurz vorher einer aus dem Bundestag gesagt, so ganz nebenbei. In der Nacht habe ich überhaupt nicht geschlafen. Ich war völlig fertig.«

»Eine Karrierefrau in der DDR – mit welchen Schwierigkeiten hatten Sie zu kämpfen?«

»Daß es kein richtiges Dienstleistungsgewerbe gab«, antwortet die Präsidentin ohne jedes Zögern und mit viel Emphase: »Sie konnten nicht einfach für ein Essen einkaufen. Hier mußten Sie regelrecht auf Nahrungssuche gehen. Das hat die Frauen ein bißchen mürbe gemacht. Sehen Sie, ich habe immer noch drei Paar Schuhe ohne Absätze zu Hause stehen . . .«

»Wenn Sie mir die geben«, unterbricht der Pressereferent, »kriegen Sie die in einer Woche besohlt wieder!«

»Ehrlich?« fragt die erste Frau zurück, und eine gehörige Portion Unglauben schwingt in ihrer Stimme.

»Ja«, versichert ihr Pressereferent.

»Also, warum haben Sie mir das nicht eher gesagt.« Sabine Bergmann-Pohl ist sichtlich begeistert. »Da sehen Sie«, meint sie zu mir, »wozu ein Interview alles gut ist.«

»Was hat der Sozialismus den Frauen gebracht?«

»Schwere Frage . . . Arbeit. Viel zusätzliche Arbeit. Aber andererseits auch ein gewisses Selbstbewußtsein.«

»Und was hat der Sozialismus den Frauen vorenthalten?«

»Eigeninitiative. Wenn Frauen, die bei uns in einem Kollektiv gearbeitet haben, wieder Hausfrauen werden, warum auch immer, dann verfallen sie in eine Art Siechtum. Basisdemokratie können wir noch nicht. Vierzig Jahre ist es bei uns von oben nach unten gegangen. Diese Erfahrung können Sie nicht in drei Monaten aus der Welt schaffen.«

»Die DDR war die Republik von Emigranten, gegründet und lange Zeit dominiert von der kommunistischen Minderheit der vertriebenen Politiker, Intellektuellen und Künstler. Noch im letzten Politbüro saßen ja zahlreiche Ex-Emigranten, darunter Propagandachef Hermann Axen, der von den Franzosen an die Nazis ausgeliefert wurde. In der DDR wurde im Gegensatz zur Bundesrepublik daher natürlich das Exil als Tradition gepflegt – wenn auch nur die genehmen Stränge. Sie sind in etwa so alt wie die DDR, Sie sind hier aufgewachsen, zur Schule gegangen. Wie haben Sie das erlebt?«

»Wir haben natürlich sehr viel über ›Widerstandskämpfer‹ gehört, über diejenigen, die ins Exil gegangen sind. Da liegt aber auch ein bißchen mein Vorwurf: Das Gewicht der Frage Holocaust und Widerstandskämpfer war ungleich verteilt. Ich selbst habe übrigens als Ärztin persönlich sowohl ehemalige KZ-Insassen aus Buchenwald als auch Emigranten kennengelernt. Ich meine, daß man die Erfahrung dieser Menschen mit einbringen muß in eine neue Gesellschaft. Aber man darf dabei nicht einer lange mißachteten Gruppe unrecht tun. Ich habe jetzt erschütternde Briefe bekommen von Juden, die in der DDR ewig um Anerkennung als Verfolgte des Naziregimes gekämpft haben. Man hat ihnen diese Anerkennung verweigert. Aber die ›Widerstandskämpfer‹ sind's geworden. Ich meine, man muß allen, die verfolgt wurden, gerecht werden.«

»Damals ist ja auch eine ganze Kultur emigriert, die Kultur der Weimarer Republik. Ist das für Sie eine Tradition, an die ein neues Gesamtdeutschland anzuknüpfen hätte?«

»Ich finde, jede Epoche in der Geschichte ist wichtig und darf nicht vernachlässigt werden. Wir haben nicht nur den Zweiten Weltkrieg, wir haben auch den Ersten Weltkrieg gehabt, wir haben die Weimarer Republik gehabt. Das sind alles Entwicklungen innerhalb eines Volkes, und wir sind ja ein sehr, sehr kriegsfreudiges Volk gewesen. Ich glaube, ein vereintes Deutschland kann sich aus keinem Teil seiner Tradition entlassen, gewiß nicht aus dem Dritten Reich. Wir müssen uns immer dieser Zeit bewußt sein. Wenn ich jetzt höre, daß Stimmung gegen sowjetische Bürger oder gegen Polen gemacht wird, dann muß ich daran erinnern. Die Vergangenheit insgesamt ist wichtig, weil man aus ihr Lehren ziehen kann.«

Die erste Frau greift einen Apfel von einem Fruchtteller. Zeit zum Mittagessen ist nicht, war nicht und wird nicht sein in diesen Tagen, da die Regierungskoalition auseinanderbricht und erbittert um das Datum des Beitritts zur Bundesrepublik gestritten wird.

»Kommen Sie«, sagt sie, »ich zeige Ihnen mal schnell den Kaiserblick.«

Im Vorzimmer hält der Büroleiter den Pressereferenten auf: »Sie verpflichten sich«, sagt er aufgeregt, »Frau Dr.

Bergmann-Pohl zurückzubringen. Sie muß noch mindestens zwanzig Briefe unterschreiben, unbedingt.« »Ich verpflichte mich zu gar nichts«, antwortet der Pressereferent mit fester Stimme. »Das habe ich einmal gemacht, da wäre ich beinahe eingesperrt worden.« Beide lachen sehr laut. Diese Männer haben andere Erfahrungen als ich.

Sabine Bergmann-Pohl stürmt mit weiten Schritten voran, ganz Chefärztin auf Visite, der Troß ihrer Männer, Berater und Sicherheitsbeamte, trottet hinterher. Wir laufen durch leere, verwinkelte Gänge, deren Boden mit giftgrünem Teppichboden ausgelegt ist. Ob es nicht ein seltsames Gefühl sei, in den Räumen der alten Machthaber zu herrschen? Die Präsidentin schüttelt unwillig den Kopf. Allein die Frage stört ihre praktische Gesinnung: »Es sind doch nur Räume. Die können nichts dafür.«

»Auf jeden Fall sind sie häßlich und geschmacklos ...«

»Aber zweckmäßig!« kontert die Präsidentin und nennt damit das Schlüsselwort zu ihrem Charakter: Sie tut und denkt, was zweckmäßig ist. Unerprobtes und Unerhörtes, daran glaubt sie nicht.

»Gibt es nicht so etwas wie einen *spiritus loci*«, wende ich ein, »in diesem Fall einen Ungeist, der über historischen Orten lastet?«

»Dann müßte man ganz Berlin abreißen. Nicht nur wegen der SED, sondern schon wegen der Nazis. Nein, die Menschen, die an einem Ort leben und arbeiten, bestimmen dessen Charakter.«

Hinter der großen Fensterfront glänzt Unter den Linden in der Nachmittagssonne. Der Blick, den die Kaiser liebten, geht aufs Brandenburger Tor, das fern in der Nachmittagssonne schimmert.

»Den Weg da unten ist der alte Fritz zur Jagd in den Tiergarten geritten«, sagt die Präsidentin mit einer Befriedigung, die ich mir nur als spontanen Stolz auf deutsche Traditionen deuten kann. Dann zeigt sie, nicht minder stolz, nach links auf die alte Fassade des Schlosses, die in den Neubau des Staatsratsgebäudes eingearbeitet wurde. Bei dem erhaltenen Balkon, so will es die offizielle Geschichtsschreibung, soll es sich um jenen handeln, von dem aus Karl Liebknecht am 9. November 1918 die Republik ausgerufen hat. Sabine Bergmann-Pohl schaut einen Augenblick still auf die Fassade, hinter der sich ihr Amtssitz als amtierendes Staatsoberhaupt verbirgt. Dann beißt sie in den Apfel und kaut nachdenklich.

»Eigentlich«, sagt sie, und es klingt, als würde sie laut denken, »ist der Parlamentspräsident der machtloseste Mann im Staat. Noch machtloser ist allenfalls das amtierende Staatsoberhaupt, und das bin ich auch noch.«

»Haben Sie das Gefühl, daß diese Ämter deshalb eine Frau bekommen hat?«

»Wahrscheinlich«, lacht Sabine Bergmann-Pohl, »doch da haben die sich...«

Ein eiliger Bote des Ministerpräsidenten unterbricht sie. Man verlangt dringend in der Fraktion nach ihr.

»Brauchen Sie mich noch?« fragt sie und ist bereits im Gehen.

»Was wird aus Ihnen nach dem Ende der DDR?« rufe ich ihr nach.

»Ich kandidiere für den Bundestag!« gibt sie über die Schulter zurück und verschwindet in den giftgrünen Gängen, gefolgt von ihrem Troß. Nicht einmal lautes Geschrei könnte Sabine Bergmann-Pohl und die Geschichte, die ihre Partei in diesen Tagen macht, jetzt noch aufhalten.

46

AUF GOEBBELS' SCHWARZER LISTE Die deutsche Hauptstadt wird sich von ihrer besten Seite zeigen, ein Jahr später, wenn Besucher aus aller Welt zur Olympiade nach Berlin strömen. Die Zeichen und Male, die der Terror des

nationalen Aufbruchs hinterlassen hat, werden zusammen mit den rassistischen »Juden-verboten«-Schildern verschwunden sein. Im Frühjahr 1935 aber kann niemand sagen, kein Einheimischer und kein Durchreisender, er wisse nichts von der alltäglichen Gewalt.

»In Berlin wurde ich«, schreibt Varian Fry, der damals Deutschland besuchte, »auf dem Kurfürstendamm Zeuge der ersten großen Judenverfolgungen, sah mit eigenen Augen, wie sich junge Nazischläger zusammenrotteten und jüdische Cafés demolierten, beobachtete mit Entsetzen, wie sie jüdische Kaffeehaus-Besucher von ihren Stühlen rissen, hysterisch schreiende Frauen die Straße hinuntertrieben, einen alten Mann zu Boden warfen und ihm ins Gesicht traten.«

»I was always a snob, and I will die as a snob.«

Die Erinnerung an dieses Erlebnis wird ihn fünf Jahre später, im Sommer 1940, veranlassen, von New York nach Marseille zu fahren, um sich persönlich an der Rettung der in Südfrankreich von den Nazis eingekesselten Flüchtlinge zu beteiligen.

Der alte Mann, mit dem ich ein halbes Jahrhundert später an einem heißen Augusttag über den Hollywood Boulevard spaziere, hat von Varian Fry nie gehört. Aber er erinnert sich an die Berliner Schrecken von 1935, denn auch in seinem Leben bedeuteten sie einen Wendepunkt.

»Es war fürchterlich, verheerend, ein unerhörter Schock. Da waren überall Wandschmierereien, Judensterne, zusammengehauene Fenster. Das hatte man in Wien absolut totgeschwiegen, wenn ich das vorher gewußt hätte, wäre ich gar nicht erst nach Berlin gefahren. Als mein Freund Otto Wallburg mir das zeigte ...«

»Der große Komiker, der in Auschwitz ermordet wurde?«

»Ja, ein zauberhafter Mann, der hatte damals schon Berufsverbot. Also, als ich mit dem durch die Nacht ging, überall die Hakenkreuze ...«

Unser Gesprächsthema paßt so gar nicht zur farbenfrohen Umgebung. Nirgends wohl könnte eine kalte Berliner

Nacht, könnten die Schrecken der deutschen Vergangenheit weiter entfernt sein als im grellen, glühendheißen Herzen von Hollywood, auf dem lauten, vollen *Walk of Fame*, der sternigen Route, die den Sterblichen erlaubt, die Stars vom Kinohimmel mit Füßen zu treten.

»Ach, wozu«, wehrte mein Begleiter ab, als ich ihn bat, mir seine Plaketten zu zeigen – er gehört zu den wenigen Künstlern, die zweimal ausgezeichnet wurden: für Verdienste um den Film (nahe 6366 Hollywood Boulevard) und für TV-Leistungen (nahe 1720 Vine Street):»Zum letztenmal bin ich dort vor vielen Jahren gewesen, als mein Enkel mit leuchtenden Augen aus der Schule kam und fragte: ›Is it true, that you have a star on Hollywood Boulevard?‹«

Jetzt steht der gepflegte alte Herr in dem ziemlich heruntergekommenen Viertel, schaut sich wehmütig um und sagt: »Das war mal eine richtige Glamourgegend. Auf den Bürgersteigen vor den Kinos lagen Teppiche.«

Doch sofort schiebt sich die europäische Vergangenheit wieder über die amerikanische Gegenwart, und die lange Fahrt zurück zu seinem Haus in Pacific Palisades, den gewundenen Boulevard der Dämmerung weiter und weiter hinunter in Richtung Meer, bleiben unsere Gedanken in Berlin.

»Ich war an dem Tag so froh, Österreicher zu sein. Sehen Sie, ich hab' eben nie etwas zu tun gehabt mit Politik. Man kann sich mit diesen Brüdern nicht einlassen, es ist eine fürchterliche Gesellschaft.«

Aber damals haben sich die Brüder mit ihm eingelassen. Goebbels hat seine Einladung nach Berlin betrieben, umwirbt ihn. Nichts in seinem bisherigen Leben hat den jungen Schauspieler Paul George Julius von Hernried, Ritter von Wasel-Waldingau, am 10. Januar 1908 als Sohn eines Wiener Bankiers im k. u. k.-österreichischen Triest geboren, auf diese Situation vorbereitet.

»Es ist unglaublich, wenn ich heute daran zurückdenke, ich war so sehr vom Theater absorbiert, daß ich die Außenwelt kaum wahrnahm. Mit Politik habe ich mich erst befaßt, als die Politik sich mit mir befaßte.«

Die Zukunft aktiv gestalten zu wollen haben die alten mitteleuropäischen Führungsschichten am Ende des 19. Jahrhunderts, als das Zeitalter der Massen und ihrer Parteien anbricht, längst aufgegeben. Die zutiefst passive und unpolitische Einstellung bezeugt die Lebensphilosophie von Paul von Hernrieds Vater um so nachhaltiger, als er, Geheimrat am Hofe Kaiser Franz Josephs, sich selbst keineswegs an sie halten kann. »Er kam eines Abends zu mir, als ich noch sehr jung war, gab mir einen Kuß, hat mir eine gute Nacht gewünscht und gesagt: ›Versprich mir drei Sachen. Erstens: Glaube nie etwas, bevor es nicht bewiesen ist. Zweitens: Arbeite nie für Geld, du hast genug. Und drittens: Meide die Politik. Das ist das schmutzigste Geschäft auf der Welt. Ich weiß, was ich rede, denn ich bin mittendrin.‹«

Als Paul von Hernried acht Jahre alt ist, sterben Vater und Kaiser. Nach dem Zusammenbruch der Habsburger Monarchie gerät die Familie, deren Vermögen von einem Onkel in den Nachkriegsjahren mehr schlecht als recht verwaltet wird, in finanzielle Bedrängnis. Unsicher, was er mit sich und seinem Leben anfangen soll, entschließt sich Hernried, der bei einigen Schulaufführungen brilliert hat, nach der Matura Schauspieler zu werden.

»Stell dir vor, du hast keinen Erfolg«, warnt ihn seine Mutter, »dann mußt du für den Rest deines Lebens zu einer Tür hereinkommen und sagen: ›Die Pferde sind gesattelt.‹« Der Onkel ist ohnehin strikt dagegen: »Schauspielerei und Syphilis«, meint er, »stehen auf derselben sozialen Stufe.«

Doch der junge Adlige sieht einfach zu gut aus, um aus seinen Gottesgaben kein Kapital zu schlagen. Die kluge Tante Martha weiß Rat: »Du bist groß, schaust blendend drein, hast einen beeindruckenden Namen. Du solltest Arzt werden, Frauenarzt. Dein Geschäft wird phänomenal sein, die Frauen werden auf dich fliegen.«

Paul von Hernried nimmt den Vorschlag an. »Aber nach

einem Jahr an der Wiener Universität ist leider das Geld ausgegangen.« Der Sproß der verarmten Familie muß sich Arbeit suchen. Als ein Freund ihm eine Stellung in seinem Verlag verspricht, besucht der abgebrochene Medizinstudent die »Graphische Lehr- und Versuchsanstalt«.

Nach zwei Jahren läuft die Karriere als Buchhersteller und Graphiker wie geplant und noch ein bißchen erfolgreicher. Auf eine Arbeit ist Hernried besonders stolz: auf den Entwurf für eine Luxusedition von »Im Westen nichts Neues«. Aus dieser Zeit datiert eine Freundschaft zwischen ihm und Erich Maria Remarque, die in beider Exil wiederaufleben wird.

Kaum ist der junge Verlagsexperte jedoch halbwegs etabliert, beginnt er am Abend Schauspielunterricht zu nehmen.

»Ich war Assistent des Betriebsleiters, da brauchte ich nicht viel zu tun. Im Verlag war ich gar nicht fleißig und ehrgeizig, das bin ich erst als Schauspieler geworden. Meine Arbeit war aus um sechs Uhr, danach ging ich zum *Neuen Wiener Konservatorium* und habe dort studiert, bis elf jeden Abend.«

Ein Jahr später darf er bereits an einer Aufführung des Abschlußjahrgangs teilnehmen. Nach der Vorstellung findet er in der Garderobe eine Karte:

»Ich erwarte Sie morgen um drei Uhr in meinem Büro.« Unterschrift: »Max Reinhardt«.

Auf Talentsuche hat ihn der unbestrittene König des deutschsprachigen Theaters entdeckt. Hernried spielt in Reinhardts Wiener Inszenierungen von Goethes »Faust« und Wedekinds »Erdgeist«. Nach einem solchen Engagement braucht ein Schauspieler sich um seine Zukunft nicht mehr zu sorgen. Innerhalb kurzer Zeit macht er sich einen Namen als jugendlich-aristokratischer Liebhaber.

Politisch ist es eine bewegte Zeit, die auch am Theater nicht spurlos vorbeigeht. Nach Hitlers Machtübernahme muß Max Reinhardt aus Deutschland fliehen. Danach konzentriert sich seine Aufmerksamkeit auf die Wiener Häuser und die von ihm begründeten »Salzburger Festspiele«. Ein Jahr später wird der österreichische Bundeskanzler Dollfuß von Austro-Faschisten ermordet. Das großdeutsche Reich erhebt immer unverhohlener Ansprüche auf das Nachbarland. Das Ende des ohnehin nicht mehr sehr demokratischen Österreich zieht herauf. Der junge Schauspieler merkt so gut wie nichts davon.

»Ich habe nie in meinem Leben gewählt, bis ich amerikanischer Bürger wurde. Und auch da habe ich nur gewählt, weil ich eine unerhörte Verehrung für Roosevelt empfunden habe.«

Der Theaterruhm trägt ihm Angebote von Filmproduzenten ein. Aber während er sein Bühnenspiel mit großem Ehrgeiz und viel Ernsthaftigkeit betreibt, hegt er für das Kino keine Hochachtung.

»Ich habe immer gesagt, wenn man ein neues Auto haben will, dann macht man einen Film; wenn man sich ein Landhaus kaufen will, macht man zwei oder drei Filme. Ich habe das Kino nicht sehr ernst genommen. Es war wichtig für *publicity*, in vielen Zeitungen ist der Name erschienen, aber es war keine große Liebe.«

Den ersten Film, einen Billigstreifen mit dem Titel »Baroud-Spahi«, dreht er an der Côte d'Azur: »Ich war ein guter Reiter und ein guter Polospieler, das hat mir die Rolle eingetragen. Und ich konnte auch fließend die Sprache, weil ich als Kind eine französische Gouvernante hatte.«

Das Werk geht unbemerkt unter. Konsequenzen zeitigt erst 1935 sein Auftritt in Erich Engels »Hohe Schule« mit Rudolf Forster in der Hauptrolle des Kavallerieoffiziers und Lipizzaner-Trainers. Der Erfolg des Films macht die Herren der Berliner Ufa auf den siebenundzwanzigjährigen Nachwuchsschauspieler aufmerksam.

Seit dem Exodus der Elite des deutschen Films ist Goebbels ständig auf der Suche nach neuen Talenten. Paul von Hernried, der großgewachsene »arische« Österreicher, würde gut ins neue Unterhaltungs-Weltbild passen. Man offeriert ihm einen Star-Vertrag, akzeptiert sogar seine Forderung, zwei Drittel der Gage nicht in Reichsmark, sondern in knappen Devisen zu zahlen.

Der Schauspieler und seine spätere Frau Lisl, eine bekannte Modeschöpferin und Kostümbildnerin, die gerade am Kurfürstendamm einen neuen Laden eröffnet hat, fahren zur Vertragsunterzeichnung mit dem Wagen nach Berlin.

Deutschland scheint im nationalen Rausch, Fahnen und Uniformen bestimmen überall das Straßenbild.

In Berlin angekommen, wird der hoffnungsfrohe Nachwuchsstar nach einer Tour über das Tempelhofer Ufa-Gelände zu einem Mittagessen in der Kantine eingeladen. Beim Kaffee liest er seinen Vertrag und unterschreibt. Plötzlich wird ihm ein zweites Papier hingeschoben: der Antrag zur Aufnahme in die NS-Schauspielergewerkschaft, verbunden mit der Verpflichtung, aktiv für die nationalsozialistische Idee zu streiten.

»Nein«, sagt Paul von Hernried, »das unterschreibe ich nicht.«

Im Hinterkopf hat er das Versprechen, das ihm sein Vater einst abverlangt hat: »Meide die Politik . . .« Aber der behütete Alltag des k. u. k.-Kaiserreichs, in dem eine unpolitische und doch moralische Existenz halbwegs möglich war, ist schon lange nicht mehr von dieser Welt. Hernried hat sich zu entscheiden – zwischen Karriere und Gewissen.

»Sie müssen das unterzeichnen«, sagt der Mann von der Ufa namens Kurt von Ried.

»Ja, wenn's ein Muß ist«, pokert Hernried, »dann zerreißen wir eben den Vertrag.«

»Einen Moment!« Ried steht auf und verläßt die Kantine.

Am Tisch vis-à-vis sitzt Paul Wegener, ebenfalls Ex-Reinhardt-Schauspieler und seit dem Stummfilm »Der Student von Prag« einer der Großen des deutschen Kinos.

»Ich habe jedes Wort verstanden«, sagt der Sechzigjährige, der schon in einigen NS-Propagandafilmen mitgespielt hat. »Sie sind ja wahnsinnig, warum wollen Sie unbedingt einen Vertrag mit den Nazis machen?«

Wegener spricht laut, sehr laut. In der Kantine herrscht schlagartig eisiges Schweigen. Wegener steht auf. »Bleiben Sie in Wien! Das ist eine schöne Stadt. Oder gehen Sie anderswohin, bloß kommen Sie nicht hierher!« Kein Laut rührt sich, während der Schauspieler die Kantine verläßt. Kurz darauf kehrt Kurt von Ried zurück.

»Ich hab's versucht«, sagt er, »ich habe den Herrn Goebbels angerufen, aber diese Sache muß unbedingt unterschrieben werden . . .«

Hernried bleibt nur eine Alternative: mitkriechen oder aufrecht davongehen. Er faßt seinen Entschluß spontan und ohne ihn je zu bereuen.

»Ich bin Schauspieler«, sagt er, »ich will mit Politik nichts zu tun haben.«

»Dann tut es mir leid«, sagt Herr von Ried.

Daß ihm seine Entscheidung nicht leid zu tun braucht, erkennt Paul von Hernried schon am selben Abend, als ihn Otto Wallburg durch Berlin führt.

Zum ersten-, aber nicht zum letztenmal in seinem Leben gerät der Schauspieler nun auf eine schwarze Liste. Doch nicht nur die Ufa-Karriere ist ihm damit verbaut. Goebbels' Arm reicht bereits über Deutschland hinaus. Aus dem Vorspann eines gerade in Wien abgedrehten Films wird Hernrieds Name entfernt, neue Rollen werden ihm nicht mehr angetragen. Auch Exil-Produzenten und -Regisseure, die nach ihrer Flucht von Wien, Prag oder Budapest aus arbeiten, schrecken davor zurück, den in Ungnade gefallenen Schauspieler zu beschäftigen, weil sich ihre Filme ohne den wichtigen deutschen Absatzmarkt nicht rechnen würden.

»Henry Koster hatte mir eine große Rolle angeboten. Dann hat er sich gemeldet und gesagt: ›Es geht nicht mehr. Wenn du in dem Film spielst, darf er in Deutschland nicht verliehen werden, und damit wären wir erledigt.‹«

273

Aufgrund des von den Nazis durchgesetzten Boykotts nur noch auf Wiener Theaterbühnen beschäftigt, nimmt Paul von Hernried schließlich 1936 ein Angebot nach England an. »Ich habe in Wien fünfzig oder sechzig Schillinge bekommen, in England haben sie mir hundert Pfund angeboten. Da bin ich natürlich nach London gegangen. Englisch konnte ich allerdings kein Wort. Ich war jung und arrogant und zweifelte nicht daran, daß ich es schaffen würde.«

Mit einem Sprachlehrer lernt er seine Rolle Silbe für Silbe auswendig: »Ich spielte den *leading man*, aber ich konnte mir kein gutes Essen bestellen.« Der alte Herr lacht: »Also, ein gutes Essen kann sich in London sowieso niemand bestellen. Aber wenn man's könnte, ich hätte es damals nicht gekonnt.«

Mit dem Abschied von Wien beginnt Paul von Hernrieds langer Weg aus Europa, an dessen Ende der Hollywoodstar Paul Henreid steht.

47

VICTOR LASZLO, TAKE ONE Ganz London spricht in den Wintermonaten des Olympia-Jahres 1936 von einem harmlosen kleinen Musical namens »Café Chantant«. Seine anspruchslose Handlung kreist um einen verarmten k. u. k.-Adligen, der sich an einer Amerikanerin reich heiratet. Die Hauptrolle spielt ein unbekannter, aber ungemein eleganter, attraktiver und – Haupttreffer für die Presseabteilung – obendrein adliger Österreicher.

Angetan von dem Erfolg, bittet die Direktion des *Ritz* den jungen Gastarbeiter, seine Erfolgslieder allabendlich in der hoteleigenen Nachtbar zu wiederholen. Nach Vorstellungsende verdient sich Paul von Hernried mit einem mitternächtlichen Auftritt vor exklusivem Publikum eine zweite fürstliche Gage hinzu.

Schnell wird die Show des singenden Schauspielers, dessen Erscheinung so sehr dem zeitgenössischen High-Society-Ideal eines formvollendeten und ein wenig verwöhnten jungen Herrn aus bestem Hause entspricht, ein gesellschaftliches Muß. Als besonders *fashionable* gilt sie, nachdem der Thronfolger, der im selben Jahr als Edward VIII. vor der Krönung abdanken wird, eines Abends das *Ritz* beehrt, freundlich mit dem Künstler parliert und den allgegenwärtigen Klatschreportern anvertraut, daß er und der fesche Sänger seit einem gemeinsamen Saufgelage an der Côte d'Azur gute Bekannte sind.

Wer nach Rang und Namen lechzt, stattet der *Ritz*-Show daraufhin einen Besuch ab. Eines Nachts erscheinen auch der Botschafter des Dritten Reiches und seine Gattin.

Der NS-Gesandte, ein gewesener Handelsreisender in Sachen Sekt, ist eine schillernde Figur, deren schlechter Einfluß auf die verhängnisvolle britische Beschwichtigungspolitik gegenüber Hitler nicht unterschätzt werden darf. Höhnt Goebbels auch von dem Mann, er habe seinen Namen gekauft, sein Geld geheiratet und sich sein Amt erschlichen, so hat der damals dreiundvierzigjährige Diplomat, der, nach erfolgreicher Adels-Adoption, auf den Namen Joachim von Ribbentrop hört, seine große Karriere erst noch vor sich: In zwei Jahren wird er für seine Verdienste um die deutsche Kriegstreiberei zum Außenminister ernannt werden, und in zehn Jahren werden ihn die Alliierten aus dem nämlichen guten Grunde als Kriegsverbrecher hinrichten.

Ribbentrop ist angetan von der Vorstellung seines vermeintlichen Landsmannes. Noch mehr angetan ist Frau von Ribbentrop, geborene Henkell. Der Nazi-Diplomat schickt den Kellner: Ob der Sängerling wohl mit seiner Gattin einen Walzer tanzen würde?

»Tell Mr. Ribbentrop to fuck off!« ist das erste, was dem achtundzwanzigjährigen Schauspieler zu dem Ansinnen einfällt. Dann aber entschließt er sich, die Gelegenheit zur Konfrontation mit dem beleidigenden Nazi auszukosten.

Von Kopf bis Fuß Gentleman, schreitet er durch den Nachtclub, alle Blicke ruhen auf dem Star des Abends. Vor dem Tisch des hohen Gastes deutet Paul von Hernried eine kurze Verbeugung an.

»Mich können Sie nicht herumkommandieren, ich bin kein Deutscher, ich bin Österreicher, und ich lasse mich nicht bestellen wie einen Eintänzer«, sagt er mit scharfer Stimme. »Im übrigen habe ich in Wien die Manieren gelernt, die Sie in Berlin nicht gelernt haben.« Ribbentrop schaut verblüfft. Hernried verbeugt sich erneut, diesmal tiefer und in Richtung der blonden Dame mit dem Pferdegesicht und den großen Zähnen. »Verzeihen Sie, gnädige Frau, Sie sind sicher sehr charmant, und ich würde gerne mit Ihnen tanzen, aber unter diesen Umständen ist es mir unmöglich.« Eine weitere Verbeugung. Hernried wendet sich wieder dem Gatten der Dame zu: »Wenn Sie nicht noch etwas zu sagen haben, darf ich mich empfehlen...« Kein Wort kommt aus Ribbentrops halboffenem Mund. Der NS-Gesandte winkt nach der Rechnung und verläßt das *Ritz*.

»Der hat sich irrsinnig geniert«, erinnert sich der Schauspieler, noch ein halbes Jahrhundert nach dem Ereignis voller Genugtuung: »Viele meiner Freunde waren Juden, und ich haßte die Nazis für das, was sie ihnen antaten. Hinterher habe ich mich großartig gefühlt, das war einer der Höhepunkte meines Lebens.«

Und dann setzt er sich, auch dabei ganz Gentleman, mit dem Recht des Alters über all die Konventionen hinweg, denen er sein Leben lang gehorcht hat: »Dieses feige Arschloch, im nächsten Augenblick war er schon verschwunden.«

48

»EVERYBODY COMES TO RICK'S«   Murray Burnett ist Ende Zwanzig, Absolvent der *Cornell University*, verheiratet und Lehrer an der *Central Commercial High School* in New

York. Notgedrungen. Denn sein Ziel ist das Theater: Er will Dramen schreiben. Auf seinen Erstling »An Apple for the Teacher« hat ein Broadway-Produzent immerhin eine Option erworben. Gespielt wurde das Werk jedoch nicht.

Ein J. Himmelhoch aus Litauen schreibt am 18. November 1937 an Paul Kohner in Los Angeles: Mein lieber Herr Kohner, wie Sie sehen, bin ich wieder in Montpellier, und zwar, wie ich Ihnen schon mitgeteilt habe, um mein Studium der löblichen Jurisprudenz zu beenden. Zwei Jahre fehlen mir noch ... Mein Heim ist eine uralte Villa, die mit allen Bequemlichkeiten der Neuzeit ausgestattet ist, und wenn ich morgens die Laden aufmache, lacht mir die Sonne des Südens ins Gesicht. Und die dunklen Zypressen im großen Garten schaukeln nachdenklich ihre schweren grünen Köpfe, als komme ihnen der Morgen dieses Studiosus ein wenig rätselhaft vor. Und ich muß sagen, daß ich ihre Meinung teile, auch mir scheint alles noch ein wenig rätselhaft, neu. Die Studenten in meinem Semester kommen mir alle so kindlich, so glückhaft bartlos vor, wie eine Herde von Unschuldslämmlein – und, obwohl ich doch noch gar nicht so alt bin, scheint es mir, als passe ich nicht mehr in die Umgebung der Sorglosigkeit hinein, die mich hier erwartet, und das alte schöne Lied klingt immer wieder in meinen Ohren: »Oh, du alte Burschenherrlichkeit, wohin bist du entschwunden.« Außer diesen Sentimentalitäten geht alles seinen normalen Gang ... Ich bin ein Europäer vom Scheitel bis zur Sohle, schrecklich sentimental und erfüllt von der grundlosen Einbildung auf Kultur und ähnliche Institutionen, die man in Amerika nicht kennt. Herrgott, noch einmal, wenn man aus seiner Haut fahren könnte und sich in die Lage eines waschechten Amerikaners hineinversetzen könnte. Geschmack finden an Baseball, Kaugummi, blöden Filmen, noch blöderen Filmen, das wär's. Manchmal wünsche ich es mir wirklich ... Doch auch so ist die Welt erträglich, und wenn ich auch die Zukunft in einem nebelhaften Schleier vor mir sehe, so ist doch wenigstens die Gegenwart schön. Jetzt aber habe ich Ihnen genug erzählt, alles durcheinander und ohne System, eigentlich ganz und gar entge-

gengesetzt meinen juridischen Prinzipien. Ich hoffe, recht bald von Ihnen zu hören, und bitte Sie, Ihrer Frau Gemahlin meine herzlichsten Grüße zu übergeben. Mit herzlichem Gruß, Ihr J. Himmelhoch

Paul Kohner in einem Antwortbrief vom 18. März 1938: My dear Himmelhoch, . . . excuse me if I'm brief, but I'm just swamped with work. I've decided to go into business for myself and while I may deal in production every once in a while, my main efforts will be directed towards the establishment of an agency, in which I will concentrate on the representation of a very limited number of important people. At the present moment, conditions in the industry are very bad, very very bad . . . My heart longs to be in your place, and I read your description of the lovely quiet country, where you are fortunate enough to spend your time. Such is life. It again proves to you that we all want what we can't have . . . With kindest thought, I'm as ever sincerely yours Paul Kohner

Als Murray Burnett im Sommer 1938 mit seiner Frau eine Europareise antritt, hält er schon eine Weile nach dem geeigneten Stoff für sein nächstes Stück Ausschau. Geplant hat das junge Paar einen unbeschwerten Urlaub in Südfrankreich.

Doch 1938 ist ein Jahr der Angst. Im März sind deutsche Truppen in Österreich einmarschiert. Nun bereiten die Nazis den Überfall auf die Tschechoslowakei vor. Den gesamten Sommer über scheint ein europäischer Krieg unvermeidlich, bis die Kapitulation Chamberlains Ende September in München durch die Opferung der Tschechoslowakei den Frieden noch einmal rettet – und den Krieg doch nur um ein paar Monate hinauszögert. Ihren vollständigen Sieg in diesem Jahr der Angst werden die Nazis am 9. November in der »Reichskristallnacht« auskosten.

Mrs. Burnett hat Verwandte in Antwerpen und Wien, um die sie sich sorgt, weshalb die ursprünglich geplante Route

erweitert wird. In der Hauptstadt des annektierten Österreich erlebt das amerikanische Paar die Naziherrschaft, den
lautstark triumphierenden Terror der braunen Machthaber
und die Furcht ihrer Opfer, die Versuche der Anpassung,
der Erniedrigung, die Hilflosigkeit und Verzweiflung. Es
sind Tage, die der junge Amerikaner in seinem Leben nicht
vergessen wird.

Ebenso aber erschreckt ihn, nach den dramatischen Erlebnissen in Wien, die Sorglosigkeit in den anderen europäischen Ländern. Am Horizont marschiert der Zweite Weltkrieg herauf, doch die meisten ziehen es vor, ihren Blick
nicht auf den Horizont zu richten. Die Urlauber aus ganz
Europa, denen die Burnetts in Südfrankreich begegnen, ge-
nießen die Sonne, das gute Essen, die mediterranen Tage
und verschließen die Augen vor dem, was im Dritten Reich
und in den bereits eroberten Gebieten geschieht – und was
in nur einem Jahr auch ihr Schicksal sein wird.

Am 30. April 1938 beantwortet J. Himmelhoch Kohners Brief
vom März: Mein lieber Herr Kohner, es ist schon recht lange her,
seit ich Ihren freundlichen Brief von Hollywood erhalten habe,
und ich muß mich entschuldigen, daß ich ihn erst so spät beant-
worte, aber es ist weder der Krieg in Spanien noch die letzten und
wie gewöhnlich unerfreulichen Ereignisse in Mitteleuropa, die
mich daran gehindert haben, sondern ein Grund, der viel prosai-
scher ist, wenn weniger welterschütternd, nämlich meine Ex-
amina . . . Außer einem kleinen Ausflug an die spanische Grenze
bin ich seit einigen Monaten seßhaft geworden, ein Zustand, der
mir fremd, aber angenehm erscheint, nach all den Kilometern, die
ich im letzten Jahr auf den Autostraßen Europas verbracht
habe . . . Das idyllische Leben, um das Sie mich beneiden, ist viel
weniger idyllisch, als es sich auf dem Briefpapier ausnimmt,
besonders, wenn man die Blicke in die Nachbarländer schweifen
läßt, selbst die lustigste Maskerade nimmt sich höchst miserabel
aus, wenn man sie auf einem Schiff feiert, was seinem Untergang
zusteuert. Und das ist heute mit Europa der Fall. Selbst weniger

pessimistische Gemüter, als ich es bin, sprechen heute vom künftigen Krieg, als wäre es ein fait accomplit, und ein künftiger Krieg bedeutet bald. Merci, ich danke höflichst und ziehe doch den lieben Kontinent von drüben vor, und das mit allen seinen Krisen, seinen Arbeitslosen, seinem Kitsch und seinem Lärm. Denn wie sagte doch einmal ein confrère: »*Ich bin lieber ein lebendiger Hund als ein toter Löwe.*« *Ich will damit nicht sagen, daß ich das Leben in USA zu einem Hundeleben stempele, aber unter normalen Umständen hätte ich trotzdem Europa viel, viel lieber. Jedoch heute, ja heute ist es halt anders, und da muß man an die Zukunft denken, und Amerika ist die Zukunft . . .*
Mit den herzlichsten Grüßen für Ihre Frau Gemahlin und in der Hoffnung, recht bald von Ihnen zu hören, bin ich J. Himmelhoch

Seit den Tagen in Wien weiß Murray Burnett, daß er den Stoff für sein nächstes Theaterstück gefunden hat. Aber er ist ratlos, wie er die historischen Ereignisse zu einer dramatischen Handlung verdichten soll – bis er eines Abends in eine kleine südfranzösische Nachtbar gerät, angelockt von der Show eines schwarzen amerikanischen Musikers.

In dem Lokal trifft sich ein Mikrokosmos der internationalen Gesellschaft, die sich im südfranzösischen Sommer zum vorletztenmal amüsiert, während die Machthaber Europas auf den Weltkrieg zusteuern. Hier sitzen die Täter und die Opfer von morgen noch an einem Tisch.

»Die Bar gäbe den perfekten Handlungsort für ein Theaterstück ab«, sagt Murray Burnett zu seiner Frau.

Wiederum an Paul Kohner schreibt J. Himmelhoch am 14. November 1938 aus Montpellier: Mein lieber Mr. Kohner, nach langer Zeit melde ich mich wieder zur Stelle . . . Hier ist es still. In den dunklen Parks wandeln würdige Abbés und lesen in abgenutzten Bibeln. Auf dem großen Platz am Theater promenieren junge hutlose Studenten und geschminkte Mädchen. Kleine schäbige Esel ziehen gemächlich hohe zweirädrige Karren, in den schmalen Gassen stehen dicke schwarze Matronen und schreien einander den letzten Klatsch zu, während graue, magere Katzen nach allen Seiten in dunklen Kellerlöchern verschwinden. Süden von Frankreich – kaum zweihundert Kilometer vom Bürgerkrieg und Granatendonner, und doch so unverschämt unbekümmert, als gäbe es wirklich nichts anderes als Abbés, Esel, dicke Weiber, Studenten und Katzen und ihren ewigen Schlendrian. Das ist die Atmosphäre, in der ich mich augenblicklich bewege. Und glauben Sie mir, manchmal überkommt mich ein gewisses Heimweh, eine Sehnsucht nach sauberen, glatten Straßen, nach lackierten Autos, nach glitzernden Wolkenkratzern, nach Sauberkeit und Helle, nach weiten Flächen, kurz nach drüben. Ob ich einmal wieder herüberkomme? Wer weiß. Vielleicht wird es doch noch eines Tages wahr, wie Sie gesagt haben, wir sehen uns noch wieder. Jedenfalls jetzt heißt es möglichst nicht an die Zukunft denken, die ja nicht allzu verlockend aussieht . . . Bitte übergeben Sie Ihrer Frau Gemahlin sowie Fräulein Tochter meine besten Grüße, auch Mister László, der wohl inzwischen zum Krösus geworden ist, und Alfred, der sich noch immer nicht gemeldet hat.

Mit den besten Wünschen, stets Ihr J. Himmelhoch

Zurück in New York, konzipiert Murray Burnett mit seiner Co-Autorin Joan Allison ein Anti-Nazi-Stück, dessen Handlung um den nationalsozialistischen *German-American Bund* kreist. Die kleine Bar in Südfrankreich fügt sich nicht recht ein. Als die beiden Autoren eine erste Fassung von »A Million to One« fertig haben, zeigen sie das Manuskript Otto Preminger, einst in Wien Max Reinhardts rechte Hand und nun ebenfalls im US-Exil.

Preminger erwirbt eine Option. Zunehmender politischer Druck am Vorabend von Pearl Harbor, als weite Kreise Washingtons noch die Neutralität der USA im Weltkrieg durchsetzen wollen, verhindern dann aber die Realisierung der Preminger-Produktion.

Inzwischen dringen die Nachrichten vom europäischen Flüchtlingselend über den Atlantik. In New York treffen die

Schiffe aus Lissabon ein, an Bord viele prominente *refugees*, die Schreckensberichte von ihrem Aufenthalt in den französischen Internierungslagern geben, von ihren verzweifelten Versuchen, in Marseille Visen und Schiffspassagen zu erhalten, von der Flucht nach Lissabon, zu Fuß über die Pyrenäen oder mit einem der letzten Schiffe aus Marseille nach Casablanca.

Im Sommer 1940 beschließen Burnett und seine Partnerin, ein neues Stück zu schreiben – über die europäischen Flüchtlinge. Handlungsort soll eine Bar sein, wie sie Murray Burnett in Südfrankreich entdeckt hatte. Doch das Land ist längst von den Deutschen besetzt. Ihre Marionettenregierung in Vichy kontrolliert auch den unbesetzten Süden. Um die Spannung zu erhalten, die aus der ungeklärten Situation, dem Machtvakuum resultiert, verlegen die beiden Autoren die Handlung ein Stück weit aus dem unmittelbaren Machtbereich der Nazis hinaus: nach Französisch-Marokko.

Murray Burnett verdient seinen Lebensunterhalt weiterhin als Lehrer. Seine Sommerferien dauern sechs Wochen, an ihrem Ende ist »Everybody Comes to Rick's« fertig: ein Drama vom Flüchtlingselend und vom Kampf gegen die Nazis, dessen Held ein amerikanischer Nachtclubbesitzer ist. Existentielle Bedrohung plus aktuelle Politik plus große Liebe und viel Musik: Das Autorengespann ist sich sicher, endlich den ersten Broadway-Hit gelandet zu haben. Doch wieder kommt eine Bühnenproduktion nicht zustande.

Nach Monaten ergebnislosen Verhandelns schlägt ihre Agentin den beiden glücklosen Dramatikern vor, das Theaterstück verschiedenen Filmgesellschaften in Hollywood anzubieten.

Murray Burnetts Europareise liegt mehr als drei Jahre zurück, als am 7. Dezember 1941 japanische Flugzeuge ohne jede Vorwarnung Pearl Harbor angreifen. Plötzlich hat »Everybody Comes to Rick's« für das amerikanische Publikum eine ungeahnte Aktualität bekommen. Die Frage des Engagements gegen die faschistische Gewalt, vor die sich

Rick, der einsame *expatriate*, fern der Heimat gestellt sieht, muß sich nun die ganze Nation beantworten.

Am 8. Dezember, nur ein paar Stunden, nachdem die Arbeit bei *Warner Brothers* in Burbank unterbrochen worden war, um den Angestellten Gelegenheit zu geben, Franklin D. Roosevelts Rede an die Nation zu lauschen, stößt ein junger Dramaturg auf das Stück von Allison und Burnett und fertigt eine ebenso kurze wie begeisterte Synopsis an, die er an Hal B. Wallis schickt, den führenden Produzenten des Studios. Wallis läßt sich daraufhin das Stück über die Abenteuer des amerikanischen Nachtclubbesitzers in Französisch-Marokko kommen. Auch ihm gefällt, was er liest. Seine Nachricht an die Rechtsabteilung ist kurz: »I want it.«

Einen Monat später nehmen Joan Allison und Murray Burnett im New Yorker Hauptquartier der *Warner Brothers Pictures* in der Ninth Avenue einen Scheck über zwanzigtausend Dollar in Empfang. Im Gegenzug verzichten sie auf alle, auch wirklich alle Rechte. Außer dem Geld bleibt ihnen nur die Zusage, daß ihre Namen im Vorspann des Films genannt werden.

Wallis gibt unverzüglich ein Drehbuch in Auftrag, das unzählige Male überarbeitet, aber in seinen Grundzügen der Handlung von »Everybody Comes to Rick's« treu bleiben wird. Und er beginnt mit viel Sorgfalt die Besetzung zu planen. Gezielt engagiert er Emigranten: Peter Lorre für die Rolle des Mörders der Nazikuriere, Conrad Veidt als dämonischen Nazioffizier, Hans Heinrich von Twardowski als seinen Adjutanten. Szöke Szakall wird den professoralen Oberkellner von *Rick's Café Americain* spielen, Ludwig Stoessel einen norwegischen Flüchtling und Victor Laszlos Verbindungsmann zum lokalen Untergrund, Wolfgang Zilzer einen anonymen Widerstandskämpfer, der gleich zu Beginn des Films erschossen wird; seine Frau Lotte Palfi eine verzweifelte Dame, die ihre Diamanten verkaufen muß.

Auch für zwei der drei Hauptrollen wählt Wallis Europäer aus. Ingrid Bergman engagiert er nach einigem Hin und Her von ihrem »Besitzer« David O. Selznick für die Rolle der Frau zwischen zwei Männern, schwankend zwischen der Liebe zu dem Nachtclubbesitzer Rick Blaine, gespielt von Humphrey Bogart, und ihrer Ehe mit dem Führer des europäischen Widerstands Victor Laszlo.

Für ihn wünscht sich Wallis den Hauptdarsteller seiner gegenwärtigen Produktion »*Now Voyager*«: Paul Henreid, wie sich Paul von Hernried seit seiner Ankunft in Hollywood nennt.

Der Österreicher mit dem britischen Tonfall ist erst wenige Monate zuvor zusammen mit seiner Frau in die USA emigriert, weil er in Großbritannien von der Internierung bedroht war.

»Kurz vor dem Blitz rannte ganz London mit Gasmasken herum. Die Leute hatten Angst und begannen zu sticheln gegen die Ausländer, die Deutschen. All die verfolgten deutschen Juden, die sich nach England gerettet hatten, wurden in Lager gesteckt. Und durch den Anschluß waren ja auch wir Österreicher zu Deutschen geworden.«

Das kostbare US-Visum zu erhalten ist Henreid gelungen, obwohl die jährliche Quote für Österreicher und Deutsche längst erschöpft ist, weil er, in k. u. k.-Triest geboren, für die amerikanischen Einwanderungsbehörden unter die italienische Quote fällt. Die Henreids müssen ihren gesamten Besitz und ihre Ersparnisse in England zurücklassen und fahren in einem Konvoi, der von deutschen U-Booten gejagt wird, auf Um- und Schleichwegen in zwei Wochen und zwei Tagen nach New York.

Auf die Frage nach dem bewegendsten Erlebnis seines Lebens wird er später antworten: »Der Anblick der Freiheitsstatue.« Und noch heute erinnert er sich begeistert an das Gefühl der Befreiung und an die neue Lebensfreude in den ersten Tagen: »Ich hatte die letzten Monate in einer verdunkelten Stadt zugebracht. Der Eindruck von New York war überwältigend. Ein wunderbares Lichtermeer. Es gab die jüdischen Delikatessenläden, man konnte wieder gut essen. Und auf der Straße hat man alle möglichen Leute getroffen, die man aus Berlin, Wien oder London kannte.«

Schon kurz nach der Ankunft gelingt ihm der Erfolg am Broadway – in der Rolle eines Nazidiplomaten:»Im Stück war vorgesehen, daß der sich wie ein Teutone aufführen sollte, nach der Art von Preminger. Aber ich hab' denen gesagt: Die sind doch nicht ganz blöd, die Deutschen. Ins Ausland schicken sie Leute wie Ribbentrop, die sich halbwegs benehmen können. Und so wurde die Rolle geändert.«

Gleichzeitig läuft sein letzter britischer Film »Night Train« in den Kinos an und wird von den New Yorker Kritikern zum besten ausländischen

Continental Lover: Paul Henreid und seine Frau Lisl in ihrem ersten Haus in Hollywood (frühe vierziger Jahre)

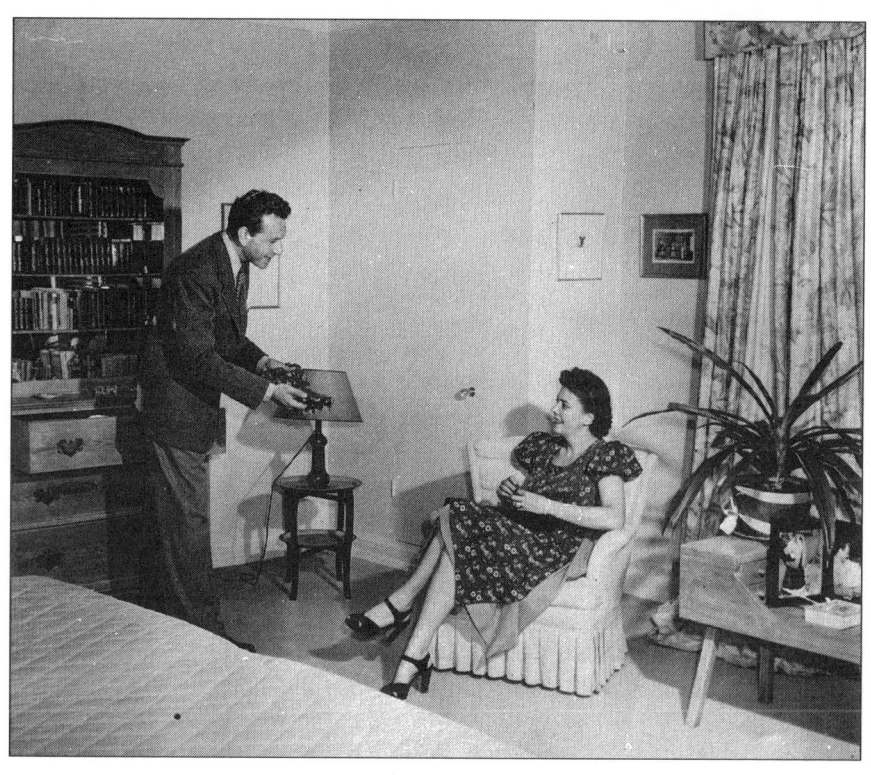

Werk des Jahres gewählt. Die Angebote aus Hollywood lassen nicht lange auf sich warten.

»Ich habe einen Wagen gekauft, und dann sind Lisl und ich quer über den Kontinent nach Kalifornien gefahren. Das war ein unglaubliches Erlebnis. Das Land ist ja das ganze Gegenteil von Europa. Dort ist alles eng, der Blick ist begrenzt, die Landschaft ist charmant und lieblich, überschaubar. Hier geht es endlos, die Straßen, die Wälder, die Wüste. Ein weites Land und in seiner Weite unheimlich schön.«

Henreid macht eine Geste, als wolle er seine Begeisterung beiseite winken: »Amerika hat nur diesen entsetzlichen Nachteil, daß Sie zwischen New York und Los Angeles nichts essen können. Nicht einmal ein paar Eier, die schwimmen im Fett und sind unten angebrannt. Heute ist es wohl ein bißchen besser, aber damals war es furchtbar, ein Saufressen.«

Seine erste amerikanische Rolle spielt er an der Seite von Michelle Morgan in der RKO-Produktion »Joan of Paris«. Von der Gage kauft er sich ein Haus in Brentwood, das ihm der Vorbesitzer Henry Fonda günstig überläßt. Schnell nehmen die Henreids ihren gewohnten Lebensstil wieder auf, inklusive einer schwarzen Köchin und einer österreichischen Haushälterin, Lisls ehemaligem Kindermädchen, das sie ins Exil begleitet hat.

»Fotos aus dieser Zeit«, heißt es in einem Henreid-Porträt der Los Angeles Times, »zeigen einen unglaublich jungenhaft aussehenden Henreid. Sein Gesichtsausdruck gleicht dem eines verwöhnten blonden Knaben aus bester Familie, der dieses Jahr aber auch alles zu Weihnachten bekommen hat, was er sich wünschte.«

Nicht dazu zählt allerdings Hal B. Wallis' Angebot, in »Everybody Comes to Rick's« die Rolle des Victor Laszlo zu übernehmen. Henreid will nicht der dritte Mann im Duo Bogart/Bergman sein. Erst mit einem Sieben-Jahres-Vertrag bei Warner Brothers kann der Produzent den widerspenstigen Schauspieler für die Rolle gewinnen.

49

VICTOR LASZLO, TAKE TWO Ein exklusiver Nachtclub in
Marokko, eine halbdunkle, schwarzweiße Welt aus ge-
dämpftem Licht und vielfältigen verwirrenden Schatten, die
von Jalousien und Gläsern, von Pflanzen und Menschen an
die hellen Wände geworfen werden. Der Eigentümer des
Clubs ist ein Amerikaner aus Paris, der nach der **Victor Laszlo wider**
Okkupation der französischen Hauptstadt durch **Willen: Paul Henreid bei**
die Nazis hier gestrandet ist; der Oberkellner ist **den Dreharbeiten zu**
Ungar, der Barkeeper Russe. Auch die illustre Gä- **»Casablanca« (1942)**

steschar stammt aus allen Ländern Europas, aus Bulgarien und Österreich, aus der Tschechoslowakei und Norwegen, aus Rußland und Italien, aus Deutschland. Eingekesselt von den Nazis, deren Kommando die französische Verwaltung gehorcht, wartet die internationale Emigranten-Gemeinschaft – und wartet und trinkt und wartet – auf eine Gelegenheit, nach Lissabon und von dort nach Amerika zu entkommen. Schwarzmarktgeschäfte werden unter den Augen der korrupten Polizei getätigt, im Hinterzimmer der Bar wird ebenso illegal wie falsch gespielt. Man tauscht Gerüchte und Hoffnungen aus, kauft und verkauft Juwelen, echte und falsche Papiere.

Plötzlich öffnet sich die Tür von *Rick's Café Americain*; ein Mann und eine Frau erscheinen und verwandeln die Szene. Victor Laszlo, Kopf des europäischen Widerstands gegen Hitler und auf der Flucht nach Lissabon, macht in Casablanca Station. In seiner Begleitung befindet sich die zarte blonde Ilsa Lund.

Alle Blicke wenden sich dem Paar zu, das in einen Traum von Weiß gewandet ist, ein Bild, von dem Kinofans und Fernsehzuschauer noch in Jahrzehnten schwärmen werden: Ikonen moralischer Reinheit, Symbole idealistischer Unschuld und Hoffnung inmitten einer gewalttätigen Welt, die von alkoholisierten Zynikern, bestechlichen Beamten, verzweifelten Emigranten, geldgierigen Fluchthelfern und skrupellosen Nazis bevölkert wird.

Die spektakulären Ankömmlinge setzen sich, und kurz darauf tritt Captain Renault, der Polizeipräfekt von Casablanca, an ihren Tisch, gefolgt von Major Heinrich Strasser, einem abgesandten Todesengel des Dritten Reichs.

»Auf dieses Vergnügen habe ich mich lange gefreut«, begrüßt der kultiviert-dämonische Nazi den Flüchtling, auf dessen Fährte er reist.

»Sie werden es mir nicht verübeln, daß ich mich keineswegs freue, Sie zu treffen«, antwortet ihm Victor Laszlo. »Ich bin tschechischer Staatsbürger.«

»Sie waren Tscheche«, trumpft der hochdekorierte Menschenjäger auf.»Nun sind Sie Untertan des großdeutschen Reiches.«

»Ein Privileg, auf das ich keinen Wert lege«, kontert Laszlo mit glänzenden Manieren,»und hier befinde ich mich auf französischem Boden.«

50

FUNDAMENTAL THINGS APPLY Das Casablanca, von dem Hollywood erzählt, lag in Südfrankreich. Nichts, was Drehbuchautoren hätten erfinden können, das hier nicht vor fünfzig Jahren Wirklichkeit gewesen wäre. Bis ins Detail scheint die Handlung aus realen Versatzstücken zusammengesetzt.»Casablanca«, das Ende der Welt, an dem sich die Flucht vor Gestapo und SS staute, hieß Marseille.

Den ganzen Tag über strömten Soldaten und Flüchtlinge zur Gare St. Charles und wieder zurück, den Boulevard Dugommier und die Cannebière hinauf und hinunter, in die Cafés und Restaurants an der Cannebière und am Vieux Port hinein und wieder hinaus. Sie überfluteten die Straßen wie Fußballfans...
Die Stadt war ein von Naziverfolgten aller Nationen überfülltes Heerlager. Sie hausten in billigen Hotels, auf den Fluren obskurer Unterkünfte, versteckten sich in Bordellen und sonstigen Unterweltquartieren der Hafenstadt. Auch wir mußten die erste Nacht unter den Tischen eines Restaurants schlafen, bevor wir eine Unterkunft fanden. Die Zugehörigkeit zu einer Gemeinschaft, die nicht einmal mehr eine Randgruppe war, nur noch eine Gemeinschaft der Wurzellosen, von allen Seiten An- und Ausgespienen, deren kreatürliche und geistige Not die Umwelt nur belästigte, erzeugte eine Kraft der Wut, die stärker war als die Verzweiflung. Als letzter Dreck der Menschheit, als »Scum of the Earth«, nach dem Titel von Arthur Koestlers Buch, tauchte man in eine Unterwelt des kreatürlichen Existenzkampfes.

Mühelos hätte hier das Personal von »Casablanca« rekrutiert werden können, die großen und kleinen Schwarzmarkthändler, die Hoffnungslosen und die Krisengewinnler, die Verzweifelten und die Gewitzten, die Kleinkriminellen und die staatlich besoldeten Gewalttäter, die Verkäufer von siamesischen, chinesischen und panamaischen Einreisevisen. Und auch für die Hauptrollen gibt es genug Vorbilder. Für Rick Blaine den jungen Varian Fry, den »Menschenfischer von Marseille«, der mehr als tausend Emigranten vor dem KZ rettete, weil er die Brutalität der Nazis mit eigenen Augen gesehen und sich seitdem auf die Seite ihrer Opfer geschlagen hat. Gleich mehrere Polizeioffiziere kommen für die Rolle des Captain Renault in Betracht, des hohen französischen Beamten, der mit den Flüchtlingen und ihren Helfern sympathisiert, den Nazis aber gehorcht: der Chef der Ausländerbehörde ebenso wie Captain Dubois, der von der Gestapo Listen der Auszuliefernden erhält und Varian Fry bittet, die Opfer zu warnen, bevor er sich zu ihrer Verhaftung aufmacht. Daß der Captain 1941 wegen seiner »amerikanischen Sympathien« nach Französisch-Marokko strafversetzt wird, ist schon fast zuviel der Parallelen. Auch die Führer des Widerstands finden sich in Marseille. Spitzenpolitiker wie Rudolf Breitscheid, Erich Ollenhauer und Rudolf Hilferding sitzen in der Stadt fest, und die Nazis trachten ihnen nach dem Leben – wenngleich die historischen Gestalten entschieden weniger Charme und weniger Fortune haben als Victor Laszlo in »Casablanca«.

Eines Nachmittags besuchte ich das kleine Hotel, in dem die geflüchteten sozialdemokratischen Funktionäre untergebracht waren. Im Speisesaal war ein Tisch gedeckt, an dem die Familien Stampfer und Ollenhauer mitsamt den Kindern das Abendessen einnahmen. Auf dem Tisch stand eine dampfende Suppenterrine, und Frau Ollenhauer, die Gattin des Parteivorsitzenden, füllte die Teller mit einer mächtigen Kelle auf. Draußen liefen Spitzel durch die Stadt, kämmten Polizeikordons die Boulevards durch

*auf der Suche nach Leuten, die keine Papiere hatten, die geflohen
waren, vogelfrei, staatenlos. Ich mache mich hier nicht lustig
über den Geruch von Wohlanständigkeit und bürgerlicher Gebor-
genheit, der über der dampfenden Suppenterrine schwebte, über
das Kleinbürgeridyll inmitten einer sich auflösenden, nicht mehr
existierenden Gesellschaft, über die Unerbittlichkeit, mit der man
an etwas festhielt, das längst seinen Sinn verloren hatte und
denjenigen, die es bewahren wollten, zum Verhängnis wurde.*

Regelmäßig inszeniert die Polizei große Razzien, zynische
roundups der *usual suspects*, die in Nachtlokalen und Hotels
aber auch am hellichten Tage auf der Cannebière aufgegrif-
fen werden; über zwanzigtausend Ausländer setzen die
Machthabenden allein zu Ehren eines Besuchs von Marshall
Pétain in Gefängnissen, Lagerhallen und auf Schiffen fest.
An existentiellem Elend gleicht die Stimmung in Marseille,
wie sie die Zeitgenossen beschreiben, der in »Casablanca«
aufs Haar. Und in puncto Exklusivität können die realen
Opfer ebenfalls mit den fiktiven konkurrieren. In Marseille
findet, wie Walter Mehring schreibt, »ein Treffen der europäischen Geisteselite, Kunst, Wissenschaft, Literatur statt,
in solcher Fülle, wie es kein Kulturkongreß, kein internationales Pen-Zentrum je zuwege gebracht hat, sondern nur ein
Debakel des Abendlandes; unter Beihilfe einer rücksichtslos
durchgreifenden Sûreté Nationale«.
Nicht anders, als »Casablanca« es zeigt, sind auch die
Nazis allgegenwärtig, verkehren Flüchtlinge, Fluchthelfer
und ihre großdeutschen Jäger in denselben Cafés und wohnen in denselben Hotels.

*In Marseille wurde die Präsenz der Deutschen immer sichtba-
rer. Fast als wäre der Süden schon besetzt. In dem großen Hotel
am Ende der Cannebière saß die Waffenstillstandskommission. Es
fiel uns auf, wie viele Leute, die vorbeigingen, auf die Straße
spuckten. Wenn wir auf dem Weg zum vieux port dort vorbei
mußten, gingen wir untergehakt auf der anderen Straßenseite.*

Ein großes Auto mit deutschem Nummernschild hielt vor dem Hoteleingang. Der Chauffeur öffnete den Schlag, und heraus stiegen fünf deutsche Offiziere. Sie trugen lange graue Mäntel, vorne hochgebogene Schirmmützen, die an das Hinterteil von Enten erinnerten, schwarze Glacéhandschuhe und glänzende, schwarze Lederstiefel. An den Mützen konnten wir den vergoldeten Adler und das Hakenkreuz erkennen . . . In der Regel aber trafen wir auf unseren nächtlichen Gängen nichts Bedrohlicheres als die Ratten . . .

Jeder Tag in der staubigen heißen Küstenstadt zwischen den Kalkfelsen wird von falschen Hoffnungen bestimmt, und Tag für Tag kommt es zu verzweifelten und gleichzeitig filmreifen Fluchtversuchen. Nur sollen sie nicht aus Casablanca hinaus, sondern zuallererst dorthin führen.

Ein Sergeant vom Fort St. Charles hatte sich in seinem Bureau ein nettes Nebengeschäft eingerichtet: Für zweihundert Francs stellte er Bescheinigungen aus. Sie hießen »Certificat de Démobilisation et Route de Marche« . . . Für fünf Francs extra befestigte der Sergeant sogar ein Paßbild mit amtlichem Stempel auf dem Schein . . . Eine Reihe von Emigranten war bereits in Casablanca angekommen . . . Man muß sich vorstellen: Dr. Fritz Fraenkel mit seiner zierlichen Gestalt und der grauen Haarmähne und sein etwas schwerfälliger Freund Walter Benjamin mit dem durchgeistigten Gelehrtenkopf und dem forschenden Blick hinter dicken Brillengläsern – dieses Pärchen wird, als französische Matrosen verkleidet, durch Bestechung auf einen Frachter geschmuggelt. Weit sind sie nicht gekommen.

51

VICTOR LASZLO, TAKE THREE Ein älterer, altmodisch korrekt gekleideter Herr steht in der Tür von *Rick's Café Americain*, einem Fast-food-Restaurant in der Vine Street.

Halb amüsiert, halb verblüfft schaut er sich um. An den Tischen kauen zwei Dutzend Menschen in Jeans, T-Shirts und Turnschuhen. Niemand beachtet den schlanken alten Mann mit dem zerknitterten Gesicht. Keiner erkennt ihn, obwohl doch jeder hier ihn kennen müßte.

An den Wänden hängen Fotos von Humphrey Bogart, Ingrid Bergman und einem glatten jungen Paul Henreid, dem ewigen Dritten im Bunde. Die Einrichtung kopiert verkaufsfördernd das »Casablanca«-Ambiente, die legendäre Kulisse eines Films, der wie kein anderer Publikumsgenerationen in seinen Bann geschlagen hat.

Das Spiel um die Macht der Liebe und vom Widerstand gegen die Macht ist seit Jahrzehnten über das Kino hinaus ein Stück populärer Kultur, fester Bestandteil des kollektiven Unbewußten, wie es zum vierzigsten Geburtstag des Films in *Time Magazine* hieß. »As Time Goes Bye« dudelt derweil weltweit

Abschied von Casablanca: Claude Rains, Paul Henreid, Humphrey Bogart und Ingrid Bergman (1942)

293

in den Supermärkten, die Boutiquen und Kneipen namens »Casablanca« sind Legion, »Viktor Laszlo« nennt sich eine Pop-Sängerin, Poster von *Rick's Café* hängen allerorten, und es gibt – untrügliches Indiz für Klassizität – ein halbes Dutzend Parodien, von denen Woody Allens »Play It Again, Sam« nur die bekannteste ist.

All das massenkulturelle Tamtam kümmert Paul Henreid jedoch wenig. Der Europäer alter Schule hält es für keine besondere Ehre, Held gewesen zu sein in dem dauerhaftesten Melodram der Filmgeschichte, einer mythischen Saga von Heimatlosigkeit und Verfolgung, von Engagement und Kampf gegen den Naziterror.

Kopfschüttelnd betrachtet der Siebenundsiebzigjährige, letzter Überlebender der Hauptdarsteller, an diesem Vormittag im Jahre 42 nach »Casablanca« die nostalgische Abfütterungshalle: »So etwas habe ich noch nie betreten.«

In das Fast-food-Etablissement zu kommen hat sich der notorische Feinschmecker erst bereit erklärt, nachdem ich ihm als Entschädigung den anschließenden Besuch eines richtigen Restaurants versprochen habe. Neben einem lebensgroßen Bild von Bogart fotografiert zu werden weigert er sich rundweg: »Das war ein ganz krummer Hund.« Und auch nur ungern setzt er sich unter ein Foto von der legendären Abschiedsszene im Nebel des Flughafens – zur glatten Kult-Ikone der Original-Mann mit den Konturen eines Menschen, der zu leben verstanden hat.

Aber glücklich schaut er nicht aus. Sein Blick, mit dem er Rick Blaine und Captain Renault, Ilsa Lund und Victor Laszlo mustert, ist eher skeptisch. An »Casablanca« schätzte er schon den Entwurf des Drehbuchs nicht: »Das war kindisch.« Warum er schließlich nachgegeben hat und zum Mann wurde, der Victor Laszlo war?

Paul Henreids Tonfall klingt fast entschuldigend: »Wissen Sie, es war Krieg...«

»Was hatte der damit zu tun?«

»Nun, ich war dem Paß nach Deutscher, seit die Nazis sich

Österreich einverleibt hatten. Und wegen Pearl Harbor hatte man die Japaner schon interniert. Da haben alle befürchtet, daß auch wir...«

Henreids Agent rät deshalb dem emigrierten Schauspieler, den langjährigen Vertrag mit *Warner Brothers* zu unterzeichnen. »Wer weiß, was noch geschieht«, sagt er. »Vielleicht sperren sie auch noch die Deutschen ein. Aber wenn du ein Studio im Rücken hast, das mit dir Geld verdienen will...«

Für ein Endgehalt von sechstausendfünfhundert Dollar die Woche, eine damals gigantische Summe, ist Henreid dann zu allem bereit.

»Der Film ist nicht das Größte«, sagt er zu meiner Verblüffung, »aber ich bekam ein Heidengeld, dafür hab' ich es gemacht.«

Allerdings nicht, ohne sich vertraglich zusichern zu lassen, daß er und nicht Bogart mit Ingrid Bergman auf und davon fliegen wird. »Ein unerhört kluger Mensch hat mir mal gesagt: Wer am

As Time Goes By: Paul Henreid in einem Hollywooder Fast-food-Restaurant unter dem Foto der Schlußszene von »Casablanca« (1985)

295

Ende die Frau kriegt, der kriegt den Film; und wer sie nicht kriegt, der kriegt auch den Film nicht.«

Bis heute will Paul Henreid nicht verstehen, warum es mit »Casablanca« keineswegs so ausging – und warum trotzdem gerade Victor Laszlo die Rolle geworden ist, die ihn in den Hollywood-Olymp katapultierte und die von seinem Leben als Schauspieler übrigbleiben wird.

Den Auftritt des Widerstandskämpfers hat Paul Henreid in *Rick's Café Americain* so formvollendet gespielt, wie er schon 1936 die Konfrontation im Londoner *Ritz* absolvierte. Aber weder der Part des Opfers noch der des Widerstandskämpfers liegt ihm; nicht im Film und noch weniger in der Wirklichkeit. Er wollte nicht, er mußte ihn übernehmen. Nur so ist auch zu verstehen, daß der Mann, der seine Heimat Österreich wegen Goebbels & Co. verlassen mußte; dessen Frau, nach den Kriterien des Rassenwahns »Halbjüdin«, von der Gestapo verhaftet wurde und erst auf Intervention eines hochgestellten Freundes freikam; der durch die deutsche Kriegspolitik gezwungen war, auch aus Großbritannien, seinem ersten Exilland, unter großen Gefahren zu fliehen – daß dieser Mann, mit einer spöttischen Geste auf die Fastfood-Gesellschaft um uns herum, erklärt:

»Ach, wissen Sie, ich war nie Hitler-Flüchtling. Das einzige, was mir die Nazis antun konnten, war ein Haufen schlechtes Essen in England und Amerika.«

Zu hautnah ist ihm das »Casablanca«-Spiel von Exil und Widerstand bis heute. Paul Henreid ist das Beispiel eines zutiefst unpolitischen Menschen, den nur die Umstände zu politischem Handeln gezwungen haben. Darin ist er typisch sowohl für die meisten seiner Generation wie für das Gros der Emigranten, die Hitler nach Hollywood jagte. Nicht zuletzt von ihnen, den unpolitischen Heimatlosen, die überleben wollen, ohne sich selbst aufzugeben, handelt »Casablanca«.

Der melodramatische Plot ist eben keine exotische Erfindung der Traumfabrik. Die historische »Vorlage« lieferten vielmehr die Nazis, das Schicksal der Flüchtlinge in *Rick's Café Americain* mußten Zigtausende durchleiden. Sechzehn der zwanzig Hauptdarsteller stammten aus der Alten Welt und kannten aus eigener Erfahrung, was sie spielten. Auch die meisten Statisten waren Europäer, ebenso der Regisseur Michael Curtiz alias Kertész und der Komponist der Filmmusik Max Steiner.

Es scheint unglaublich, ist aber angesichts der Mißachtung, die den Hitler-Emigranten vom offiziellen Nachkriegsdeutschland zuteil wurde, kein Wunder, daß ein amerikanischer Film zum traditionsstiftenden Bindeglied zwischen der Generation der Emigranten und den Deutschen wurde, die nach dem Ende des Krieges aufwuchsen.

Nicht in der Schule, sondern aus »Casablanca« erfuhren die Nachgeborenen zum erstenmal von dem Schicksal der Hitler-Flüchtlinge. Und auch dies zumeist erst, als in den siebziger Jahren endlich eine deutschsprachige Synchronfassung des Films hergestellt wurde, die die Geschichte nicht klitterte.

Denn in der Adenauer-Republik erging es »Casablanca« zunächst nicht anders als denen, von denen der Film erzählt: Im feigen Zugeständnis an ein Publikum mit schlechtem Gewissen, das von seiner eigenen Vergangenheit nichts mehr wissen wollte, verfälschte man den politischen Hintergrund.

Alle Szenen, in denen deutsche Uniformen vorkamen, wurden herausgeschnitten. Statt von Nazis war von Spionage und obskuren Delta-Strahlen die Rede. Die Geschichte des Films wurde so umgeschrieben, wie man es mit der wirklichen gern getan hätte.

Doch für sie gab es zu viele Zeugen, die es besser wußten. Einer von ihnen ist Paul Henreid, dem die politischen Katastrophen dieses Jahrhunderts fast jede wichtige Station seines Lebenslaufs aufzwangen. Bis schließlich der Flüchtling mit dem aufrechten Gang zur ungeliebten Rolle seines Lebens wurde.

DER FLÜCHTLING MIT DEM AUFRECHTEN GANG »Ja, nur daß ich diesen Beitritt zur NS-Gewerkschaft nicht unterschrieben habe, was ja eigentlich selbstverständlich war, hat der Goebbels schon als einen Anti-Nazi-Akt angesehen.« Paul Henreid sagt es bescheiden. Für eine Heldentat hält er die Unterschriftsverweigerung wahrlich nicht.

Wir sitzen im Garten seines kalifornischen Anwesens auf einem Hügel oberhalb des Paul-Getty-Museums. Hinter dem Maschendrahtzaun, der weniger vor Menschen als vor Kojoten schützen soll, beginnt ein Naturschutzpark mit südlicher, herbstlich trockener Flora. Tief unten glitzert in der Ferne das Meer, rechts fällt steil ein *chapparal*-grüner Cañon ab, der schon zu den Santa-Monica-Bergen gehört.

Am äußersten Ende des Grundstücks, dort, wo der Blick atemberaubend endlos über die Küste und hinein in die dunstige Weite des Stillen Ozeans reicht, stehen zwei Fahnenmasten. An dem einen flattert im leichten warmen Wind die österreichische Flagge, ihr amerikanisches Gegenstück wird gerade geflickt.

Was er heute von den Dutzenden deutscher Filmsterne denkt, die damals dergleichen Dokumente widerspruchslos mit ihrem Namen zierten?

Der alte Mann zuckt mit den Achseln. Seine Miene sagt soviel wie: »Das alles interessiert mich längst nicht mehr.« Deutschland und seine Geschichte, die sich bei unserem Spaziergang auf dem Hollywood Boulevard in den Vordergrund drängten, sind wieder so fern, wie es dem Abstand von einem halben Jahrhundert und zehntausend Kilometern entspricht.

Den größeren Teil seines Lebens hat Paul Henreid derweil in Hollywood verbracht, und auch die im Nazireich ausgeschlagene Karriere hat er hier mehr als nachgeholt, seit er 1942 mit »Now Voyager« zum umschwärmten *Continental Lover* avancierte. Auf seinen subtilen, zurückhaltenden

Charme reagierte die zeitgenössische US-Damenwelt höchst unsubtil und mit der Aufgabe jedweder Zurückhaltung. »Ja, sind diese Weiber verrückt geworden«, denkt der distinguierte Ankömmling aus der Alten Welt, als er die Behandlung erfährt, die zwei, drei Jahre später Sinatra zuteil wird und zwei Jahrzehnte darauf den Beatles.

»Sie haben mir die Krawatten abgerissen«, erinnert sich Henreid mit mehr Schaudern als Freude, »sie haben mir die Jacken zerfetzt, die Hemden. Wahnsinn! Sie wollten alle mein Autogramm haben, diese Irren. Sie sind auf den Wagen geklettert, auf die Motorhaube, aufs Dach und haben gegen die Fenster getrommelt. Wie oft hab' ich eine Angst gehabt...«

»Sie sprechen so, als hätten Sie Ihren Ruhm nicht genossen...«

»Ach, ein Star zu sein war eine große Last. Eigentlich hatte man nur drei Vorteile: Man verdiente viel Geld, reiste immer erster Klasse und bekam in jedem Restaurant den besten Tisch.«

Dort allerdings blieb Paul Henreid, berühmt für eine ungewöhnlich liebevolle Art des paarweisen Zigarettenanzündens, nur selten unbelästigt. Seit er sie für Bette Davis in »Now Voyager« praktiziert hatte, sprangen ihm Mädchen noch der reifsten Altersklassen ungeniert auf den Schoß, schoben ihm zwei Zigaretten in den Mund und schrien: »Zünd sie mir an. O Gott, machs' mir an.«

Diese ihm entgegengebrachte stürmische Verehrung hat er selbst 1943 in einem Interview der *New York Times* mit einem bescheiden-analytischen Gestus zur Kriegsfolge erklärt: »Ich glaube, daß all das nur geschieht, weil so viele Frauen heute einsam sind. Ihre Männer und Liebsten kämpfen irgendwo in der Welt, und sie selbst sind emotional unbefriedigt. Sie mögen mich, weil ich auf der Leinwand den verständnisvollen Freund spiele.«

In einem anderen Interview wurde er auf seine eigenen Anpassungsschwierigkeiten angesprochen.

299

Frage:»Wie haben Sie sich verändert, seit Sie nach Hollywood gekommen sind?«

Antwort:»Ich habe Sinn für Humor entwickelt.«

Seine gute Freundin Bette Davis, die in den fünfziger und sechziger Jahren in mehreren Filmen auch unter seiner Regie spielte, sah es deutlicher.

»Paul gehört in Wirklichkeit in eine andere Welt«, meinte sie.»Hollywood hat ihn verwirrt. Lisl hat die Sachen im Griff gehabt, aber er war immer von dem Kommerzialismus verunsichert.«

In der Stadt der Stars pflegten die Henreids während der vierziger Jahre den engsten Umgang mit Außenseiter-Talenten, mit Bert Brecht und Hanns Eisler, mit Charles Laughton und Charles Chaplin.

»Alle, alle lebten sie damals hier. New York und Hollywood waren die beiden kulturellen Zentren der Welt«, sagt Henreid,»es war eine andere, eine schönere Zeit. Warten Sie, ich zeige Ihnen ein paar Fotos.«

Er steht auf und geht über den vorbildlich gepflegten Rasen, vorbei an dem großen Pool, zu dem geräumigen Bungalow, einem weißen Flachbau mit Sonnenzellen auf dem Dach.

Ein Album in der Hand, kommt er zurück. Er blättert darin und zeigt ein Pressefoto, auf dem zwei schlanke, jungenhafte Männer im nadelgestreiften Anzug beim Händeschütteln vor den Sternen und Streifen zu sehen sind. Es stammt vom 15. Dezember 1945.

Die Bildzeile lautet:»Pianist Vladimir Horowitz und Schauspieler Paul Henreid gratulieren sich gegenseitig zur Einbürgerung«.

An diesem Tag endet die Zeit seines Exils und der Heimatlosigkeit. Wie so viele, die Hitler vertrieb, hat sich Paul Henreid für Amerika entschieden. Der Mann, der Victor Laszlo war, wird nicht nach Europa zurückkehren, und er bleibt diesem Entschluß auch treu, als er zum zweitenmal in seinem Leben in die Fänge der Politik gerät.

AUF McCARTHYS SCHWARZER LISTE Die Sonne ist längst im Pazifik versunken, und es wird langsam kühler. An der Tür des Bungalows hängt eine Reproduktion des Hernried-Wappens. Das Innere des Hauses wirkt wie eine europäische Enklave, eingerichtet mit Antiquitäten und den Werken alter Meister. Irgendwo schlägt eine Kuckucksuhr, ein befremdlicher Laut an der Küste des Stillen Ozeans.

»Ich weiß bis heute nicht, warum ich damals auf die schwarze Liste kam«, sagt Henreid. Seine Stimme klingt verwundet, hinter der ruhigen Fassade ist für einen Augenblick Fassungslosigkeit zu spüren.

Nie schien ein solches Ende seiner Karriere un-

Der Luxus der frühen Jahre: Paul Henreid und sein 1941er Cadillac Convertible (1942)

wahrscheinlicher als 1948. Nach »Casablanca« war er vom *Continental Lover* zum *Guten Europäer* geworden. In »The Conspirators« hatte er den nach Lissabon verschlagenen Führer des holländischen Widerstands gespielt und in »Our Time« einen polnischen Grafen, der sich zum Untergrundkämpfer wandelt – Rollen, die, wie eine Kritikerin schrieb, »mehr aus seinem Akzent als aus seinem Talent Nutzen zogen«. Größeren Erfolg hatte er dann wieder als Pirat in »Spanish Main«, der zu seinen Lieblingsfilmen zählt.

»Ich fand den Eisler hochinteressant«, erzählt er, »ich wollte ihm helfen, und deshalb habe ich ihm den Auftrag verschafft, die Filmmusik zu komponieren. Ich habe auch den Curt Bois in den Film hineinbekommen.«

Die Hauptrolle in dem Schumann-Film »Song of Love« an der Seite von Katharine Hepburn wurde 1947 nach »Now Voyager« und »Casablanca« zum dritten großen Erfolg von Henreids amerikanischer Karriere. Doch zu seiner Überraschung blieb die danach zu erwartende Flut neuer Angebote aus. Von einem Tag auf den anderen wollte niemand mehr ihn engagieren.

Die Hexenjagd des Senators McCarthy und seiner Helfer, darunter ein gewisser Richard M. Nixon, hatte begonnen; ein erbitterter Kampf gegen alles, was links von rechts stand. Amerika, das Emigranten-Paradies der Freiheit, wandelte sich für ein paar Jahre. Viele Hitler-Flüchtlinge, die solche Anfänge schon einmal erlebt hatten, verließen die USA.

Warum er in die Fänge der manischen Kommunistenjäger geriet, kann Henreid nur mutmaßen. Vielleicht, weil er in den Kriegsjahren Umgang mit bekannten und ebenfalls verfolgten »Roten« wie Brecht, Eisler und Chaplin pflegte. Vielleicht auch wegen seiner Teilnahme an dem historischen Flug nach Washington, bei dem Hollywood-Größen wie John Huston, Danny Kaye, Gene Kelley, Humphrey Bogart und Lauren Bacall gegen die staatliche Gesinnungsschnüffelei protestierten. Die meisten von ihnen erhielten Berufsverbot. Andere entgingen dem *blacklisting* nur, indem sie sich eilig von Freunden und Kollegen distanzierten. Bogart, der die Zeichen der Zeit schnell erkannte, tat bereits auf dem Rückflug von Washington bei einer Zwischenlandung in Chicago Buße, indem er erklärte, er sei irregeführt worden.

»Das war ein Unsinn«, sagt Henreid, »der ihn viele Freunde gekostet hat.«

Lauren Bacall, Bogarts Frau, die diese Feigheit nicht aufbrachte, kam auf die schwarze Liste. Was nun in seinem Fall den Ausschlag gab, weiß Henreid bis heute nicht.

»Die schwarze Liste existierte ja angeblich gar nicht, alle haben ihre Existenz geleugnet«, erzählt er. »Also konnte man auch nie erfahren, ob und warum man drauf war. Heute aber ist bewiesen, daß es sie gab.«

Mich verblüfft die Gleichmütigkeit, mit der Henreid über das gewaltsame Ende seiner Karriere als Schauspieler spricht. Er spielt den detachierten Mann von Welt nicht, er ist vollkommen identisch mit diesem Gentleman-Ideal. Der ritterliche Lebemann, der Society-Gourmet, der Herr,

Gegenspieler: Claude Rains, Humphrey Bogart und Paul Henreid in einer Drehpause zu »Casablanca« (1942)

den die Frauen lieben, der galante Charmeur; das wären wohl, wenn es nach ihm gegangen wäre, die Rollen seines Lebens geworden. Doch die Zeiten sind nicht danach gewesen. Sie forderten anderes, und im Gegensatz zu vielen anderen, die sich angepaßt haben, hat Henreid alle moralischen Herausforderungen bestanden.

»Pauls hervorstechendste Eigenschaft ist seine Courage«, sagte Bette Davis. »Er hat immer weitergemacht, nur um seine Familie zu ernähren in einer Zeit, als niemand in dieser Stadt ihm einen Job geben wollte.«

»Wie haben Sie es schließlich geschafft, von der schwarzen Liste zu kommen?« frage ich ihn.

»Keine Ahnung. Ich weiß es genausowenig, wie ich weiß, warum ich draufkam. 1955 rief eines Tages mein Agent an und sagte mir, ich sei reingewaschen, und er habe ein Angebot für mich.«

Doch Henreid hat sieben Jahre unwiederbringlich verloren. Sein Ruhm ist verblaßt, er hat ihn in einer Reihe von B-Filmen und billigen Auslandsproduktionen verschlissen, einer neuen Publikumsgeneration sagt sein Name kaum noch etwas. Der Schauspieler wechselt das Fach und beginnt Regie zu führen. Über sechzig Filme dreht er allein für Alfred Hitchcocks TV-Krimi-Serie.

»Im Grunde genommen mochte ich Hitchcock nicht. Ich mochte nicht, wie er Regie führte, das war mir zu kalt und zu kalkuliert. Und Hitchcock mochte mich als Schauspieler nicht. Aber er liebte meine Regiearbeit. Unsere Freundschaft war ein Zweckbündnis.«

Vor der Kamera stand Henreid nur noch selten, seinen letzten größeren Auftritt absolvierte er 1977 als Kardinal in »Exorcist II«.

»Als Sie hier in Amerika nicht arbeiten konnten«, frage ich mit einem Sinn fürs Praktische, von dem ich inzwischen weiß, daß er Henreid fremd ist, »kamen Sie da nicht in Versuchung, einfach zurück nach Deutschland zu gehen?«

»Nein«, Henreid schüttelt entschieden den Kopf, »das war

nicht drin...« Er stockt. »Sehen Sie«, sagt er, »ich hatte ja schon gleich nach dem Krieg ein gutes Angebot, ich bin nach München, aber es hat mich furchtbar deprimiert...«

Wie soll er mir seine Haltung verständlich machen? Verstehe ich überhaupt, was Haltung ist? Gewiß erwarte ich jetzt einen typischen Laszlo-Satz, ein starkes Bekenntnis zum Thema Opfer und Untaten der Nazis... Paul Henreid schüttelt kaum merklich den Kopf. Er wählt den anderen Weg, den er sein Leben lang gegangen ist: nicht den politischen, sondern den persönlichen, nicht den der moralischen Anklage, sondern den der ganz privaten Integrität.

»Sehen Sie, ich habe einen gewissen Stolz...«

Wieder stockt er. Noch diese Behauptung scheint ihm zu starker Tobak. Ein ironisches Lächeln tritt auf seine Lippen. Paul Henreid richtet sich in dem Sessel auf und setzt erneut zum Sprechen an. Unvermittelt wechselt er vom Deutschen, das er dem Besucher zuliebe gesprochen hat, in das fast akzentfreie Englisch, das seit einem halben Jahrhundert seine Muttersprache ist.

»I was always a snob, and I will die as a snob.«

54

VIEUX PORT Je tiefer die Sonne sinkt, desto höher scheint der Himmel zu steigen. Gelbe und rote Blüten leuchten rund um die kleinen verwachsenen Bäume. Erste Weinstöcke klettern die steilen Hänge hinauf. Wieder und wieder laufen die Gleise ein Stück weit parallel zu gewundenen Alleen, deren weißgestrichene Baumstämme an Kindheitsausflüge erinnern.

Beige Backsteinhäuser, die meisten efeuumrankt, schmiegen sich an die Berge, umgeben von unordentlichen, kniehohen Mäuerchen. Richtige Steinwände schützen nur die Friedhöfe. Station auf Station schleicht sich die Sonne in unseren Rücken, um dann gänzlich unterzugehen.

Die Fahrt nähert sich, verkündet eine Lautsprecherdurchsage, Marseille-*St. Charles*. Linker Hand begrenzen jetzt kahle, weiße Felsen die Sicht, und zur Rechten taucht aus dem dunkelnden Dunst des Horizontes grau, blauer, dann ultramarin das Meer auf. Für einen Blick und einen zweiten, und schon verschluckt uns ein Tunnel, noch einer, der nächste. In den Streifen zwischen ihnen zeigt sich das Mittelmeer als Teil der petrochemischen Industrie.

Lange Minuten rollt, nachdem der letzte Tunnel uns ausgespuckt hat, der Zug an schmutzigen Wohnsilos vorbei. »L'art pour la vie« fordert eine Reklametafel. Nur ein paar Vorkriegshäuser haben in den Neubauvierteln der sechziger und siebziger Jahre überlebt, so verloren, als seien sie Kulissen eines nie gedrehten Jean-Gabin-Films.

Marseille im Sommer ist bis spät in die Nacht heiß und laut, und über den Bahnsteigen der *Gare St. Charles* liegt der Geruch, der noch den letzten Winkel dieser Stadt umwabert: Pisse. Zu jeder Tageszeit an jedem denkbaren Ort kann man hier Männer öffentlich urinieren sehen; am frühen Morgen auf dem Weg zur Arbeit neben den Bushaltestellen; zur Mittagszeit in Treppenaufgängen, während drei, vier Meter weiter Hausfrauen über ihren Einkaufstüten plauschen; nachmittags in der City hinter einem Auto und inmitten von eiligen Passanten; am frühen Abend vor schmusenden Liebespaaren im Park; nachts am Hafen direkt neben den hellerleuchteten Cafés, in denen die Nachtschwärmer ihren Schlummertrunk trinken.

Einhundertvier breite majestätische Stufen gehen vom Bahnhof, der von einer Anhöhe die Stadt überblickt, hinab zum Boulevard d'Athènes. Der wiederum fällt steil hinunter zur Cannebière. Marseille fängt die Ankommenden ein, zieht sie zu sich herab, bis der abschüssige Weg an den Kais des alten Hafens endet.

Vor genau einem halben Jahrhundert suchten hier, gejagt von den deutschen Invasionsarmeen, die Flüchtlinge Rettung, französische und britische Soldaten, Fremdenlegionäre, Emigranten aus allen Ländern, in denen Gestapo und SS folterten, verschleppten, mordeten.

Die Fluchtroute aus Frankreich, aus Europa hinaus führte durch Marseille, auch für all jene, die nicht per Schiff, sondern auf dem Landweg über Spanien den Nazikommandos entkommen wollten. In der Hafenstadt residierten alle wichtigen Konsulate. Hier konnten die notwendigen Ein- und Ausreisepapiere beantragt werden, hier wurden sie, wenn, ausgestellt.

Nach Ankunft der Züge stiegen so Tag für Tag lange Kolonnen von Flüchtlingen, beladen mit Koffern und Taschen, in der heißen Sonne die einhundertvier Stufen hinunter, vorbei an den erotischen Steinleibern einer liegenden Asiatin, Symbol der »Colonies d'Asie«, und einer ebenso verführerischen Afrikanerin, Symbol der »Colonies d'Afrique«. Am Fuß der Freitreppe erwartete sie ein gutes Dutzend Hotels, die billigen rund um den Platz, die besseren geradeaus am Boulevard d'Athènes.

Auf dessen linker Seite steht das Hotel *Normandie*, in dem die sozialdemokratischen Exilpolitiker wohnten. Schräg gegenüber auf der anderen Straßenseite befand sich das Hotel *Splendide*, von dem aus Varian Fry seine Fluchthilfe organisierte: ein fünfstöckiger repräsentativer Bau mit einem hohen, schrägen Parterre, das den Niveauunterschied auf dem stark abfallenden Boulevard ausgleicht. Vor dem Gebäude wachsen alte Platanen, die man im Sommer 1940 gerade gestutzt hatte und deren Blätter jetzt fast die oberste Etage berühren. An den Fenstern hängen krumm und schief noch dieselben Holzjalousien; den ehemaligen Hoteleingang mit seinen beiden majestätischen Säulen überdeckt ein stählerner Baldachin, gehalten von Stahltrossen. An ihm baumelt ein weißes Schild mit blauer Schrift: »Centre Régional de Documentation Pédagogique«. Wie ein toter Ast ragt hoch über dem Boulevard die Stange, von der einst die Hakenkreuzfahne wehte.

Ein ohrenbetäubender Lärm, der einen die eigenen Gedanken nicht mehr verstehen läßt, erfüllt die benzingeschwängerte Luft. Der Verkehr schiebt sich vom Bahnhof hinab und von der City herauf zum Boulevard de la Liberté, der ein Stück unter den Hotels abzweigt.

Mit jedem Schritt näher zur Cannebière nimmt das Getriebe zu. Es ist früher Abend, und überall wird noch geliefert und geladen, Arbeiter steuern Handkarren und Hausfrauen Kinderwagen durch das Fußgängergewimmel, ein farbiges Durcheinander, in dem sich zwischen den Europäern Marokkaner in Jellabahs drängen, Schwarzafrikanerinnen in weißen Tuniken, verschleierte Araberinnen, afghanische Männer in schenkelhohen Stiefeln, Vietnamesen, Kambodschaner und Chinesen. In der Ferne heulen Sirenen, unablässig gellen Hupen durch die zu enge Straßenschlucht. Kaum jemand hetzt, kaum einer auch scheint müßig, ruhig, gelassen.

Auf halbem Weg hinunter zum alten Hafen lag an der Cannebière das Hotel, in dem die Werfels 1940 abstiegen und von wo aus sie zusammen mit Heinrich und Golo Mann und unterstützt von Varian Fry aufbrachen, die Pyrenäen zu Fuß zu überqueren.

An der verdreckten Fassade über dem Eingang ist die in den Marmor gemeißelte Schrift »Grand Hôtel Louvre et de la Paix« zu lesen. Die schmiedeeisernen Balkone aber sind leer, die hohen Fenster scheinen blind: Das Kaufhaus »C & A« ist vollklimatisiert und benötigt weder Luft noch natürliches Licht.

Am Abend seiner Ankunft besuchte Varian Fry die Werfels in ihrem Hotel, nach Sonnenuntergang spazierten sie gemeinsam die Cannebière hinunter zum Vieux Port und aßen im *Basso*, dem besten Lokal der Stadt, von dem aus man einen hervorragenden Blick auf den alten Hafen hatte. Bei viel Champagner und hervorragendem Essen schmiedeten sie Pläne, wie Franz Werfel und seine Frau Alma Mahler den Nazis entkommen könnten.

Fast auf den Tag genau fünfzig Jahre später spielt im

Innenraum der *Bar Suffren*, die dem *Basso* am gleichen Ort nachfolgte, ein älterer Mann lust- und lieblos auf einer Hammondorgel. Die meisten Gäste ziehen es vor, ihren Aperitif draußen auf der Terrasse einzunehmen.

Wo die Flüchtlinge 1940 von dem rettenden Dampfer träumten, sitzen wir 1990 auf Rattanstühlen mit blauen Polstern und schauen auf eine Flotte von Freizeitschiffen, die ausreichen würde, ein paar Dutzend Pirateninseln zu erobern. Kaum noch ein Stück Wasser ist zu sehen, so dicht bedecken die Yachten und Segler das viereckige Hafenbekken. Oberleitungen zerschneiden den Blick auf den sonnenroten Himmel. Ein paar Meter vom *Suffren* entfernt halten die Trolley-Busse und bringen Hunderte von Hungrigen zu den Restaurants, die den Hafen säumen. »Croire à la victoire ou choisir la défaite?« Das Plakat an der Haltestelle ruft zum Kampf gegen den Drogentod auf. In der heraufziehenden Kühle des mediterranen Sommerabends fällt es schwer, sich vorzustellen, wie an diesen Bistrotischen unsere Großväter und Väter in den Totenkopfuniformen saßen und sich herrlich amüsierten. Naziuniformen am alten Hafen, das scheint so fehl am Platze wie Bouillabaisse im Gasthof zum Alpenglühen.

Viel leichter gelingt es der Phantasie, sich die Flüchtlinge zu vergegenwärtigen, die das Damoklesschwert von Verschleppung und KZ zu den film-abenteuerlichsten Ideen trieb. So überlegte der herzkranke Franz Werfel allen Ernstes, ob er sich nicht, kostümiert als entlassener Militärangehöriger, auf einem französischen Marinefrachter nach Casablanca einschiffen sollte. Doch Varian Fry riet ab: Werfel »war zu dick und zu schlaff, um sich als Soldat ausgeben zu können«.

Ebenso unermüdlich wie ungelenk wird im Innern der Bar die Hammondorgel bearbeitet. Der Lärm von der Straße, die jaulenden Reifen und die Vielklangfanfaren, das Hupen und das Rufen der Menschen machen die malträtierten Melodien fast unhörbar. Nur in kurzen Momenten der Stille dringen ein paar Töne durch:»Da-daa-daa-dada-daa ...«

»You may find the climate of Casablanca a trifle warm, Major«, begrüßt hintersinnig Captain Renault, der französische Präfekt, seinen Gast aus dem Dritten Reich.

»Oh, we Germans must get used to all climates«, kontert der hohe Nazi ganz direkt, »from Russia to the Sahara. But perhaps you were not referring to the weather ...«

Kaum anders erging es den Opfern, den Emigranten, die ihre Heimat verloren hatten und von denen die meisten, gleich, in welche Richtung sie Marseille verlassen mußten, nun auch dieser Heimat endgültig verlorengingen. Seit sieben Jahren im Exil, saßen sie in den Cafés der Cannebière und des alten Hafens und debattierten. In Marseille, im Vieux Port, lag der *point of no return.* Hier war Mitteleuropa zu Ende, hier mußten selbst die hartnäckigsten Europäer die Zukunft aufgeben, die sie sich einst erhofft hatten. Aus Marseille führte kein vernünftiger Weg mehr zurück nach Weimar, in die verlorene Vergangenheit.

Für den praktischen Beweis, daß auch die Gewalttour über Moskau zu den gescheiterten parteikommunistischen Träumen der ersten deutschen Republik ein Irrweg war, benötigte die Geschichte ein halbes Jahrhundert; aus Weimarer Perspektive eine ganze Wartestand-Epoche, in der die Verfallsformen der Rußland-Amerika-Faszination der zwanziger Jahre, ein naiver Anti-Amerikanismus und ein naiver Anti-Kommunismus, in den beiden deutschen Teilstaaten zeitweilig zu einem seltsam gesamtdeutschen Bild verschmolzen.

Die anderen Auswege, die den Hitler-Flüchtlingen 1940 noch offenstanden – mit einem der seltenen Schiffe nach Casablanca oder Martinique; mit dem Zug in Richtung Spanien, über die Pyrenäen, weiter nach Lissabon –, sie endeten allesamt in der Neuen Welt.

55

NEW WORLD Die deutsche Geschichte dieses Jahrhunderts ist ein Konglomerat von Geschichtchen; eine halb verführerische, halb abstoßende Ansammlung falscher Heldensagen, die von Gewalt und Leistung lügen, von verschenkten Chancen und erpreßten Gelegenheiten; eine Reihe von Horrorerzählungen, die kein Ende nehmen wollen, und von anderen, denen der Anfang fehlt; ein Trauerspiel dramatischer Haupt- und Staatsaktionen, meist ohne Witz und fast immer ohne Moral.

Die schönste aller neueren Geschichten endete im Marseille der Jahre 1940 und 1941: das Experiment Weimar, der Versuch einer demokratischen Kultur auf deutschem Boden. Ein halbes Jahrhundert danach bietet sich die Chance, das Verlorengegangene, dem auf dieser Reise nachgespürt werden sollte, zu Ende zu bringen, zu vollenden.

Zugleich aber begann im Marseille dieser Jahre auch das jüngste Kapitel einer anderen Geschichte, die bis heute offen geblieben ist: der deutsch-amerikanischen Haßliebe.

Mit der Flucht aus Südfrankreich wandelte sich das rückwärts gen Deutschland gewandte Exil zur Reise in die Zukunft. Spätestens seit 1940 ist die Geschichte der erzwungenen Emigration aus Deutschland daher auch die Geschichte eines vorzeitig erzwungenen Kulturkontaktes, wie er nur wenige Jahre darauf, nach dem Sieg der Alliierten, nicht weniger erzwungen über die Mehrheit der Deutschen kommen sollte.

Die Verlorenen von Weimar wurden zur historischen Vorhut: Zum erstenmal waren gebildete Deutsche so hautnah den Segnungen des *american way of life* ausgesetzt. Die Umstände des unfreiwilligen Exils in den USA ließen zudem die beängstigenden Züge der Begegnung mit dieser andersartigen, eben »barbarischen« Kultur mit besonderer Deutlichkeit hervortreten. Die US-Erfahrungen der Anti-Nazi-Emigration werfen ein grelles, bisweilen auch befremdliches

Schlaglicht auf die Mechanismen der späteren bundesdeutschen Haßliebe zu allem Amerikanischen.

In den individuellen Reaktionen der Emigranten zeichnen sich, als Ergebnis der Konfrontation eines traditionellen europäischen Bildungsverständnisses mit den Gegebenheiten des demokratischen Massenkultur-Betriebs, die Konturen eines »Kulturschocks« ab. Ihn zu reflektieren und das Erlebte theoretisch aufzuarbeiten versuchten bereits einige der emigrierten Wissenschaftler selbst. Max Horkheimer und Theodor W. Adorno, Günther Anders oder Ernst Bloch bezogen damals Stellungen zum *american way of life*, die von vielen ihrer Schüler und Leser bis heute nicht verlassen worden sind. Fast ausnahmslos sahen die Ankömmlinge im demokratischen Glamourland ihre Existenz als Künstler und Gelehrte in Frage gestellt. Den Prozeß ihrer Akkulturation erlebten die Hitler-Flüchtlinge, wie einer von ihnen, der Soziologe Hans Gerth, es nannte, als »Abschaffung der deutschen Seele«.

1945 und danach, als mit den olivgrün uniformierten GIs Jazz und Hollywoodfilme, Comics, Kaugummi und Coca-Cola Einzug hielten und die Hinterbliebenen des Dritten Reiches sich den eigentümlichen Zutaten der »Besatzer«-Kultur ausgeliefert sahen, fielen die Reaktionen auf diese koloniale Version amerikanischer Lebensart auf verblüffende Weise ähnlich aus. Nicht anders als die Naziflüchtlinge in den dreißiger und vierziger Jahren vor Ort begegneten ihre entnazifizierten Landsleute den importierten Segnungen der US-Kulturindustrie: panische Empörung oder ein Enthusiasmus, der bisweilen nicht minder panisch anmutet.

Die tümelnden Kulturphilister, die der freigesetzten Kräfte in endlosen Diskussionen mit besinnlichen Themen wie »Bildungsverfall durch Comic-Heftchen und Rock 'n' Roll?« Herr zu werden suchten, zeigten sich auf heimischem Terrain zwar selbstbewußter, doch nicht weniger hilflos als viele der Emigranten. Nicht nur die abendländische Untergangsstimmung so mancher altdeutschen Seele, sondern auch die lautstärkere und ehrlichere Hysterie der von aller Tradition verlassenen Ex-Hitlerjugend bezeugte aber, daß die bundesdeutsche Konfrontation mit der amerikanischen (Massen-)Kultur – zumindest in den gebildeten Schichten – kaum weniger schockartig verlief als zuvor die der nach Übersee gejagten Emigranten.

Die kulturkonservativen Abwehrgeplänkel, in denen sich die greisen Herren in Bonn und Pankow nur allzu einig wußten, konnten den Untergang deutscher Lebensart durch die Magie des Amerikanischen bekanntlich nicht aufhalten. Für alle, die nach dem Ende des Faschismus aufwuchsen, wurden die US-Vorbilder entschieden wichtiger als die abgewrackten und ungeliebten Überbleibsel des Dritten Reiches. Im Gegensatz zur älteren Generation – aber wie die Emigranten – mußten die jüngeren Bundesbürger nicht jahrelang mit germanisierenden Heldenkulten leben, mit meschuggenen Rassentheorien, gebrüllten Durchhalteparolen, mit miefiger »Blut-und-Boden«-Literatur oder »Jud Süß«-Filmen. In ihren – unseren – Köpfen rumorte Amerikanisches.

Aus heutiger Perspektive waren die emigrierten Künstler und Wissenschaftler, während die Mehrzahl ihrer Landsleute munter in die Barbarei regredierte, daher gleichsam einen Schritt in die Zukunft getappt und hatten als eine Art kultureller Avantgarde eine Erfahrung vorweggenommen, welche die Daheimgebliebenen erst um die Stunde Null herum nachvollziehen konnten.

Amerikahaß und Amerikaliebe der deutschen Emigranten, die den Bundesbürgern voraushatten, daß ihre Informationen aus erster Hand stammten, entwerfen ein verschärftes Bild unseres eigenen, zumeist verschwommeneren Umgangs mit all dem Amerikanischen, das unser Alltags- wie Kulturleben prägt; je jünger wir sind, desto nachhaltiger. Die Verhaltensweisen und Argumentationsmuster der Emigranten können somit als ein historisches Modell gelten, an dem die Grundzüge in den steten Bekundungen von Abscheu und Begeisterung angesichts der heraufziehenden Pop-Weltkultur sich deutlicher, ja überdeutlich erkennen lassen.

Die Reise der Hitler-Flüchtlinge in die Verlorengegangenheit ging so nicht in Marseille zu Ende – sie nahm von dort aus nur einen anderen, neuen Verlauf. Der Weg des Exils in die deutsche Zukunft führte, über New York und Los Angeles, erst durch das »Andere Deutschland«, wie sich die illustre Versammlung deutscher Flüchtlinge damals bereits selbst nannte.

Falle Europa: Deutscher Posten auf der Zitadelle von Marseille (1942) Hier zumeist, in den beiden Zentren des deutschsprachigen Exils nach 1940, und nicht in unserer Nachkriegsrepublik, kann man sie heute noch treffen, die Akteure des Nichtmitmachens,

314

die Helden des aufrechten Weg-Gangs nach dem totalen Sieg einer verbrecherischen Politik – Überlebende eines Teils unserer Geschichte, auf das wir Nachgeborenen wirklich stolz sein können. Und erst von dort, durch die amerikanische Erfahrung gewandelt, hat ihre Tradition wieder den Rückweg nach Deutschland angetreten.

Nachtrag: Fundbüro. »Schreiben Sie einfach«, sagte Hans Sahl irgendwo zwischen Gedächtniskirche und seinem Hotel:»›Ich traf ihn wieder als hinfälliges Wesen.‹«

Auf der Fahrt durch Berlin hatten wir über die Erfahrungen des Exils gesprochen, die besondere Hellsicht, zu der das Herausgerissenwerden aus dem Alltag, aus selbstverständlichen Beziehungen und Denkgewohnheiten die Flüchtlinge erzog. Der Kontakt mit einer anderen Kultur stellt gängige Verhaltensweisen und Interpretationsschemata in Frage; wer emigriert, muß lernen, Vertrautes mit den Augen derjenigen zu sehen, unter denen er nun lebt. Selbst dem eigenen Innen, das gestern noch so selbstverständlich war, hat der einzelne, will er in der Fremde zurechtkommen, wie ein Außenstehender entgegenzutreten. Eine späte Rückkehr in die alte Heimat ändert wenig daran. Halb amüsiert, halb geehrt erzählte Hans Sahl von einer Rede, die der Tübinger Bürgermeister zu seinen Ehren hielt.

»Der hat immer von dem großen alten Mann gesprochen, der heimgekehrt sei nach Tübingen. Und ich saß da unten und habe versucht, sehr groß und sehr alt auszusehen.«

Vor seinem Hotel angekommen, faßte mich Hans Sahl beim Abschied am Arm.

»Sagen Sie mal«, fragte er spöttisch, »wie soll denn Ihr Buch über uns arme Emigranten heißen?«

»Reise in die Verlorengegangenheit. Auf den Spuren...«

»Schön«, unterbrach mich der alte Mann und schaute verschmitzt drein:»Verlorengegangenheit ist ein schöner Titel. Aber leider,leider ganz falsch. Ich bin nämlich gar nicht verlorengegangen. Man hat mich doch wiedergefunden.«

ANHANG

QUELLEN

Achtundsiebzig Umzugskisten (S. 9–14)

Motto: Äußerung von Paul Kohner in einem Interview, das ich mit ihm am 11. September 1985 in Los Angeles führte.

Die Besichtigung des Archivs der Berliner *Kinemathek* fand am 3. Mai 1990 statt.

Zitat »Alle, die du hier siehst«: Vergil, *Aeneis**, S. 156 (Sechstes Buch, Vers 325ff., die Prophetin Sybille bei der Ankunft im Totenreich)

9169 Sunset Boulevard (S. 14–19)

Das Porträt beruht auf der oben erwähnten Begegnung mit Paul Kohner vom 11. sowie einer zweiten vom 17. September 1985. Alle nicht eigens nachgewiesenen Fakten und Zitate entstammen entweder den damals geführten Gesprächen oder den Interviews mit seinen jüngeren Brüdern Walter (am 10. September 1985) und Frederick (am 17. September 1985). Benutzt wurde ebenfalls eine Biographie Paul Kohners, die Frederick Kohner Anfang der siebziger Jahre veröffentlichte (Kohner, *Zauberer*).

Einstein am *Institute of Technology* nach: Everett, *Lost Berlin*

Die Logik des dickern Knüppels (S. 19–30)

Die Beschreibung des Alltagslebens rund um den Nollendorfplatz folgt Baedeker, *Berlin* (1936), sowie Isherwood, *Goodbye* und *Christopher*. Darüber hinaus benutzt wurden zeitgenössische Fotografien.

---

* Vollständige Nachweise siehe jeweils Literaturliste, S. 331 ff.

Die Schilderung der Auseinandersetzung um »Im Westen nichts Neues« stützt sich auf die Berichterstattung in der zeitgenössischen Presse; verwendet wurden Ausgaben von *Vorwärts*, *Berliner Tageblatt*, *Berliner Börsen-Courier*, *Die Weltbühne* und *Das Tagebuch*. Weiterhin: Riess, *Einmal*; Lange, *Berlin*; Everett, *Lost Berlin*, und Toeplitz, *Film*.

Zitat »Hauptstellenleiter« nach: Belling, *Staat*, S. 26
Zitat Stephen Spender nach: Friedrich, *Deluge*, S. 305
Zitat Arnolt Bronnen nach: ders., *protokoll*, S. 256f.
Zitat Gottfried Bermann Fischer nach: ders., *Bedroht*, S. 65, 71
Zitat Carl Zuckmayer nach: ders., *Stück*, S. 381
Zitat Sergei M. Eisenstein nach: Gregor / Patalas, *Film*, S. 206
Zitate George Grosz nach: Everett, *Lost Berlin*, S. 154, sowie Grosz, *Kleines Ja*, S. 229

Hitler im Seehundfell (S. 30–35)

Zitat Arthur Koestler nach: ders., *Zeuge*, S. 148
Zitat Marta Feuchtwanger nach: dies., *Frau*, S. 337
Die Schilderung des antijüdischen Aktionstags stammt von Edwin Landau aus dem westpreußischen Deutsch-Krone und wird zitiert nach: Richarz, *Widerruf*, S. 385.

Eine Kultur wandert aus (S. 35–43)

Motto: Äußerung von Gero Gandert in einem Interview, das ich mit ihm am 19. Februar 1990 in Berlin führte.
Für die Darstellung des deutschen Exils wurden hier wie in dem gesamten Text herangezogen; allgemeine Darstellungen: Heilbut, *Exiled*; Taylor, *Fremde*; Möller, *Exodus*; Koebner et al., *Exilforschung*; Schiller et al., *Exil in Frankreich*; Middell et al., *Exil in USA*. – Speziell zum literarischen Exil: Stephan, *Exilliteratur*; Walter, *Exilliteratur* Bd. 2-4; Spalek / Strelka, *Exilliteratur*; Durzak, *Exilliteratur*; Drews / Kantorowicz, *Verboten*; Trapp, *Exil*; Strelka, *Exilliteratur*. – Zur wissenschaftlichen Emigration: Jay, *Phantasie*; Greffrath, *Zerstörung*; Funke, *Erinnerung*. – Zur Filmemigration: Horak, *Anti-Nazi-Filme*; Horak, *Hollywood*; Horak, »Schicksalsfügung«; Hilchenbach, *Kino*; Schnauber, *Ticket*; Jones / McClure, *War*; Morella et al., *Films*; Hoffmann / Schobert, *Hollywood*; Arbeitsgemeinschaft, *Hollywood*;

Friedrich, *Markt*. – Zum Einfluß der deutschen Emigranten in Amerika vgl. darüber hinaus Wolfe, *Bauhaus*.
Zitat Theodor W. Adorno nach: ders., *Minima Moralia*, S. 118
Zitat Heinrich Mann in einem Brief an Klaus Pinkus, zitiert nach: Seyppel, *Abschied*, S. 197
Zitat James K. Lyon nach: ders., *Brecht*, S. 9
Zitat Claire Goll nach: dies., *Verzeihe*, S. 182
Zitat Thomas Mann in einem Brief vom 9. März 1943 zitiert nach: ders., *Briefe II*; S. 302
Zitat Hans Magnus Enzensberger nach: Grimm, *Enzensberger*, S. 124
Zitat Horst Möller nach: ders., *Exodus*, S. 118
Zitat Ferenc Fehér nach: ders., »Pyrrhussieg«, S. 28f.

Der Landvermesser (S. 43–51)

Die Interviews mit Gero Gandert fanden am 19. Februar und 3. Mai 1990 statt.
Zu 'Geschichte und Bedeutung des *European Film Fund*: Taylor, *Fremde*; Heilbut, *Exiled*, sowie Johnson, »Fund«
Zitat »Schwarz entströmte...«: Homer, *Odyssee*, S. 642 (die Nekyia des elften Gesangs Vers 36ff.: Odysseus beschwört die Geister der Toten, um Auskunft über sein zukünftiges Schicksal zu erhalten)
Zitat Feuchtwanger nach: ders., *Exil*, S. 263
Zitat Frederick Kohner nach: ders., *Zauberer*, S. 191

Café Kohner (S. 52–58)

Motto: Theodor W. Adorno, *Minima Moralia*, S. 187
Die Darstellung der Notverträge folgt Kohner, *Zauberer*; Taylor, *Fremde*; Moeller, »Exilautoren«.
Brief Reiner Schönes an den Vf. Die Beerdigung von Paul Kohner fand am 22. März 1988 statt.

Bildungsreise (S. 59–62)

Zur Tradition der Bildungsreise siehe: Brenner, »Erfahrung«, in: ders. (Hrsg.), *Reisebericht*, S. 14–49. Ebenfalls dort: Neuber, »Gattungspoetik«, S. 50–67; Ridder-Symoens, »Kavalierstour«,

S. 197–223; Jäger, »Reisefacetten«, S. 261–283; Meier, »Bildungsreise«, S. 284–305
Zitat Max Horkheimer / Theodor W. Adorno nach: dies., *Dialektik*, S. 46
Zitat Gottfried Bermann Fischer nach: ders., *Bedroht*, S. 72
Zitat Elsbeth Weichmann nach: dies., *Zuflucht*, S. 34f.
Zitat Theodor W. Adorno nach: ders., *Minima Moralia*, S. 35
Zitat Elsbeth Weichmann nach: dies., *Zuflucht*, S. 54
Zitat Leo Löwenthal nach: Greffrath, *Zerstörung*, S. 216
Zitat Theodor W. Adorno nach: ders., »Erfahrungen«, S. 737
Zitat Adolph Lowe nach: Greffrath, *Zerstörung*, S. 193

Reisekostenabrechnung (S. 62–66)

Zitat Hans Magnus Enzensberger nach: Grimm, *Enzensberger*, S. 124
Zitat Erhard Schütz nach: ders., *Reportage*, S. 21
Zitat Siegfried Lenz nach: ders., »Vorwort«, in: Weichmann, *Zuflucht*, S. 10f.

Novemberverbrechen (S. 66–78)

Die Schilderung vom Abend des 9. November 1989 gab Sabine Bergmann-Pohl während eines Interviews am 19. Juli 1990 im Ostberliner *Palast der Republik*.
Die Darstellung der Novemberrevolution 1918 zitiert und paraphrasiert folgende Quellen: Gay, *Außenseiter*, S. 29; Haffner, *Revolution*, S. 90; Lange, *Berlin*, S. 5; Ritter / Miller, *Revolution*, S. 77f.; Scheidemann, *Memoiren*, S. 309f.
Die Schilderung des gescheiterten Hitler-Putsches von 1923 zitiert und paraphrasiert Bullock, *Hitler*, S. 92f.
Die Weisungen der Gestapo zum 9. November 1938 nach: Schoenberner, *Gelber Stern*, S. 21; die Ermordung der Familie Goldstein zitiert und paraphrasiert Graml, *Reichskristallnacht*, S. 31.
Der Augenzeugenbericht vom Pogrom in der Berliner Innenstadt stammt von Magnus Davidsohn und wird zitiert und paraphrasiert nach: Thalmann / Feinermann, *Kristallnacht*, S. 90f.
Der Augenzeugenbericht von der nächtlichen Fahrt auf dem Kurfürstendamm stammt von Erich Kästner und wird zitiert nach:

Carlebach, »Reichskristallnacht«, in: Brumlik / Kunik, *Reichspo-gromnacht*, S. 21.
Der Weg zur Arbeit am Morgen des 10. November 1938 zitiert Nathorff, *Tagebuch*, S. 120f.; die Heimkehr des Vaters zitiert Hecht, *Mauern*, S. 77.
Zitat Theodor Wolff nach: *Illustrirte Geschichte*, S. 206
Zitat Ernst Troeltsch nach: Haffner, *1918/19*, S. 94
Zitat *Rote Fahne* aus der Ausgabe vom 9. November 1918
Zitat Gauleiter nach: Thalmann / Feinermann, *Kristallnacht*, S. 126f.
Zitat Theodor W. Adorno nach: ders., *Minima Moralia*, S. 187

Abschied vom Kurfürstendamm (S. 81–84)

Motto: Äußerung von Paul Falkenberg in einem Interview, das ich mit ihm am 29. August 1985 in New York führte.
Zur wirtschaftlichen, sozialen, politischen und kulturellen Situation am Ende der Weimarer Republik vgl. Parker, *Europa*; Gay, *Außenseiter*; Koebner, »Einleitung«, in: ders. (Hrsg.), *Weimars Ende*, S. 9–17. Ebenfalls dort: Abosch, »Linke«, S. 21–33; Trommler, »Verfall Weimars«, S. 34–53; Wieland, »Hakenkreuz«, S. 80–102; Schneider, »Antworten«, S. 376–396
Zitat Elias Canetti nach: ders., *Fackel*, S. 250

Frühe Fluchten (S. 84–87)

Horkheimer und Adorno im Fasching nach: Schmidt, »Hoppe«
Die Äußerungen von Gottfried Reinhardt zum Weggang von Elisabeth Bergner und Eric Charell entstammen Interviews, die ich mit ihm am 17. und 27. September in Los Angeles führte.
Zitat Vicky Baum nach: Janßen, *30. Januar*, S. 149

Der Schnittmeister (S. 87–97)

Zitat Adolf Hitler nach: Parker, *Europa*, S. 225
Die Darstellung der Dreharbeiten zu »M« stützt sich auf Maibohm, *Lang*, und Töteberg, *Lang*.
Zitat Fritz Lang nach: Maibohm, *Lang*, S. 141

Horror Hollywood (S. 97–107)

Das Gedicht von Bertolt Brecht nach: ders., *Werke 8*, S. 286

Zur Situation Brechts in Amerika siehe: Brecht, *Arbeitsjournal*, sowie Lyon, *Brecht*, und Cook, *Brecht*
Zu Metzner siehe Scheugl / Schmidt, *Subgeschichte*, S. 209

Nazihuren am Monumentalwerk (S. 107–113)

Zu Luis Buñuels Arbeit für das *Bureau of Interamerican Affairs* siehe seine Autobiografie *Seufzer*
Zitate Buñuel nach: ders., *Seufzer*, S. 79 und 170f.
Zu »Großstadtnacht« siehe Horak, *Hollywood*, sowie Kinemathek, *Haas*
Zur Entstehung des Riefenstahl-Films »Triumph des Willens« siehe Leiser, *Deutschland*
Zitat Presseverlautbarung zu »Triumph des Willens« nach: Leiser, *Deutschland*, S. 124
Zitat Joseph Goebbels nach: Leiser, *Deutschland*, S. 125
Zitat Erwin Leiser nach: ders., *Deutschland*, S. 30
Zur Konzentration europäischer Künstler in New York vgl. u.a. Buñuel, *Seufzer*; Heilbut, *Exiled*; Middell et al., *Exil in USA*

Grabmal des unbekannten Emigranten (S. 119–124)

Zur Situation der Emigranten nach dem Zusammenbruch des Dritten Reiches u. a.: Heilbut, *Exiled*; Roussel, *Hügel*; Mann, *Briefe*; Möller, *Exodus*; Sahl, *Exil*; Mertz, *Staat*
Zitat Hans Sahl nach: ders., *Die Wenigen*, S. 250
Zitat Thomas Mann nach: ders., *Briefe II*, S. 443
Zitat Hans Sahl nach: ders., *Exil*, S. 21
Zitate Stéphane Roussel nach: dies., *Hügel*, S. 286, 299 und 390
Zitat Herbert Strauss nach: Heilbut, *Exiled*, S. 33
Zitat Hannah Arendt nach: Heilbut, *Exiled*, S. 329f.

Am Ende einer Stadt (S. 128–132)

Motto: gehört am 22. Februar 1990 vor dem Brandenburger Tor
Das Interview mit Erhard Schütz führte ich am 18. Februar 1990 in Berlin.
Zur Stadtgeschichte Berlins vgl. u. a.: Scheffler, *Berlin*; Kiaulehn, *Berlin*

Kultursülze (S. 132–137)

Die Podiumsdiskussion im (West-)Berliner *Literaturhaus* fand am 18. Februar 1990 statt. Das Interview mit Dietmar Keller führte ich im Anschluß an die Veranstaltung.

Böser Zauber (S. 137–143)

Motto: Äußerung von Grete Mosheim bei einem Interview, das ich mit ihr am 5. August 1985 im Berliner Hotel *Kempinski* führte. – Alle nicht eigens nachgewiesenen Fakten und Zitate in dem Porträt entstammen diesem Interview.
Zitate Rede Adolf Hitlers nach: Janßen, *30. Januar*, S. 170ff.
Zitat Rudolf Arnheim nach: ders., *Kritiken*, S. 289f.
Zitat Wolfgang Graetz nach: ders., *Ärjer*, S. 6
Zu Marlene Dietrich siehe Sudendorf, *Dietrich*
Zu Max Reinhardt siehe Reinhardt, *Liebhaber*; Thimig-Reinhardt, *Reinhardt*; Fiedler, *Reinhardt*
Zitat Nazipropaganda nach: Belling, *Staat*, S.11
Das Zitat von Hans Sahl entstammt einem Interview, das ich mit ihm am 28. August 1985 in New York führte.

In Verehrung (S. 145–148)

Zitat Hans Sahl nach: ders., *Exil*, S. 39
Zitat Walter Slezak nach: ders., *Schwan*, S. 154

Ameisen im Glück (S. 148–155)

Das Zitat von Gottfried Reinhardt entstammt dem Interview vom 17. September 1985.

Tempo, Tempo (S. 156–162)

Motto: Äußerung von Norbert Schneider in einem Interview, das ich mit ihm am 17. Februar 1990 führte.
Das Interview mit Yaak Karsunke fand am 19. Februar 1990 statt.
Zitat Golo Mann nach: ders., *Geschichte*, S. 47
Zitat Walter Mehring nach: Kiaulehn, *Berlin*, S. 21
Die Äußerung von Gottfried Reinhardt entstammt dem Interview vom 17. September 1985.

Kopfbahnhof (S. 162–165)

Das Interview mit Norbert Schneider führte ich am 17. Februar 1990.

Die Nacht der verhinderten Genies (S. 167–172)

Motto: Äußerung von Gitta Alpar bei einem Interview, das ich am 20. September 1985 mit ihr in Bel Air führte. Das Porträt stützt sich auf dieses Gespräch sowie eine zweite Begegnung am 13. Juni 1987 in Berlin. Alle nicht eigens nachgewiesenen Fakten und Zitate entstammen dem Interview. Zur Biographie Gitta Alpars darüber hinaus siehe Fröhlich, *Zeiten*.
Zu Hitlers Quartier im *Kaiserhof* siehe Janßen, *30. Januar*
Zur Situation des deutschen Films aus NS-Perspektive und zur Filmpolitik von Goebbels siehe Belling, *Staat*; Jason, *Handbuch*.
Zitate Joseph-Goebbels-Rede im *Kaiserhof* nach: Belling, *Staat*, S. 27–31.
Die Angaben zur prozentualen Beteiligung jüdischer Filmschaffender nach: Jason, *Handbuch*, S. 166
Die Äußerungen von Curt Siodmak entstammen einem Interview, das ich mit ihm am 13. September 1985 in Three Rivers, Kalifornien, führte.
Zitat Ufa zu Verbot »Mabuse« nach: Maibohm, *Lang*, S. 163f.
Zur Flucht Fritz Langs siehe Maibohm, *Lang*; Taylor, *Fremde*; Töteberg, *Lang*
Zitat Willy Haas nach: ders., *Literarische Welt*, S. 182

»Und hat gesagt nicht ein Wort« (S. 172–175)

Zum Jugendlichkeitskult in den USA laut Günther Anders siehe ders., *Antiquiertheit*, S. 21–95
Zitat Vorstandssitzung Ufa nach: Albrecht, *Filmpolitik*, S. 18
Zu den Gewaltaktionen der Nazis nach der Machtergreifung siehe Janßen, *30. Januar*
Zitat Joseph Goebbels nach: Janßen, *30. Januar*, S. 135

Bilderkampf (S. 175–179)

Zitate NS-Propagandaschrift und Joseph Goebbels zur Rolle des Films in der NS-Kulturpolitik nach: Belling, *Staat*, S. 19 und 26

Zitat Jan-Christopher Horak nach: ders., »Schicksalsfügung«,
S. 258

Die oder keine (S. 184–187)

Der Bundesfilmpreis wurde Gitta Alpar am 13. Juni 1987 im Westberliner *Theater des Westens* verliehen.

Hauptsache Currywurst (S. 187–193)

Motto: Äußerung von Katja Mikulskaya bei einem Interview am 19.
Februar 1990
Das Interview mit Anke Martiny fand am 19. Februar 1990 in ihrem
Büro statt.
Zu dem Treffen mit Frank Nietzsch kam es am 20. Februar 1990 im
Ostberliner *Palasthotel*.
Die Interviews mit Katja und Anton Mikulskaya führte ich am 19.
Februar sowie am 7. Juni 1990.
Zitat »östlichste Stadt« nach: Scheffler, *Berlin*, S. 217

Abfahrt (S. 193–200)

Der erste Augenzeugenbericht Reichstagsbrand stammt von Wolf-
gang Roth und wird zitiert nach: Richarz, *Widerruf*, S. 398.
Der zweite Augenzeugenbericht Reichstagsbrand (bei Mampe)
stammt von Ludwig Marcuse und wird zitiert nach: ders., *Jahrhundert*, S. 158f.
Der dritte Augenzeugenbericht Reichstagsbrand (im Radio)
stammt von Gustav Regler und wird zitiert nach: ders., *Malchus*,
S. 196f.
Der vierte Augenzeugenbericht Reichstagsbrand (Ankunft am
Lehrter Bahnhof) stammt von Willy Haas und wird zitiert nach:
ders., *Literarische Welt*, S. 179f.
Der fünfte Augenzeugenbericht Reichstagsbrand (Freudenmäd-
chen) stammt von Gustav Regler und wird zitiert nach: ders., *Mal-
chus*, S. 203f.
Der Bericht über die Abreise am 2. April 1933 stammt von Adolph
Lowe und wird zitiert nach: Greffrath, *Zerstörung*, S. 146.
Der Augenzeugenbericht Schüsse in der Nacht stammt von Leo

Weiss und wird zitiert nach: ders., »Die Nacht der Provokation«, (*1934) in: Friedrich, *1933*, S. 86.
Zitat Erich Maria Remarque nach: ders., *Nacht*, S. 17

Leben aus dem Handkoffer (S. 203–205)

Motto: Äußerung von Hans Sahl in einem Interview, das ich mit ihm am 27. August 1985 in New York führte.
Das Porträt Hans Sahls beruht auf dem oben erwähnten Treffen sowie weiteren Interviews und Begegnungen in Berlin am 4. und 8. Dezember 1989 sowie am 8. Mai und 21. Juli 1990. Alle nicht eigens nachgewiesenen Fakten und Zitate entstammen diesen Gesprächen. Darüber hinaus wurden die beiden Erinnerungsbände Hans Sahls *Memoiren* und *Exil* sowie sein Exilroman *Wenigen* herangezogen. – Grundsätzlich ist den Gesprächsäußerungen Sahls Vorrang gegeben worden, um den sprachlichen Charakter der mündlichen Mitteilung zu bewahren. Einzelne Formulierungen, insbesondere die Wiederholung von Zitaten Dritter, weichen daher von ihrer Wiedergabe in den Memoiren-Bänden gelegentlich ab.

»Haben Sie schon mal geflohen?« (S. 205–214)

Zu dem Treffen oppositioneller Autoren und Heinrich Manns Ausschluß von der *Akademie der Künste* siehe Schröter, *Mann*, S. 116f.
Der Augenzeugenbericht vom Reichstagsbrand stammt von Carl Zuckmayer und wird zitiert nach: ders., *Stück*, S. 386.
Zur Bedeutung der Notverordnung und dem Vorgehen der Nazis nach dem Reichstagsbrand siehe Brüdigam, *1933*
Zitat Hubertus Prinz zu Löwenstein nach: ders., *Botschafter*, S. 86
Zitat Arthur Koestler nach: ders., *Zeuge*, S. 176
Zu Sahls Artikelserie »Klassiker der Leihbibliothek« siehe ders., *Memoiren*, S. 131f.
Bericht zur Flucht Sahls über die Dächer zitiert nach: Sahl, *Wenigen*, S. 73
Begegnung Herbert Weichmanns mit einem Bekannten nach: Weichmann, *Zuflucht*, S. 32
Zitat Sahl Quartier nach: ders., *Memoiren*, S. 221f.
Die Schilderung der ersten Monate nach der Machtübernahme

stammt von Theodor W. Adorno und ist zitiert nach: ders., *Minima Moralia*, S. 115f.

Die Schilderung der Flucht aus Berlin (nach der Vorstellung) stammt von Tilla Durieux und ist zitiert nach: dies., *Jahre*, S. 333f.

Zitat Hans Sahl bei der Abfahrt nach: ders., *Memoiren*, S. 222f.

Die Schilderung der Flucht aus Berlin (erster Klasse) stammt von Ludwig Marcuse und ist zitiert nach: ders., *Jahrhundert*, S. 158f.

Unterwegs (S. 214–215)

Zitat Gefühle auf der Flucht nach: Weichmann, *Zuflucht*, S. 21

Zitat Schilderung Grenzkontrolle im Zug nach: Sahl, *Wenigen*, S. 134f.

Wartesaal dritter Klasse (S. 216–218)

Zum Zusammenhang von Reise und Erkenntnis in der Neuzeit siehe u. a. Jäger, »Reisefacetten«, in: Brenner (Hrsg.), *Reisebericht*, S. 261–283. Ebenfalls dort: Meier, »Studienreise«, S. 284–305; Gleber, »Erfahrung«, S. 463–489; Jost, »Selbst-Verwirklichung«, S. 490–507

Zitat Anke Gleber nach: dies., »Erfahrung«, in: Brenner (Hrsg.), *Reisebericht*, S. 484

Zitat Hans Sahl nach dem Interview mit Wolfgang Nagel »Fliehen – wie geht das überhaupt?«

Stille Post (S. 219–225)

Zum Exil in Paris siehe Kantorowicz, *Politik*; Kantorowicz, *Exil*; Noth, »Frankreich«; Schiller et al., *Exil*; Stephan, *Exilliteratur*; Taylor, *Fremde*; Walter, *Exilliteratur*

Erstes Zitat Ankunft Paris nach: Palmer, *Dicke Lilli*, S. 59

Zweites Zitat Ankunft Paris nach: Eisner, *Vaterland*, S. 165

Zitat Günther Anders nach: Greffrath, *Zerstörung*, S. 36

Zitat Ernst Erich Noth nach: ders., »Frankreich«, S. 76

Zitat Claire Goll nach: dies., *Verzeihe*, S. 149

Zitat Bert Brecht nach: ders., *Werke 9*, S. 718 (Svendborger Gedichte: »Über die Bezeichnung Emigranten«)

Die Beschreibung der Gefühle im Exil stammt von Curt Riess und ist zitiert nach: ders., *Leben*, S. 153

Zu Günther Anders' »Pathologie« siehe Mayer, »Zerstörung der Zukunft«

Zitate Kurt Tucholsky nach: Noth, »Frankreich«, S. 77 und 79

Zitat Ernst Erich Noth nach: ders., »Frankreich«, S. 79

Zitat Arthur Koestler nach: ders., *Zeuge*, S. 191

Zitat Lion Feuchtwanger nach: ders., *Exil*, S. 356

Zitat »Egalité...« nach: Colpet, *Jahre*, S. 76

Zitat Lotte Eisner nach: dies., *Vaterland*, S. 173

Zitat Elsbeth Weichmann nach: dies., *Zuflucht*, S. 49

»Wir werden einen Weg finden.« (S. 229–233)

Allgemein zur Situation in Südfrankreich 1940 siehe Schiller et al., *Exil*; Walter, *Exilliteratur*. Darüber hinaus die Erlebnisberichte Döblin, *Schicksalsreise*; Feuchtwanger, *Teufel*; Feuchtwanger, *Frau*; Fry, *Verlangen*; Fittko, *Weg*; Hessel, *Heimkehr*; Kantorowicz, *Exil*; Koestler, *Zeuge*; Mann, *Zeitalter*; Mahler-Werfel, *Leben*; Sahl, *Exil*; Troller, *Selbstbeschreibung*; Weichmann, *Zuflucht*; sowie die Romane Remarque, *Nacht*; Sahl, *Wenigen*; Seghers, *Transit*

Zitat Paragraph 19 nach: Fittko, *Weg*, S. 83

Das Zitat zur Haltung der Behörden stammt von Varian Fry und wird zitiert nach: ders., *Auslieferung*, S. 68.

Zwischendrin (S. 234–239)

Zitat Memoiren Sahl nach: ders., *Exil*, S. 195

Zitat Günther Anders nach: Greffrath, *Zerstörung*, S. 37

Zitat Ernst Erich Noth nach: ders., »Frankreich«, S. 87

Im Haus, das Doktor Isay baute (S. 239–246)

Zitat Haus Hüttenweg 9 in *Berlin und seine Bauten*, Bd. 4c, S. 224. Ich danke Thomas Schmitz für diesen Hinweis.

Das Interview mit Eberhard Lämmert fand am 2. Mai 1990 statt.

Zitat Lämmert nach: ders., »Feuchtwanger«, S. 152

Zitat Alfred Kantorowicz nach: ders., *Politik*, S. 36

Ein Mann kehrt zurück (S. 249–256)

Motto: Hans Sahl bei einem Treffen am 21. Juli 1990 in Berlin

Zitat Theodor W. Adorno nach: ders., *Minima Moralia*, S. 187
Autor der Rezension, die unter dem Titel »Aus. Abgeblendet« in
der *Zeit* erschien, ist Fritz J. Raddatz.
Zitat Franz Hessel nach: ders., *Flaneur*, S. 145

Die erste Frau (S. 256–265)

Das Interview mit Sabine Bergmann-Pohl fand am 19. Juli 1990 im
Ostberliner *Palast der Republik* statt.

Auf Goebbels' schwarzer Liste (S. 265–274)

Motto: Äußerung Paul Henreids bei einem Interview, das ich am
16. September 1985 mit ihm in Los Angeles führte.
Das Porträt Paul Henreids beruht auf der oben erwähnten Begegnung. Alle nicht eigens nachgewiesenen Fakten und Zitate entstammen diesem Gespräch. Darüber hinaus wurde Henreids Autobiographie *Ladies Man* herangezogen. Wenn Details in den mündlichen Formulierungen von der Darstellung in der Autobiographie
abwichen, wurde in der Regel der mündlichen Aussage gefolgt.
Zitat Varian Fry nach: ders., *Auslieferung*, S. 11

»Everybody Comes to Rick's« (S. 276–286)

Die Darstellung von Burnetts Europareise und der Entstehung des
Theaterstückes »Everybody Comes to Rick's« folgt Francisco, *Re-
member*, S. 11–44
Zitat Murray Burnett nach: Francisco, *Remember*, S. 38
Zitat Hal B. Wallis nach: Francisco, *Remember*, S. 32
Zitat Paul Henreid (Freiheitsstatue) nach: Helen Hover, »Popping
Questions at Paul Henreid«, in: *Motion Picture Magazine*, 12. Juli
1944, S. 48 ff.
Zitat *Los Angeles Times* nach: Mary Beth Crain, »Henreid Lights Up
and Lets Fly«, in: *Los Angeles Times*, 21. August 1977, S. 33

Fundamental Things Apply (S. 289–292)

Zur Situation der Flüchtlinge in Marseille 1940 und zu den Ret-
tungsbemühungen siehe Fry, *Auslieferung*
Die erste Schilderung Marseille stammt von Varian Fry und ist
zitiert nach: ders., *Auslieferung*, S. 34

Die zweite Schilderung Marseille stammt von Elsbeth Weichmann und ist zitiert nach: dies., *Zuflucht*, S. 109

Die Schilderung des Hotels der sozialdemokratischen Funktionäre stammt von Hans Sahl und wird zitiert nach: ders., *Exil*, S. 89

Zitat Walter Mehring nach: Schiller et.al., *Frankreich*, S. 421

Erste Schilderung Präsenz der Nazis in Marseille nach: Fittko, *Weg*, S. 216. Zweite Schilderung Präsenz der Nazis in Marseille nach: Fry, *Auslieferung*, S. 94

Schilderung des Fluchtversuchs von Dr. Fraenkel und Walter Benjamin nach: Fittko, *Weg*, S. 122 und 131

Der Flüchtling mit dem aufrechten Gang (S. 298–300)

Zitat Paul Henreid aus *New York Times* nach: Theodore Strauss, »Making of an American«, in: *New York Times*, 21. März 1943

Zitat Paul Henreid zu seinen Anpassungsschwierigkeiten nach: Helen Hover, »Popping Questions at Paul Henreid«, in: *Motion Picture Magazine*, 12. Juli 1944, S. 82

Zitat Bette Davis nach: Mary Beth Crain, »Henreid Lights Up and Lets Fly«, in: *Los Angeles Times*, 21. August 1977, S. 33

Auf McCarthys schwarzer Liste (S. 301–305)

Zitat Kritikerin von Mary Beth Crain, »Henreid Lights Up and Lets Fly«, in: *Los Angeles Times*, 21. August 1977, S. 33

Zitat Paul Henreid zu Bogart nach: Charles Champlin, »Henreid: Mention Oscar Rite and He Lights Up«, in: *Los Angeles Times*, 23. Februar 1984, S. 7

Zitat Bette Davis nach: Mary Beth Crain, »Henreid Lights Up and Lets Fly«, in: *Los Angeles Times*, 21. August 1977, S. 33

Vieux Port (S. 305–310)

Zu Frys Kontakt mit den Werfels siehe Fry, *Auslieferung* (Abendessen im Basso, S. 17)

Zitat Varian Fry nach: ders., *Auslieferung*, S. 74

New World (S. 311–315)

Zitat Hans Gerth nach: Greffrath, *Zerstörung*, S. 89. Dort wörtlich: »Was unglücklich dabei ist (i. e. beim Eintritt in die Wohlstandsgesellschaft), ist nur die deutsche Seele. Aber die wird abgeschafft.«

AUSWAHLLITERATUR

Adorno, Theodor W., Auf die Frage: Was ist deutsch (*1965). In: ders., Kulturkritik und Gesellschaft II, Gesammelte Schriften 10.2, Frankfurt/M. 1977, S. 691-701

Adorno, Theodor W., Minima Moralia. Reflexionen aus dem beschädigten Leben (*1951), Gesammelte Schriften 4, Frankfurt/M. 1980

Adorno, Theodor W., Was bedeutet: Aufarbeitung der Vergangenheit (*1959). In: ders., Kulturkritik und Gesellschaft II, Gesammelte Schriften 10.2, Frankfurt/M. 1977, S. 555-572

Adorno, Theodor W., Wissenschaftliche Erfahrungen in Amerika (*1968). In: ders., Kulturkritik und Gesellschaft II, Gesammelte Schriften 10.2, Frankfurt/M. 1977, S. 702-738

Albrecht, Gerd, Nationalsozialistische Filmpolitik. Eine soziologische Untersuchung über die Spielfilme des Dritten Reichs, Stuttgart 1969

Anders, Günther, Die Antiquiertheit des Menschen. Erster Band. Über die Seele im Zeitalter der zweiten industriellen Revolution, München 1956

Anders, Günther, Die Antiquiertheit des Menschen. Zweiter Band. Über die Zerstörung des Lebens im Zeitalter der dritten industriellen Revolution, München 1984

Anders, Günther, Tagebücher und Gedichte, München 1985

Anobile, Richard J. (Hrsg.), Michael Curtiz's Casablanca, New York 1974

Arbeitsgemeinschaft Kino (Hrsg.), Hollywood und die Nazis. Filme, die Hollywood gegen Hitler-Deutschland drehte, Hamburg 1977

Arnheim, Rudolf, Kritiken und Aufsätze zum Film, hrsg. von Helmut H. Diederichs, München 1977

Arnold, Heinz Ludwig (Hrsg.), Deutsche Literatur im Exil 1933-45, Frankfurt/M. 1974

Arnold, Heinz Ludwig (Hrsg.), Walter Mehring. Text und Kritik Heft 78, München 1983

Arnold, Heinz Ludwig (Hrsg.), Siegfried Kracauer. Text und Kritik Heft 68, München 1981

Ayck, Thomas, Carl Zuckmayer in Selbstzeugnissen und Bilddokumenten, Reinbek bei Hamburg 1977

Baedeker, Karl, Berlin und Potsdam, Leipzig 1936 (21. Auflage)

Belling, Curt, Der Film in Staat und Partei, Berlin o. J.

Bergner, Elisabeth, Bewundert viel und viel gescholten... Unordentliche Erinnerungen, München 1978

Beyer, Friedemann, Peter Lorre. Seine Filme – sein Leben, München 1988

Bock, Sigrid / Hahn, Manfred (Hrsg.), Erfahrung Exil. Antifaschistische Romane 1933-45. Analysen, Berlin (DDR)-Weimar 1979

Bonnadier, Jacques (Text) / Pauvarel, Frédéric (Fotos), Marseille – passé et présent sous le même angle, Paris-Genf 1988

Borchmeyer, Dieter / Heimeran, Till (Hrsg.), Weimar am Pazifik. Literarische Wege zwischen den Kontinenten. Festschrift für Werner Vordtriede zum 70. Geburtstag, Tübingen 1985

Brecht, Bertolt, Arbeitsjournal 1938-1955, 3 Bde., hrsg. von Werner Hecht, Frankfurt/M. 1973

Brecht, Bertolt, Gedichte 1-3, Ges. Werke, Band 8-10, Frankfurt/M. 1967

Brenner, Peter J. (Hrsg.), Der Reisebericht. Die Entwicklung einer Gattung in der deutschen Literatur, Frankfurt/M. 1989

Bronnen, Arnolt, arnolt bronnen gibt zu protokoll, Berlin-Weimar 1985

Brüdigam, Heinz, Das Jahr 1933. Terrorismus an der Macht. Eine Dokumentation über die Errichtung der faschistischen Diktatur, Frankfurt/M. 1978

Brumlik, Micha / Kunik, Petra (Hrsg.), Reichspogromnacht. Vergangenheitsbewältigung aus jüdischer Sicht, Frankfurt/M. 1988

Bullock, Alan, Hitler. Eine Studie über Tyrannei, Düsseldorf 1989

Buñuel, Luis, Mein letzter Seufzer. Erinnerungen, Frankfurt/M. 1985

Bürger, Christa / Bürger, Peter (Hrsg.), Postmoderne: Alltag, Allegorie und Avantgarde, Frankfurt/M. 1987

Canetti, Elias, Die Fackel im Ohr. Lebensgeschichte 1921-1931, München-Wien 1980

Colpet, Max, Sag mir wo die Jahre sind. Erinnerungen eines unverbesserlichen Optimisten, München 1976

Comité des Délégations Juives (Hrsg.), Die Lage der Juden in Deutschland 1933. Das Schwarzbuch – Tatsachen und Dokumente, Frankfurt/M.-Berlin-Wien 1983 (*Paris 1934)

Cook, Bruce, Brecht in Exile, New York 1982

Döblin, Alfred, Schicksals-Reise. Flucht und Exil 1940-1948, München 1986

Drews, Richard / Kantorowicz, Alfred (Hrsg.), verboten und verbrannt (*1947), München 1983

Durieux, Tilla, Meine ersten neunzig Jahre. Erinnerungen. Die Jahre 1952-1971 nacherzählt von Joachim Werner Preuß, Berlin-München 1971

Durzak, Manfred (Hrsg.), Die deutsche Exilliteratur 1933-1945, Stuttgart 1973

Eckert, Brita et al. (Hrsg.), Die jüdische Emigration aus Deutschland 1933-1941. Die Geschichte einer Austreibung. Eine Ausstellung, Frankfurt/M. 1985

Eisner, Lotte H., Ich hatte einst ein schönes Vaterland. Memoiren, München 1988

Engelmann, Bernt, Deutschland ohne Juden. Eine Bilanz, Köln 1988

Engelmann, Bernt (Hrsg.), Literatur des Exils. Eine Pen-Dokumentation, München 1981

Erdmann, Karl Dietrich, Die Weimarer Republik, München 1989

Everett, Susanne, Lost Berlin, Chicago 1979

Fehér, Ferenc, Der Pyrrhussieg der Kunst im Kampf um ihre Befreiung. Bemerkungen zum postmodernen Intermezzo. In: Bürger, Christa / Bürger, Peter (Hrsg.), Postmoderne: Alltag, Allegorie und Avantgarde, Frankfurt/M. 1987, S. 13-33

Fermi, Laura, Illustrious Immigrants, Chicago 1968

Feuchtwanger, Lion, Der Teufel in Frankreich. Erlebnisse (*1942), Frankfurt/M. 1986

Feuchtwanger, Lion, Exil. Roman (*1939), Frankfurt/M. 1986

Feuchtwanger, Marta, Nur eine Frau. Jahre – Tage – Stunden, München-Wien 1983

Fiedler, Leonhard M., Max Reinhardt in Selbstzeugnissen und Bilddokumenten, Reinbek bei Hamburg 1975

Fischer, Gottfried Bermann, Bedroht – Bewahrt. Der Weg eines Verlegers, Frankfurt/M. 1967

Fischer, Lothar, George Grosz in Selbstzeugnissen und Bilddokumenten, Reinbek bei Hamburg 1976

Fittko, Lisa, Mein Weg über die Pyrenäen. Erinnerungen 1940/41, München-Wien 1985

Flügge, Manfred (Hrsg.), Letzte Heimkehr nach Paris. Franz Hessel und die seinen im Exil, Berlin 1989

Focke, Harald / Strocka, Monika, Alltag der Gleichgeschalteten. Wie die Nazis Kirche, Kultur, Justiz und Presse braun färbten, Reinbek bei Hamburg 1985

Francisco, Charles, You Must Remember This. The Filming of Casablanca, Englewood Cliffs, New Jersey 1980

Franck, Dieter, Die Welt der dreißiger Jahre, München 1985

Frank, Leonhard, Links wo das Herz ist, München 1963

Freitag, Eberhard, Arnold Schönberg in Selbstzeugnissen und Bilddokumenten, Reinbek bei Hamburg 1973

Freyermuth, Gundolf S., Der seelenlose Westen. Vom Überleben in Amerika. In: Journal für Geschichte (6/1981), S. 2-10

Freyermuth, Gundolf S., Ermittlungen gegen die deutsche Seele. Geschichten aus der amerikanischen Emigration. In: TransAtlantik (4/1981), S. 57-68

Friedeburg, Ludwig von / Habermas, Jürgen (Hrsg.), Adorno-Konferenz 1983, Frankfurt/M. 1983

Friedrich, Otto, Before The Deluge. A Portrait of Berlin in the 1920s, London 1974

Friedrich, Otto, Markt der schönen Lügen. Die Geschichte Hollywoods in seiner grossen Zeit, Köln 1988

Fröhlich, Gustav, Waren das Zeiten. Mein Film-Heldenleben, München-Berlin 1983

Frühwald, Wolfgang / Schieder, Wolfgang (Hrsg.), Leben im Exil. Probleme der Integration deutscher Flüchtlinge im Ausland 1933-1945, Hamburg 1981

Fry, Varian, Auslieferung auf Verlangen. Die Rettung deutscher Emigranten in Marseille 1940/41, München-Wien 1986

Funke, Hajo, Die andere Erinnerung. Gespräche mit jüdischen Wissenschaftlern im Exil, Frankfurt/M. 1989

Gay, Peter, Die Republik der Außenseiter. Geist und Kultur in der Weimarer Zeit, 1918-33, Frankfurt/M. 1970

Gersch, Wolfgang, Chaplin in Berlin. Illustrierte Miniatur nach Berliner Zeitungen von 1931, Berlin 1989

Goll, Claire, Ich verzeihe keinem. Eine literarische Chronique scandaleuse unserer Zeit, München-Zürich 1976

Graetz, Wolfgang, Tausend Jahre nischt wie Ärjer. Notizen eines notorischen Querulanten, Reinbek bei Hamburg 1986

Graml, Hermann, Reichskristallnacht. Antisemitismus und Judenverfolgung im Dritten Reich, München 1988

Greffrath, Mathias, Die Zerstörung einer Zukunft. Gespräche mit emigrierten Sozialwissenschaftlern, Reinbek bei Hamburg 1979

Gregor, Ulrich / Patalas, Enno, Geschichte des Films. 1895-1960

(2 Bde.), Reinbek bei Hamburg 1976

Grimm, Reinhold (Hrsg.), Hans Magnus Enzensberger, Frankfurt/M. 1984

Grosz, George, Ein kleines Ja und ein großes Nein. Sein Leben von ihm selbst erzählt, Reinbek bei Hamburg 1974

Günther, Herbert (Hrsg.), Hier schreibt Berlin. Eine Anthologie. Nachdruck der Erstausgabe von 1929, Berlin 1989

Haas, Willy, Die literarische Welt. Lebenserinnerungen, Frankfurt/M. 1983

Haffner, Sebastian, Anmerkungen zu Hitler, Frankfurt/M. 1989

Haffner, Sebastian, Die deutsche Revolution 1918/19. Wie war es wirklich?, Reinbek bei Hamburg 1988

Hahn, Manfred et al., Exil in Frankreich, Frankfurt/M. 1981

Hecht, Ingeborg, Als unsichtbare Mauern wuchsen. Eine deutsche Familie unter den Nürnberger Rassengesetzen. Vorwort von Ralph Giordano, München 1988

Heilbut, Anthony, Exiled in Paradise. German Refugee Artists and Intellectuals in America from the 1930s to the Present, New York 1983

Henreid, Paul, Ladies Man. An Autobiography with Julius Fast, N. Y. 1984

Hentschel, Volker, So kam Hitler. Schicksalsjahre 1932-1933. Eine Bild/Text-Reportage, Düsseldorf 1988

Hessel, Franz, Ein Flaneur in Berlin (*1929), Berlin 1984

Hilchenbach, Maria, Kino im Exil. Die Emigration deutscher Filmkünstler 1933-1945, München-New York-London-Paris 1982

Hoffmann, Hilmar / Schobert, Walter (Hrsg.), Von Babelsberg nach Hollywood. Filmemigranten aus Nazideutschland. Exponateverzeichnis. Ausstellung vom 26.5.-9.8.1987, Frankfurt/M. 1987

Holmsten, Georg, Die Berlin-Chronik. Daten, Personen, Dokumente, Düsseldorf 1987

Homer, Ilias und Odyssee. In der Übertragung von Johann Heinrich Voß, Frankfurt/M. 1990

Hoppe, Ulrich, Casablanca, München 1983

Horak, Jan-Christopher, Anti-Nazi-Filme der deutschsprachigen Emigration von Hollywood 1939-45, Münster 1984

Horak, Jan-Christopher, Wunderliche Schicksalsfügung: Emigranten in Hollywoods Anti-Nazi-Film. In: Koebner, Thomas et al. (Hrsg.), Exilforschung. Ein internationales Jahrbuch. Band 2/1984. Erinnerungen ans Exil – kritische Lektüre der Autobiografien nach 1933 und andere Themen, München 1984, S. 257-270

Horak, Jan-Christopher (Hrsg.), Fluchtpunkt Hollywood. Eine Dokumentation zur Filmemigration nach 1933, Münster 1984

Horkheimer, Max, Neue Kunst und Massenkultur (Art and Mass Culture, *1941). In: Kritische Theorie II, Frankfurt/M. 1968, S. 313-332

Horkheimer, Max / Adorno, Theodor W., Dialektik der Aufklärung (*1944), Frankfurt/M. 1974

Hufen, Fritz / Jäschke, Th. (Hrsg.), Ausgestoßen. Schicksale in der Emigration, München 1982

Illustrierte Geschichte der deutschen Revolution (*1929), Berlin 1968

Isherwood, Christopher, Christopher and His Kind, New York 1977

Isherwood, Christopher, Goodbye To Berlin (*1939), London 1986

Janßen, Karl-Heinz, Der 30. Januar. Ein Tag, der die Welt veränderte, Frankfurt/M. 1983

Jay, Martin, Adorno in Amerika. In: Friedeburg, Ludwig von / Habermas, Jürgen (Hrsg.), Adorno-Konferenz 1983, Frankfurt/M. 1983, S. 354-387

Jay, Martin, Dialektische Phantasie. Die Geschichte der Frankfurter Schule und des Instituts für Sozialforschung 1923-1950, Frankfurt/M. 1976

Jenkins, Alan, The Forties, New York 1977

Jeske, Wolfgang / Zahn, Peter, Lion Feuchtwanger. Der arge Weg der Erkenntnis, München 1984

Johnson, E. Bond, Der European Film Fund und die Exilschriftsteller in Hollywood. In: Spalek, John M. / Strelka, Joseph (Hrsg.), Deutsche Exilliteratur seit 1933. 1. Kalifornien, Teil 1, Bern-München 1976, S. 135-146

Jones, Ken D. / McClure, Arthur F., Hollywood at War. The American Motion Picture and World War II, South Brunswick-New York 1973

Kantorowicz, Alfred, Exil in Frankreich. Merkwürdigkeiten und Denkwürdigkeiten, Bremen 1971

Kantorowicz, Alfred, Politik und Literatur im Exil. Deutschsprachige Schriftsteller im Kampf gegen den Nationalsozialismus, München 1983

Kästner, Erich, Fabian (*1931), Zürich 1986

Kiaulehn, Walter, Berlin. Schicksal einer Weltstadt, München-Berlin 1958

Kisch, Egon Erwin, Reporter einer rasenden Zeit. Biographie, Bonn 1985

Kleinschmidt, Erich, Schreiben und Leben. Zur Ästhetik des Autobiografischen in der deutschen Exilliteratur. In: Koebner, Thomas et al. (Hrsg.), Exilforschung. Ein internationales Jahrbuch. Band 2/1984. Erinnerungen ans Exil – kritische Lektüre der Autobiografien nach 1933 und andere Themen, München 1984, S. 24-40

Knapp, Gerhard P., Theodor W. Adorno, Berlin 1980

Koebner, Thomas et al. (Hrsg.), Exilforschung. Ein internationales Jahrbuch. Band 2/1984. Erinnerungen ans Exil – kritische Lektüre der Autobiografien nach 1933 und andere Themen, München 1984

Koebner, Thomas (Hrsg.), Weimars Ende. Prognosen und Diagnosen in der deutschen Literatur und pol. Publizistik 1930-1933, Frankfurt/M. 1982

Koelbl, Herlinde, Jüdische Porträts. Fotografien und Interviews, Frankfurt/M. 1989

Koestler, Arthur, Als Zeuge der Zeit. Das Abenteuer meines Lebens, Frankfurt/M. 1986

Kohner, Frederick, Der Zauberer vom Sunset Boulevard. Ein Leben zwischen Film und Wirklichkeit, München-Zürich 1974

Kohner, Hanna / Kohner, Walter with Kohner, Frederick, Hanna and Walter. A Love Story, New York 1984

Koopmann, Helmut, Von der Unzerstörbarkeit des Ich. Zur Literarisierung der Exil-Erfahrung. In: Koebner, Thomas et al. (Hrsg.), Exilforschung. Ein internationales Jahrbuch. Band 2/1984. Erinnerungen ans Exil – kritische Lektüre der Autobiografien nach 1933 u. a. Themen, München 1984, S. 9-23

Köpke, Wulf, Lion Feuchtwanger, München 1983

Korff, Gottfried / Rürup, Reinhardt (Hrsg.), Berlin Berlin. Die Ausstellung zur Geschichte der Stadt, Berlin 1987

Kortner, Fritz, Aller Tage Abend, München 1959

Kracauer, Siegfried, Von Caligari bis Hitler (*1947), Frankfurt/M. 1979
Krockow, Christian Graf von, Scheiterhaufen. Größe und Elend des deutschen Geistes, Berlin 1983
Kühnl, Reinhard, Die Weimarer Republik. Errichtung, Machtstruktur und Zerstörung einer Demokratie, Reinbek 1985
Lämmert, Eberhard, Lion Feuchtwanger und das kalifornische Exil. In: Koebner, Thomas et al. (Hrsg.), Exilforschung. Ein internationales Jahrbuch. Band 2/1984. Erinnerungen ans Exil – kritische Lektüre der Autobiografien nach 1933 und andere Themen, München 1984, S. 143-159
Lange, Annemarie, Berlin in der Weimarer Republik, Berlin 1987
Lanzmann, Jacques, Paris des années 30, Paris 1987
Laufenberg, Barbara u. Walter (Hrsg.), Reisetextbuch Berlin. Ein literarischer Begleiter auf den Wegen durch die Stadt, München 1984
Leiser, Erwin, »Deutschland, erwache!« Propaganda im Film des Dritten Reiches. Erweiterte Neuauflage, Reinbek bei Hamburg 1978
Loewy, Ernst, Exil. Literarische und politische Texte aus dem deutschen Exil 1933-1945. 3 Bände (Bd. 1: Mit dem Gesicht nach Deutschland; Bd. 2: Erbärmlichkeit und Größe; Bd. 3: Perspektiven), Frankfurt/M. 1979
Lorant, Stefan, Ich war Hitlers Gefangener. Ein Tagebuch 1933, Wien 1985
Lorant, Stefan, Wir vom Film. Nachdruck der Originalausgabe von 1928. Mit einem Rückblick 1986 von Stefan Lorant, München 1986
Löwenstein, Hubertus Prinz zu, Botschafter ohne Auftrag. Lebensbericht, Düsseldorf 1972
Löwenthal, Leo, Erinnerungen an Theodor W. Adorno. In: Friedeburg, Ludwig von / Habermas, Jürgen (Hrsg.), Adorno-Konferenz 1983, Frankfurt/M. 1983, S. 388-401
Lyon, James K., Bertolt Brecht in Amerika, Frankfurt/M. 1984
Lyon, James K., Bertolt Brecht. In: Spalek, John M. / Strelka, Joseph (Hrsg.), Deutsche Exilliteratur seit 1933, 1. Kalifornien, Teil 1, Bern-München 1976, S. 268-298
Mahler-Werfel, Alma, Mein Leben, Frankfurt/M. 1960
Maibohm, Ludwig, Fritz Lang und seine Filme, München 1981
Mann, Golo, Deutsche Geschichte 1919-1945, Frankfurt/M. 1984
Mann, Heinrich, Ein Zeitalter wird besichtigt, Reinbek bei Hamburg 1976
Mann, Thomas, Briefe. 3 Bände (I. Band 1889-1936; II. Band 1937-1947; III. Band 1948-1955), Frankfurt/M. 1979
Mann, Thomas, Deutschland und die Deutschen, Berlin 1947
Mann, Thomas, Doktor Faustus, Frankfurt/M. 1971
Marcuse, Ludwig, Mein zwanzigstes Jahrhundert, München 1960
Mayer, Hans, Die Zerstörung der Zukunft. Günther Anders: Skizzen zu einem Portrait. In: Die Zeit, 17.07. 1981, S. 39
Mayer, Hans, Ein Deutscher auf Widerruf. Erinnerungen Bd. 1, Frankfurt/M. 1982
Mehring, Walter, Wir müssen weiter. Fragmente aus dem Exil, Frankfurt/M.-Berlin-Wien 1981
Mertz, Peter, Und das wurde nicht ihr Staat – Erfahrungen emigrierter Schriftsteller mit Westdeutschland, München 1985
Middell, Eike et al., Exil in den USA, Frankfurt/M. 1980

Moeller, Hans-Bernhard, Exilautoren als Drehbuchautoren. In: Spalek, John M. / Strelka, Joseph (Hrsg.), Deutsche Exilliteratur seit 1933. 1. Kalifornien, Teil 1, Bern-München 1976, S. 676-714

Möller, Horst, Exodus der Kultur. Schriftsteller, Wissenschaftler und Künstler in der Emigration nach 1933, München 1984

Morella, Joe / Epstein, Edward Z. / Griggs, John, The Films of World War II, Secaucus, New Jersey 1973

Nagel, Wolfgang, Fliehen – wie geht das überhaupt? Ein Gespräch mit Hans Sahl. In: Die Zeit, 22.05.1987, S. 24

Nathorff, Hertha, Das Tagebuch. Aufzeichnungen Berlin-New York 1933-1945, hrsg. von Wolfgang Benz, Frankfurt/M. 1988

Noth, Ernst Erich, Die Exilsituation in Frankreich. In: Durzak, Manfred (Hrsg.), Die deutsche Exilliteratur 1933-45, Stuttgart 1973, S. 73-89

Palmer, Lilli, Dicke Lilli – gutes Kind, Zürich 1974

Palmier, Jean-Michel, Weimar en Exil. Le destin de l'émigration intellectuelle allemande antinazie en Europe et aux États-Unis. 2 Bde., Paris 1988

Parker, R. A. C. (Hrsg.), Das Zwanzigste Jahrhundert. Europa 1918-1945. Fischer Weltgeschichte Bd. 34, Frankfurt/M. 1984

Pem, Heimweh nach dem Kurfürstendamm. Aus Berlins glanzvollsten Tagen und Nächten, Berlin 1952

Raddatz, Fritz J., Aus. Abgeblendet. In: Die Zeit, 16.03.1990, S. 80

Ray, Man, Selbstporträt. Eine Illustrierte Autobiographie, München 1983

Régeau, Christian, La Drôle de Guerre. Images de la France et des Français Septembre 1939 – Mai 1940, Paris 1990

Regler, Gustav, Das Ohr des Malchus. Eine Lebensgeschichte, Ffm. 1975

Reinhardt, Gottfried, Der Liebhaber. Erinnerungen seines Sohnes Gottfried Reinhardt an Max Reinhardt, München-Zürich 1973

Remarque, Erich Maria, Im Westen nichts Neues (*1929), Köln 1986

Remarque, Erich Maria, Schatten im Paradies, München-Zürich 1971

Richter, Hans Werner, Berlin, ach Berlin, München 1985

Riess, Curt, Das gab's nur einmal. Die große Zeit des deutschen Films. 2 Bde., Wien-München 1977

Riess, Curt, Das war ein Leben. Erinnerungen, München-Wien 1986

Ritter, Alexander (Hrsg.), Deutschlands literarisches Amerikabild. Neuere Forschungen zur Amerikarezeption der deutschen Literatur, Hildesheim-New York 1977

Ritter, Gerhard A. / Miller, Susanne, Die deutsche Revolution 1918-19. Dokumente, Frankfurt/M. 1983

Rosenberg, Arthur, Entstehung und Geschichte der Weimarer Republik, Frankfurt/M. 1983

Roters, Eberhard / Schulz, Bernhard (Hrsg.), Ich und die Stadt. Mensch und Großstadt in der Deutschen Kunst des 20. Jahrhunderts, Berlin 1987

Rothe, Wolfgang, Ernst Toller in Selbstzeugnissen und Bilddokumenten, Reinbek bei Hamburg 1983

Roussel, Stéphane, Die Hügel von Berlin. Erinnerungen an Deutschland, Reinbek bei Hamburg 1986

Sahl, Hans, Die Wenigen und die Vielen. Roman einer Zeit, Frankfurt/M. 1959

Sahl, Hans, Hausmusik, Frankfurt/M. 1984

Sahl, Hans, Memoiren eines Moralisten. Erinnerungen I, Zürich 1985

Sahl, Hans, Das Exil im Exil (Memoiren eines Moralisten II), Frankfurt/M. 1990

Sahl, Hans, Umsteigen nach Babylon. Erzählungen, Zürich 1987

Sahl, Hans, Wir sind die Letzten, Heidelberg 1976

Scheffler, Karl, Berlin – ein Stadtschicksal. Nachdruck der Erstausgabe von 1910, Berlin 1989

Scheidemann, Philipp, Memoiren eines Sozialdemokraten, Dresden 1928

Schiffhauer, Nils / Schelle, Carola (Hrsg.), Stichtag der Barbarei. Anmerkungen zur Bücherverbrennung 1933, Braunschweig 1983

Schiller, Dieter et al., Exil in Frankreich, Frankfurt/M. 1981

Schmidt, Marianne, Marianne Hoppe – Stern ohne Himmel. In: TransAtlantik (4/ 1982), S. 78-87

Schnauber, Cornelius (Hrsg.), One-Way Ticket to Hollywood. Film Artists of Austrian and German origin in Los Angeles. Emigration: 1884-1945, Los Angeles o. J.

Schoenberner, Gerhard, Der gelbe Stern. Die Judenverfolgung in Europa 1933-1945, Frankfurt/M. 1982

Schöffling, Klaus, Dort wo man Bücher verbrennt, Frankfurt/M. 1983

Schröter, Klaus, Alfred Döblin in Selbstzeugnissen und Bilddokumenten, Reinbek bei Hamburg 1978

Schröter, Klaus, Heinrich Mann in Selbstzeugnissen und Bilddokumenten, Reinbek bei Hamburg 1967

Schröter, Klaus, Thomas Mann in Selbstzeugnissen und Bilddokumenten, Reinbek bei Hamburg 1964

Schütz, Erhard (Hrsg.), Literarische Reportage, Frankfurt/M. 1979

Seghers, Anna, Transit, Darmstadt-Neuwied 1963

Serke, Jürgen, Die verbrannten Dichter. Berichte, Texte, Bilder einer Zeit, Weinheim-Basel 1977

Seyppel, Joachim, Abschied von Europa. Die Geschichte von Heinrich und Nelly Mann dargestellt durch Peter Aschenback und Georgiewa Mühlenhaupt, Berlin-Weimar 1975

Sinyard, Neil / Turner, Adrian, Billy Wilders Filme, Berlin 1980

Slezak, Walter, Wann geht der nächste Schwan, München 1964

Spalek, John M. / Strelka, Joseph (Hrsg.), Deutsche Exilliteratur seit 1933. 1. Kalifornien, 2 Bde., Bern-München 1976

Stephan, Alexander, Die deutsche Exilliteratur 1933-45, München 1979

Stiftung Deutsche Kinemathek (Hrsg.), Exil. Sechs Schauspieler aus Deutschland. Elisabeth Bergner / Dolly Haas / Herta Thiele / Curt Bois / Franz (Francis) Lederer / Wolfgang Zilzer (Paul Andor), Berlin 1983

Strelka, Joseph, Exilliteratur, Bern 1983

Strohmeyer, Klaus (Hrsg.), Berlin in Bewegung. Literarischer Spaziergang, 2 Bde., Reinbek bei Hamburg 1987

Struss, Dieter, Das war 1933. Daten, Zahlen, Fakten, Schicksale, München 1980

Sudendorf, Werner, Marlene Dietrich. Dokumente, Essays, Filme, 2 Bde., München 1977

Taylor, John Russell, Fremde im Paradies. Emigranten in Hollywood 1933-1950, Berlin 1984

Thalmann, Rita / Feinermann, Emmanuel, Die Kristallnacht, Frankfurt/M. 1988

Thimig-Reinhardt, Helene, Wie Max Reinhardt lebte, Frankfurt/M. 1975

Toeplitz, Jerzy, Geschichte des Films 1895-1945 (2 Bde.), Frankfurt/M. 1987

Torberg, Friedrich, Eine tolle, tolle Zeit. Briefe und Dokumente aus den Jahren der Flucht 1938 bis 1941, München 1989

Töteberg, Michael, Fritz Lang in Selbstzeugnissen und Bilddokumenten, Reinbek bei Hamburg 1985

Trapp, Frithjof, Deutsche Literatur im Exil, Bonn-Frankfurt/M. 1983

Troller, Georg Stefan, Selbstbeschreibung, Hamburg 1988

Umlauf, Konrad, Exil, Terror, Illegalität. Die ästhetische Verarbeitung politischer Erfahrungen in ausgewählten deutschsprachigen Romanen aus dem Exil 1933-1954, Frankfurt/M.-Bern 1982

Vergil, Aeneis, Deutsch von Emil Staiger, München 1985

Viertel, Salka, Das unbelehrbare Herz, Hamburg 1979

Walberer, Ulrich, 10. Mai 1933. Bücherverbrennung in Deutschland und die Folgen, Frankfurt/M. 1983

Walter, Hans Albert / Ochs, Günter (Hrsg.), Deutsche Literatur im Exil 1933-1945. Eine Auswahlbibliographie mit einer Einführung, Gütersloh-Aachen 1985

Walter, Hans-Albert, Deutsche Exilliteratur 1933-1950. Bd. 2: Europäisches Appeasement und überseeische Asylpraxis, Stuttgart 1984

Walter, Hans-Albert, Deutsche Exilliteratur 1933-1950. Bd.3: Internierung, Flucht und Lebensbedingungen im Zweiten Weltkrieg, Stuttgart 1988

Walter, Hans-Albert, Deutsche Exilliteratur 1933-1950. Bd. 4: Exilpresse, Stuttgart 1978

Weichmann, Elsbeth, Zuflucht. Jahre des Exils, Hamburg 1983

Weisstein, Ulrich, Heinrich Mann. In: Spalek, John M. / Strelka, Joseph (Hrsg.), Deutsche Exilliteratur seit 1933. 1. Kalifornien, Teil 1, Bern-München 1976, S. 442-472

Wickert, Johannes, Albert Einstein in Selbstzeugnissen und Bilddokumenten, Reinbek bei Hamburg 1972

Willett, John, the weimar years, a culture cut short, New York 1984

Winkler, Michael (Hrsg.), Deutsche Literatur im Exil 1933-1945. Texte und Dokumente, Stuttgart 1977

Witte, Bernd, Walter Benjamin in Selbstzeugnissen und Bilddokumenten, Reinbek bei Hamburg 1985

Wolfe, Tom, Mit dem Bauhaus leben. »From Bauhaus to our house«, Königstein/Ts. 1982

Wolff, Kurt, Briefwechsel eines Verlegers. 1911 – 1963, Frankfurt/M. 1980

Ziegesar, Hans von (Hrsg.), Reise Textbuch Paris. Ein literarischer Begleiter auf den Wegen durch die Stadt, München (3) 1990

Zolotow, Maurice, Billy Wilder in Hollywood, New York 1977

Zuckmayer, Carl, Als wär's ein Stück von mir, Frankfurt/M. 1966

Zweig, Stefan, Die Welt von gestern. Erinnerungen eines Europäers, Frankfurt/M. 1970

FOTONACHWEIS

Michael Montfort, Los Angeles: 7 (2. und 4. v. o.), 16, 18, 28, 53, 57, 79 (2. und 4. v. o.), 82, 85, 96, 112, 127, 166, 179, 201 (4. v. o.), 204, 212, 228, 232, 236, 266, 285, 287, 295, 301, 303 sowie Umschlag (Vorderseite v. l. n. r. / v. o. n. u.: 5, 6, 7, 8, 11; Rückseite: 2. und 3. v. o.)
Ulstein Bilderdienst, Berlin: 7 (1., 3. und 5. v. o.), 79 (1. und 5. v. o.), 144, 147, 153, 169, 181, 201 (1., 3. und 5. v. o.), 293, 314 sowie Umschlag (Vorderseite v. l. n. r. / v. o. n. u.: 2, 9, 10)
Stiftung Deutsche Kinemathek, Berlin: 31, 79 (3. v. o.), 88, 91, 94, 141, 183, 186 sowie Umschlag (Vorderseite v. l. n. r. / v. o. n. u.: 1, 3, 4; Rückseite: l. v. o.)
Thomas Hoepker, New York: 138
Elke Freyermuth, Berlin: 201 (2. v. o.)

CIP-Titelaufnahme der Deutschen Bibliothek

Freyermuth, Gundolf S.:
Reise in die Verlorengegangenheit : auf den Spuren deutscher Emigranten / Gundolf S. Freyermuth. - Hamburg : Rasch u. Röhring, 1990
  ISBN 3-89136-382-6

Copyright © 1990 by Rasch und Röhring Verlag, Hamburg
Umschlaggestaltung: Peter Albers
Satzherstellung: Utesch Satztechnik, Hamburg
Druck- und Bindearbeiten: Ebner Ulm
Printed in Germany